Dr. Armin Metzger
(Herausgeber)

Lerntherapie

Wege aus der Lernblockade – Ein Konzept

D1722179

Verlag Paul Haupt
Bern · Stuttgart · Wien

Armin Metzger, Dr. phil., Jahrgang 1945. Begründer der Lerntherapie. Ausbildung zum Primarlehrer, Erziehungs- und Schulberater; Studium der Psychologie, Heilpädagogik und Kinder- und Jugendpsychiatrie an den Universitäten Paris, Basel und Zürich mit Promotion zum Dr. phil. an der Universität Zürich. Psychotherapeutische Ausbildungen: Gesprächspsychotherapie, Gestalt-Therapie und Psychoanalyse. Praxis während mehreren Jahren an der Primarschule und an der Sonderschule für «Verhaltens- und Lerngestörte», an verschiedenen Schulpsychologischen Diensten und in eigener Praxis Beratungen, Psychotherapien und Psychoanalysen. Lehrtätigkeit an Lehrerseminar und Universität; Co-Leiter des Ergänzungsstudiums Psychotherapie-Wissenschaften; Ausbilder für Psychotherapie und Lerntherapie. Diplom-Experte für Psychologie und Pädagogik; Studienrat für das Ergänzungsstudium der CHARTA für Psychotherapie.

Die Deutsche Bibliothek – CIP-Einheitsaufnahme

Metzger, Armin:
Lerntherapie :
Wege aus der Lernblockade – Ein Konzept /
Armin Metzger. –
Bern ; Stuttgart ; Wien : Haupt, 2001
ISBN 3-258-06274-9

Umschlaggestaltung: Nicholas Mühlberg, Basel
Copyright © Umschlagbild by Blue Planet Stock Pictures
Alle Rechte vorbehalten
Copyright © 2001 by Paul Haupt Berne
Jede Art der Vervielfältigung ohne Genehmigung des Verlages ist unzulässig
Dieses Papier ist umweltverträglich, weil chlorfrei hergestellt;
es stammt aus Schweizer Produktion, mit entsprechend kurzen Transportwegen
Printed in Switzerland

www.haupt.ch

Inhalt

Vorwort

Wenn „lebenslanges Lernen" zum Schlagwort wird - wie heute - obwohl den Menschen schon immer nichts anderes übrig blieb, als lebenslang zu lernen, dann ist es verständlich, dass eine Therapie des Lernens sich auch etabliert. Denn was so sehr gefordert wird, ist auch in Gefahr, und muss im Notfall wieder hergestellt werden können.

Eigentlich macht Lernen Freude. Es gibt nichts Schöneres, als der Neugier und dem Interesse zu folgen, immer wieder etwas Neues zu entdecken, es in Zusammenhang zu bringen mit all dem schon Gelernten, und sich noch mehr zu interessieren. Die Welt ist dann interessant, man selber ist es auch. Menschen lernen, bis sie tot sind - es ist nicht zu vermeiden -, und vieles lernen sie, ohne dass sie wissen, dass sie lernen. Lernen heisst, sich immer wieder neuen Lebensbedingungen anzupassen: die Ich-Kompetenz wird dabei erweitert; das gute Lebensgefühl, auch neuen Aufgaben gewachsen zu sein, an ihnen zu wachsen, die Erfahrung, dass man Leben gestalten kann, dass man aber auch immer mehr versteht, was im Leben wichtig ist, begleiten das Lernen.

Warum bloss hängt dann der Anspruch des „Lebenslangen Lernen-Müssens", der in der multioptionalen Gesellschaft zum geflügelten Wort geworden ist, wie ein Damoklesschwert über den Menschen? Warum spricht man von „müssen" und nicht von der Chance, so vieles lernen zu „können"? Wollen wir nicht lernen, können wir nicht lernen, oder wollen wir uns nicht wandeln?

Offenbar verbinden die meisten Menschen nicht das lustvolle Lernen mit diesem Anspruch, sondern das mühsame Lernen, vielleicht sogar die Beklemmung angesichts des Lernens, das mögliche Versagen wird schon vorweggenommen. Die Angst hemmt die Lust am Lernen. Der Ärger mit dem Lernen steht ebenfalls vor der Lust: Lernstoff, den man gar nicht lernen möchte, aber auch die Verbindung von Lernen zur Leistung und in direkter Folge zum Erfolg im Beruf, als ob dieser Erfolg allein den Wert eines Menschen ausmachen würde, und zum Bewältigen der Zukunft. So wird das Lernen befrachtet mit der Sorge, dass das Leben letztlich nicht gelingen könnte - und da kann einem schon die Lust daran vergehen.

Die Lerntherapie kommt dort zum Einsatz, wo Menschen offensichtlich Probleme haben im Umgang mit dem zu Lernenden. Diese hier nun vorliegende Sammlung von Aufsätzen stellt das Lernen und die Lernprobleme in einen weiten anthropologischen, lerndidaktischen, therapeutischen und gesellschaftlichen Zusammenhang. Das Gemeinsame an den differenzierten Beiträgen aus unterschiedlichsten Perspektiven ist ein subtiles Nachdenken über das Lernen in der heutigen Welt, auch mit Hinweisen darauf, wie Lerntherapie etwa aussehen könnte. Die Vielfalt der Artikel zeigt, wie verknüpft das Lernen und die Lernprobleme mit der individuellen Biographie, mit der Familiendynamik, aber auch mit der Gesellschaft als Ganzes ist. Gerade dadurch, dass Lernprobleme nicht einfach als isolierte Probleme dargestellt werden, ermöglicht dieses Buch, sich Gedanken darüber zu machen, ob eine solche Art der „Fokaltherapie", wie es die Lerntherapie ist, sinnvoll und überhaupt machbar ist.

Wenn denn Lernprobleme Ausdruck davon sind, dass in diesem Zusammenhang meist der jugendliche Mensch, der sich in dieser Welt nicht wohl fühlt, die von ihm geforderte Leistung nicht bringen kann oder nicht bringen will, dann vielleicht gerade durch die Lernproblematik auf seine schwierige Situation aufmerksam machen will, genügt eine Therapie, die aufs Lernen ausgerichtet ist, auch wenn sie den entwicklungspsychologischen Aspekt durchaus auch im Blick hat, nicht.

Nun weiss man, dass in Systemen gelegentlich kleinere Interventionen grössere Veränderungen bringen können, dass, wird eine Lernblockade aufgelöst, die Freude am Lernen wiederum erlebbar werden kann, sich auch der Schüler oder die Schülerin wieder besser fühlt, sich mehr interessiert und sich wiederum besser entwickelt.

Die grosse Kunst im Rahmen der Lerntherapie wird es sein, die Indikation richtig zu stellen. Wer braucht eine Lerntherapie, wer braucht eine weitergehende Psychotherapie? Wann ist Familientherapie angesagt? Wie lanciert man den gesellschaftlich notwendigen Diskurs zum Thema „lernen"?

Lerntherapeuten und Lerntherapeutinnen, soweit sie nicht auch Psychotherapeuten sind, müssen das ganz Spezifische ihrer Therapieform herausarbeiten und kommunizieren, auch müssen sie klar wissen, wo die Grenzen einer von ihnen angebotenen Lerntherapie sind. Die Lerntherapie muss ihren Platz noch finden, insbesondere auch, indem sie sich „einmischt" in den gesellschaftlichen Diskurs über Lernen und Leistung, aber auch über den Umgang mit Fehlern und die dabei notwendige Schattenakzeptanz.

Ist es Ziel der Lerntherapie, grundsätzlich und im einzelnen Fall sich für die Lust am Lernen einzusetzen, hat sie sicher eine Daseinsberechtigung.

Verena Kast

1 Lerntherapie

Armin Metzger

1.1 Ausgangslage

Das Lernen in unserer Gesellschaft und in unserer Zeit wird immer wichtiger. Im Interesse ihrer Weiterentwicklung setzen die Gesellschaft wie der Einzelne auf das Lernen. Sie setzen zukunftsorientierte Lernprozesse in Gang - und sind gleichzeitig ihrerseits in ihrer Entwicklung diesen Prozessen unterworfen.

1.1.1 Die Lern- und Wissensentwicklung

Lernen ist Anliegen, Thema und Problem sowohl des Einzelnen wie der Gesellschaft. Neu dabei ist die zunehmend wachsende Bedeutung für die Gesellschaft und damit auch für den Einzelnen.
Einer Studie über die Lern- und Wissensentwicklung (VOLK, H., in: 'die neue schulpraxis' 1991) entnehmen wir, dass sich das Wissen von 1800 - 1900 verdoppelt hat. Eine Verdoppelung innert 100 Jahren - im Vergleich mit der ferneren Vergangenheit eine rasante Entwicklung! Im Vergleich mit der näheren Vergangenheit aber ein gemächliches Voranschreiten! Die nächste Verdoppelung beanspruchte gerade noch 50 Jahre, nämlich von 1900 - 1950. Und so geht die Beschleunigung der Verdoppelungs-Intervalle weiter: Zunächst 10 und dann noch 6 Jahre, nämlich von 1950 - 1960 und von 1960 - 1966!

Zwei weitere Beispiele: 1665 gab es 1 wissenschaftliche Zeitschrift, 1865: 1'000, 1965: 100'000; heute erscheinen 15 - 20 Millionen wissenschaftliche Veröffentlichungen pro Jahr!
Jede Minute wird eine neue chemische Formel entdeckt. Alle 3 Minuten ein neuer physikalischer Zusammenhang erfasst. Alle 5 Minuten eine neue medizinische Erkenntnis gewonnen und publiziert.

Gleichzeitig ist einer WHO-Untersuchung (aus: Schweizerische Depechen-Agentur, 22.8.1996), in welcher in 24 europäischen Ländern je 4000 Jugendliche befragt wurden, zu entnehmen, dass im hochentwickelten Land Schweiz 6 Prozent der 15-Jährigen Schlafmittel zu sich nehmen, und bei den jüngeren 11-jährigen Primarschülern gar 17 Prozent!

Mit der rasanten Entwicklung des Wissens entstehen selbstverständlich nicht nur quantitative Veränderungen. Die Verarbeitung dieser Fakten fordern qualitative Anpassungen. In immensem Mass steigt der Kompetenz-Anspruch des Einzelnen wie der Gesellschaft: Fachkompetenz, prozessuale Kompetenz, soziale Kompetenz und Handlungskompetenz - um nur einige zu nennen.

11

1.1.2 Die Ausgangslage des Einzelnen und der Gesellschaft

Aus ökonomischen Gründen ist die *Gesellschaft* daran interessiert, entweder diese Entwicklung voranzutreiben, oder zumindest aufrechtzuhalten. Entsprechend sieht sie sich gezwungen, den (Aus-)Bildungssektor auszubauen und zu intensivieren. Die Bildungs-, die Ausbildungs-, die Berufsbildungs- und die Weiterbildungsinstitutionen gewinnen an sozio-ökonomischer Relevanz. Der *Einzelne* an seinem Ausbildungs- wie an seinem Arbeits-Platz kommt nicht umhin, sein Bestes zu geben, um nicht rückständig zu werden, oder durch die Maschen zu fallen (Arbeitslosigkeit, soziale Ausgrenzung u.a.). "Was Hänschen nicht lernt, lernt Hans nimmer mehr!" kann heute nicht mehr gelten. Dauerndes 'Hinzu-' und v.a. 'Umlernen' lautet die heutige Forderung. "Was Hänschen lernt, muss Hans umlernen" oder "Hänschen wird durch das Umlernen zum Hans" wären zeitgemässere Schlussfolgerungen.

Neben der quantitativen Veränderung der vor allem beruflichen Anforderungen geht auch eine qualitative einher: War früher die physische Belastung sehr gross, so nahm diese in den letzten Jahrhunderten und Jahrzehnten laufend ab. Die Entwicklungskurven der physischen und psychischen Belastung verlaufen seit Ende der Fünfziger-Jahre insofern verändert, als dass diejenige der psychisch-mentalen Belastung laufend zunimmt und damit die sinkende physische Kurve inzwischen deutlich übersteigt.

Die Zeit hat sich solcher Art gewandelt, dass wir die Bedeutung der Arbeit und der institutionalisierten Bildung auch für die Entwicklung des Einzelnen viel stärker beachten müssen.

Die voranschreitende Verdichtung der An- und Herausforderungen an den Einzelnen bleibt nicht ohne Folgen auf die Entwicklung seiner Persönlichkeit. Nicht nur seine erworbene Sachkompetenz bedarf der Veränderung und Weiterentwicklung, sondern vor allem auch seine Persönlichkeits-Kompetenz, das heisst, Verhältnis und Umgang zu und mit sich selber, muss sich, auf die neuen Herausforderungen einstellend, entwickeln.

Den Gesetzen der Persönlichkeitsentwicklung, nach welchen Prägungen und Ausbildungen in der Persönlichkeitsstruktur je früher desto fundamentaler und damit wirksamer sind, Rechnung tragend, empfiehlt es sich, der Entwicklung der Persönlichkeits-Kompetenz so früh wie möglich die notwendige Aufmerksamkeit zu schenken.

Untersuchungen und Erfahrungen zeigen eindrücklich, wie sich institutionalisiertes Lernen unter starken Wechselwirkungen zwischen Lernprozessen und Persönlichkeitsentwicklung vollzieht (ABELE, 1995; FEND, 1997; u.a.). Entwicklungsprozesse von Sach- und Persönlichkeits-Kompetenz beeinflussen sich gegenseitig, sind letztlich nicht trennbar und fordern deshalb im Interesse einer ganzheitlichen und effizienten Förderung grundsätzlich unsere beiderseitige Aufmerksamkeit.

1.1.3 Lerntherapeutische Konsequenzen

In der Lerntherapie verfolgen wir deshalb beide Entwicklungslinien: Eine lerntheoretische beziehungsweise didaktische und eine persönlichkeitstheoretische beziehungsweise entwicklungspsychologische.

1.1.3.1 Der lerntheoretische und didaktische Ansatz

Die herkömmliche Didaktik ist gekennzeichnet durch die Beachtung des Lehrens beziehungsweise des Unterrichtens nach allgemein gültigen Regeln des Lehrens und Lernens. Im Gegensatz dazu beachten wir auch im didaktischen Ansatz der Lerntherapie in erster Linie den Lernenden selber und orientieren uns stärker an seinem individuellen Lernverhalten, seinen Schwierigkeiten und seinen Stärken. Mit der Förderung der Sach-Kompetenz nehmen wir damit gleichzeitig Einfluss - da untrennbar - auf die Entfaltung der Persönlichkeits-Kompetenz. Über diesen Ansatz der Orthodidaktik hinaus sind wir immer auch aufmerksam auf die im vorherigen Kapitel speziell erwähnten Wechselwirkungsprozesse, um nötigenfalls das Arbeitskonzept rechtzeitig zu Gunsten der Persönlichkeitsarbeit verlagern zu können. Unsere zentrale Frage lautet hier: *"Was bewirkt das Lernen im Lernenden?"*

Die Auswirkungen der Art des Lernens auf den Lernenden sind massgebend für weiteres Lernen und beeinflussen letztlich den Umgang mit sich und der Welt. Aus dieser Betrachtungsweise und in diesem Bewusstsein heraus hat das Lernen und dessen Auswirkungen auch Bedeutung weit über die schulischen Kategorien hinaus.

1.1.3.2 Der persönlichkeitstheoretische und entwicklungspsychologische Ansatz

Lernen wird in der Lerntherapie als psychische, kognitive und mentale Aktivität der Persönlichkeit gesehen. Entsprechend werden lerntherapeutische Interventionen persönlichkeitswirksam geführt. Lerntherapeutische Arbeit stellt damit grundsätzlich eine Chance für den Entwicklungs-Prozess der Persönlichkeit dar.

Über die Persönlichkeits- und Sachkompetenz gefördertes Lernen ist zudem Basis für die soziale Integration in die Gemeinschaft und in die Gesellschaft.

Gemäss der traditionellen Entwicklungspsychologie entwickelt sich der Mensch nach Anlagen und Umwelt. Wie vorgängig aufgezeigt hat sich aber diese Umwelt in den letzten fünfzig Jahren für die Persönlichkeitsentwicklung auf bedeutsame Art verändert, so dass wir heute in der Entwicklungspsychologie von zwei Persönlichkeitsentwicklungs-Phasen sprechen müssen, und zwar von einer primären und einer sekundären: Die *primäre* Phase der Persönlichkeits-Entwicklung vollzieht sich im Rahmen der Familie. Die *sekundäre* dagegen geschieht in der Auseinandersetzung zwischen dem im Rahmen von Kindergarten und Schule sich Herausbildenden und der in der Familie gewordenen primären Persönlichkeit, als ein Prozess von Bewa(e)hrung, Verfestigung, Umbruch und Adaption mit der ihr innewohnenden Krisenanfälligkeit.

Die Lerntherapie, welche in offensichtlich gewordenen Problemen und Schwierigkeiten des Lernens ihren Ausgangspunkt hat, kommt kulturgemäss in der sekundären Entwicklungsphase zum Einsatz, das heisst, in einer fruchtbaren und spannenden Phase. An Persönlichkeitsstruktur und Psychodynamik ist schon sehr viel entwickelt und ausgebildet und gleichzeitig noch so viel veränderbar, entwicklungsfähig und offen, was Jahre später günstigen Einflüssen und therapeutischen Angeboten bereits verschlossen sein kann. Da in diesem Sinn Lernen immer auch Entwicklungsprozess ist oder sein kann und über die wachsende Persönlichkeits-Kompetenz auch der Sach-Kompetenzentwicklung dient, ist es sehr wichtig, dem Lernen grösste Beachtung zu schenken.

Da wir aber bei allem Hinschauen und auch mit der Wahrnehmung durch alle unsere Sinne nur sehr begrenzt in der Lage sind, uns selbst und die andern zu erfassen und zu verstehen, muss uns bewusst sein, dass für uns nicht so sehr Sache ist, was ist, sondern nur das, was wir sehen. Entsprechend gilt es, bevor wir uns mit Fragen der Handlungs-konzepte und Interventions-Techniken auseinandersetzen, die Paradigmen, beziehungs-weise die unserem Verständnis zugrunde liegenden Theorien, Bilder und (Persönlich-keits-)Modelle darzulegen.

1.2   Theorie der Lerntherapie

1.2.1   Zivilisation, Kultur und Individuum

In der Begegnung und Beziehung zwischen dem *Individuum als Lernendem* und der *Gesellschaft* in ihren Institutionen als *Lehrende* geht es um vitale Interessen - Interessen des Fortbestehens und der Weiterentwicklung.

1.2.1.1   *Die Interessen der Gesellschaft (sozio-kulturelle Sicht)*

Erstgenannte Interessen und Ziele der Gesellschaft sind normalerweise Bildungsziele ideeller Art. Darüberhinaus besteht in den meisten Gesellschaften das Anliegen sozio-ökonomischen Wohlergehens.

Das Zustandekommen und Erhalten des sozio-ökonomischen Wohlergehens hat sich radikal gewandelt. Die *Hochtechnologisierung* in unserer heutigen und morgigen Ge-sellschaft *verlangt Lernentwicklung* zunehmenden Ausmasses. Nebst der Vermittlung von Wissen wird nicht nur die Entwicklung des Lernens wichtiger, sondern in ver-mehrtem Mass die Entwicklung der Lernenden als Lernende selber. Persönlichkeit und Lernfähigkeit müssen heute als Zukunftspotenzial einer Gesellschaft gesehen werden. Rohmaterial und Leistung genügen heute nicht mehr. Die Leistung hat ihre Favoriten-rolle verloren. Lern- und Umlernfähigkeit sind die heutigen Entwicklungskriterien. Die "Leistungsgesellschaft" wandelt sich gezwungenermassen- sowohl aus dem Diktat der Oekonomie als auch aus demjenigen der Oekologie - zur umfassenderen *"Lernge-sellschaft"*.

Speziell diese sozio-ökonomischen Diktate und gesellschaftlichen Zwänge mahnen uns, den Einzelnen nicht blind zu fördern und voranzutreiben, sondern sollten uns im Sinne einer verantwortlichen Professionalität veranlassen, ihm - im Interesse des Einzelnen wie des Ganzen - zu helfen, sich diesen Zwängen stellen zu können. - Wir können dem Klienten nicht zu besserer Lernfähigkeit verhelfen, und ihn damit gesellschaftskompati-bler machen, ohne ihn gleichzeitig in seiner Persönlichkeits-Kompetenz zu fördern. Dies gebietet uns unsere therapeutische Verantwortung.

1.2.1.2   *Die Interessen des Individuums (entwicklungstheoretische Sicht)*

Die Persönlichkeit entwickelt sich in der Auseinandersetzung mit ihrem Umfeld - vorab mit ihren Bezugspersonen und Systemen.

14

Bei der ersten Begegnung und Beziehung mit einer Bildungsinstitution der Gesellschaft - Kindergarten oder Schule – hat das Individuum die erste Phase der Persönlichkeitsentwicklung hinter sich. In der *primären* Persönlichkeitsentwicklung, im Kreis der primären Bezugspersonen, hat es bereits eine Identität, Selbst- und Fremdbilder, Denk- und Handlungsmuster, Draufgängertum oder Hemmungen usw. entwickelt.

In der *sekundären* Persönlichkeitsentwicklung, in der Auseinandersetzung mit dem öffentlichen Sozietäts-Kreis, geht es nun um drei grundlegend wichtige Ereignisse:

1. Die in der primären Persönlichkeitsentwicklung vorgeformte Persönlichkeit muss sich *bewähren*, sich *orientieren* und sich so *organisieren* können - was in der Regel nicht ohne innere wie äussere Konflikte vor sich geht - dass sie sich zwischen den eigenen Strukturen und Normen und denjenigen des neuen Sozietäts-Kreises ohne massive Unterdrückung oder gar Zerstörung des Selbsts sich zurechtfindet und realitätsangemessen bewegen kann.

2. Neben der Selbst-Bewa(e)hrung kommt sie entsprechend nicht umhin, ihre "Persönlichkeits-Matrix" (= Gesamtheit der Muster) so zu *modifizieren*, dass sie diesen neuen Anforderungen erfolgreich begegnen kann.

3. Hat das Individuum eine einigermassen gesunde primäre Persönlichkeitsentwicklung durchlebt, so sucht sie im öffentlichen Sozietäts-Kreis nicht nur Bewährung, sondern auch *soziale Integration*. *Ausschluss* oder *Aufnahme* und *sich zurechtfinden* oder *nicht* sind hier so wichtig, weil sie in dieser entwicklungspsychologisch und biographisch frühen Phase sowohl über die momentane Befindlichkeit *persönlichkeitswirksam* werden als auch längerfristig *"karrierebestimmend"*, das heisst, für die berufliche und gesellschaftliche *Integration* oder *Separation* wegweisend sind.

Die Bewältigung dieser drei Aufgaben stellt hohe Anforderungen an den Heranwachsenden und macht ihn entsprechend krisenanfällig und zerbrechlich. Andererseits beinhaltet diese Phase auch grosse Chancen. Gelingt es, diese Begegnung und Auseinandersetzung erfolgreich zu gestalten, so fördern sie beispielsweise durch Bestärkung oder Modifizierung der "Persönlichkeits-Matrix" wie auch durch die Akzeptanz in der neuen Sozietät die Prozesse der Persönlichkeitsentwicklung.

Mit dem ersten Schritt auf dem Weg durch die – von der Gesellschaft geformten - Bildungsinstitutionen hat der Heranwachsende wie eine zweite Chance und tritt in die zweite Phase der Persönlichkeitsentwicklung. Die Persönlichkeitsarbeit in dieser sekundären Phase kann in Grenzfällen darüber entscheiden, ob die Heranwachsenden gesunde Selbst-Akzeptanz entwickeln, ob ihnen eine gute Integration in die Gesellschaft gelingt oder ob ihre Zukunft in die Strasse der Leere einmündet.

Ausgehend von einem konkreten Lernanliegen oder -problem realisiert sich diese Chance im lerntherapeutischen Spannungsfeld aus der Beachtung der intra- und interpsychischen Dynamik und dem individuellen Lerngeschehen.

1.2.2 Lernen: lerntherapeutisch relevante Aspekte

Lernen ist nicht nur eine Frage der Technik oder der Motivation. *Lernen beginnt in der Emotionalität.* „Gefühle wirken selbst motivierend" (EDELMANN, 1996; S. 358). Wichtig ist deshalb die Beachtung lernbestimmender Persönlichkeits-Aspekte: die Wahrnehmung der Emotionalität, die Organisation des Selbst's und die entwicklungsrelevanten Prozesse.

Diese entwicklungsrelevanten Prozesse, auf welche wir uns in der sekundären Phase konzentrieren, sind: 1. *intrapsychische*, welche im Dienst der Persönlichkeitsorganisation und Persönlichkeitsentwicklung stehen, 2. *mentale, kognitive* und *psychische*, welche sich im engeren wie im weiteren Rahmen der Auseinandersetzungen des aktiven Lerngeschehens ergeben und 3. *metakognitive* und *metapsychologische*, welche wir im Interesse der Handlungskompetenz, der Selbst-Wahrnehmung und der Selbst-Kompetenz unterstützen und, welchen wir 4. bei Lernstörungen mit *verdecktem Charakter* besondere Aufmerksamkeit schenken müssen.

1.2.2.1 *Persönlichkeitsentwicklung und Selbst-Kompetenz*

Die psychische *Selbst-Organisation* entwickelt sich auf dem Boden des aktuellen Befindens und weiterer psychischen Wirkungsbedingungen, auf welche wir im Kapitel über die Persönlichkeitstheorie näher eingehen werden, intrapsychisch in der Dynamik zwischen zwei wachsenden Kräften: Dem für die innere Organisation zuständigen '*Ich*' (FREUD, 1982) und der Verfestigung der erzeugten *Muster* in Empfinden, Fühlen, Wahrnehmen, Denken und Handeln. Diese Muster waren zur Zeit ihrer Entstehung hilfreiche Gebilde im Dienste des Ich's beziehungsweise der Selbst-Organisation. Sie versehen ihre Dienste in der Regel in der ganzen weiteren Lebenszeit eines Individuums - obgleich die zunehmende Autonomie und Kompetenz des Ich's zu einem einen Teil dieser Muster im Verlauf der Zeit grossenteils überflüssig machen würde. Ungeachtet dieser Tatsache haben diese Muster aber durch ihre Wiederholungen - vergleichbar mit Gewohnheiten - sich verfestigt. Das Ich, welches dieser Muster nicht mehr bedürfte, wird dadurch zum Teil "Gefangener" seiner eigenen Muster und kann im Extrem-Fall dem Schicksal des Zauberlehrlings nicht mehr entfliehen.
Die einst hilfreichen Muster behindern häufig die Flexibilität und das Entwicklungspotenzial des Ich's, welches es für kreative Entwicklungen speziell im Lernprozess brauchen könnte.

Die Lerntherapie nutzt im Spannungsfeld *Ich-Muster-Lernprozess* die autonomen Fähigkeiten des gewachsenen Ich's und verhilft ihm zu wirksamer Auseinandersetzung mit seinen inzwischen verfestigten und nun behindernden Mustern. Gelingt dies, wird das Ich stärker, und die Muster reduzieren oder lösen sich auf zu Gunsten grösserer Freiheit, Lebendigkeit und Ich-Kompetenz.

Schule und Ausbildungsinstitutionen können - sofern diese Chance erkannt und genutzt werden kann - Räume kreativer Persönlichkeits- und Kompetenzentwicklung sein.

1.2.2.2   Lernen und Lerngeschehen

Die eingangs erwähnte Begegnung zwischen Individuum und Gesellschaft veranlasst - allerdings nicht immer beidseits gewollt - Lernen. Dieses Lernen erzeugt naturgemäss - und in unserem Verständnis erwünschtermassen – Schwierigkeiten: als Ausdruck des Aufeinandertreffens zweier verschiedener Eigenständigkeiten und Fremdheiten. Das Problem dieser Schwierigkeiten sind nicht die Schwierigkeiten selber, sondern unser Verhältnis zu ihnen, so zum Beispiel im Fehlen der Akzeptanz diesen Schwierigkeiten gegenüber. In der Lerntherapie verstehen wir diese Schwierigkeiten nicht als etwas zu Vermeidendes oder zu Umgehendes, sondern als Entwicklungs-Potenzial. Hier findet *lernen* statt. Lernen als Prozess auf verschiedenen Ebenen: Erfassen, Verstehen, Denken, Konzeptualisieren etc. auf der praktisch-technischen Ebene und Wahrnehmen der eigenen emotionalen und mentalen Regungen und Re-Aktionen auf der Meta-Ebene. Lernen - so verstanden - ist Förderung des Denkens, der Verhaltens-Organisation und der Selbstwahrnehmung. Die Lernprozesse sind uns deshalb wichtiger als die erzielten Lösungen. Die Lösungen sind für uns nur die logischen Folgen eines gelungenen Prozesses - die letztlich 'in den Schoss fallende Früchte'!
Sollten die Schwierigkeiten tatsächlich da sein, um daran zu wachsen, so wäre das viel gelobte "Lernen im Schlaf" wohl ein Akt des Verschlafens!

1.2.2.3   Lernen und Persönlichkeit

Lernen geschieht immer durch den Lernenden. Lernen ohne den Lernenden ist nicht denkbar. Art und Befinden des Lernenden hat unmittelbare Auswirkung auf den Lernverlauf. Umgekehrt haben Lern- und Lehrverlauf unmittelbare Rückwirkungen auf Befinden, Selbstverständnis und Selbstverhältnis des Lernenden. Lernen ist so gesehen ein zirkuläres Wechselwirkungssystem.
Deshalb sollte Lernförderung optimalerweise immer in beiden Bereichen einsetzen können: der Förderung der Handlungskompetenz und gleichzeitig der Förderung der Selbstkompetenz. "Das betroffene Kind selbst durch Aufzeigen und Bewusstmachung eigener Handlungsfähigkeit sowie positiver Erweiterung des Selbstbildes und der Selbstkompetenz ermutigen" (BUNDSCHUH, 1994; S. 12). Nicht zuletzt auch deshalb, weil der Heranwachsende durch die Enttäuschungen und Kränkungen, die sich aus der Diskrepanz zwischen seinen ursprünglich freudvollen Lernerwartungen und seinem hoffentlich noch unerschütterten Selbstvertrauen einerseits und den sich notwendigerweise einstellenden Misserfolgen andererseits ergeben, braucht er mitfühlende und verständnisvolle Zuwendung, die ihm hilft, ein positives und realitätsgerechtes Verhältnis, welches auf Selbstachtung aufbaut, zu entwickeln. "Auf der Basis dieser Zuwendung verläuft unsere Entwicklung, und nicht - wie wir immer glauben - auf der Basis eines Kampfes ums Überleben" (GRUEN, 1997; S. 89).
Da Lernen immer auch *Umgang mit sich selber* bedeutet, ist dessen Beachtung im zirkulären Geschehen auch immer ein wichtiger Beitrag zur Persönlichkeitsentwicklung. Je besser der Lernende sich wahrnimmt, sich versteht und mit sich und seiner Umwelt sinnvoll umgehen kann, desto besser wird ihm sein Leben gelingen.

1.2.2.4   Psychopathologie des Lernens

Charakteristischer Bestandteil unseres Verständnisses des Lernens beziehungsweise der Lernstörungen ist die dialektische Vorstellung vom *Vordergründigen und Hintergründigen* beziehungsweise der Lernstörungen mit *verdecktem Charakter.*

Wir gehen dabei davon aus, dass sich psychodynamische - vorübergehende wie überdauernde - Belastungen, Konflikte und Störungen niederschlagen. In der Medizin hat sich die Vorstellung von der *Konvertierung*, beziehungsweise *Somatisierung* im Verlauf der letzten Jahrzehnte durchgesetzt und sich als *psychosomatische Medizin* weitgehend etabliert. In der *Psychosomatik* versteht man sogenannte *psychosomatische* Erkrankungen oder Funktionsstörungen als psychisch verursacht oder zumindest mitverursacht. In der Lerntherapie gehen wir nun davon aus, dass diese psychischen Belastungen, Konflikte und Störungen sich nicht nur in Form der *Somatisierung*, sondern sich auch im System des *Denkens* und *Handelns* niederschlagen können - und damit die in der Folge auftretenden Störungen *Symptomcharakter* aufweisen. Das heisst, dass sie, immanent verursacht, selber nicht das Eigentliche, sondern nur Ausdruck von etwas *Dahinterliegendem* sind. Dialektisch gesprochen: Dass das Vordergründige letztlich nur unter Einbezug des Hintergründigen verstanden werden kann. Näheres darüber im Kapitel *Persönlichkeit.*

Für die lerntherapeutische Praxis bedeutet dies, dass diese zahlreichen, *psychodynamisch* verursachten Lernstörungen überdauernd nur über den Einbezug des oft unbekannten Hintergründigen erfolgreich zu behandeln möglich sind. Gelingt dies, so bedeutet dies nicht bloss *Lernerfolg* sondern gleichzeitig immer auch einen *Schritt vorwärts in der Persönlichkeitsentwicklung*! - Mit dieser Problematik gelangen wir in den Bereich, in welchem die herkömmlichen rein technisch-didaktischen Bemühungen jeweils naturgemäss an ihre Grenzen stossen. Ein Überschreiten dieser Grenzen ist nur möglich unter Wunsch und Mithilfe des Lernenden selber und über das tiefere intra- und interpsychische Verständnis der Persönlichkeit und ihres Beziehungssystems, in welche wir ansatzweise Einblick nehmen wollen im nachfolgenden Kapitel.

1.3   Persönlichkeit

Zentrum des Interesses in der Lerntherapie ist der Mensch, genauer gesagt, seine Persönlichkeit, das heisst, seine individuelle Art, zu sein, zu fühlen, zu denken und zu handeln. Trotz dieser eingrenzenden Präzisierung bleibt die Frage, was wir unter den damit zentralen Begriffen von 'Mensch' , beziehungsweise 'Persönlichkeit', verstehen.

1.3.1   Vorstellung und Menschenbild

Auch wenn nur in meist mehr oder weniger vagen Konturen tragen wir alle ein Bild des Menschen in uns. Diese Bilder oder Vorstellungen sind häufig ein Mischwerk zwischen Wahrnehmenden und Wahrgenommenen. "Die Vorstellung ist der persönliche Bezug zum Wahrgenommenen" (MARBACHER, 1992; S. 225). Darüber hinaus ist die Vorstellung nicht nur das Prägezeichen der Wahrnehmung und des Wahrgenommenen, sondern prägt ihrerseits wiederum den Umgang zwischen dem Wahrnehmenden und dem Wahrgenommenen. Unsere Vorstellung von einem Wesen oder einer Sache muss deshalb im Überdenken unserer Handlung miteinbezogen werden, denn jede Handlung kann trotz allem Überdenken nicht sach- oder wesensgerecht sein, wenn die Vorstellung nicht der gemeinten Sache oder dem gemeinten Wesen entspricht. Viele unserer Handlungen oder Behandlungen scheitern nicht an ihrer Ausführungstechnik, sondern an ihren Voraussetzungen. - Nicht zuletzt in der *Lehrwerkstatt Schule* wird auf Basis vager Vorstellungen über das Lernverhalten unterrichtet. An Unterrichtsverhalten und Unterrichtsinhalten wird oft mit sehr grossem Fleiss gearbeitet - und darob Voraussetzungen und Auswirkungen auf den Schüler "vergessen"!

Um die Konzepte, Techniken und Handlungen der Lerntherapie verständlich und transparent zu machen, seien deshalb als Nächstes die ihr zugrunde liegenden Vorstellungen, Theorien und Modelle der Persönlichkeit in den groben Grundzügen umrissen.

1.3.2 Die massgebenden Persönlichkeitstheorien und -modelle

Spätestens seit S. Freud (FREUD, a.a.O.) gehen wir davon aus, dass der Mensch nicht 'Herr im eigenen Haus' ist, sondern verschiedenen inneren und äusseren Einflüssen unterworfen ist und gleichzeitig selber aktiv entscheidend und steuernd Einfluss nach innen und aussen nimmt.

Im sogenannten 'Grundmodell' fassen wir die für uns massgebende Vorstellung der Persönlichkeitsgrundlagen, welche in der sekundären Persönlichkeitsentwicklungs-Phase von besonderer Bedeutung sind, zusammen und erweitern dieses mit 'strukturellen' Elementen und Modellen aus in der Lerntherapie vertretenen Persönlichkeits-Psychologien.

1.3.2.1 Grundmodell

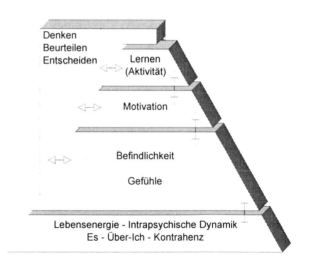

Hauptaspekte unseres Persönlichkeit-Aktivitäts-Modells sind folgende Elemente:
a) Gewichtung der Gefühle und der Befindlichkeit, b) Wirkungs- und Wechselwirkungsverhältnis der Persönlichkeitsanteile, c) Einflüsse des Unbewussten und d) Selbstwahrnehmung und Selbstverhältnis

a) Gewichtung der Gefühle und der Befindlichkeit:

Die Gefühle und das Befinden haben für das Denken und Handeln der Person eine grössere Bedeutung als es ihr bewusst ist. Der Befindlichkeit und den Gefühlen entsprechend werden Handlungen unternommen oder nicht, so oder anders. Im Dienste der Befindlichkeitsregulation wird intuitiv gehandelt oder geplant. "Ohne die Energie der Affekte gäbe es wohl überhaupt kein Wollen und Handeln, kein Über-legen und Miteinander-Inbezugsetzen von kognitiven Elementen in einem wörtlichen wie übertragenen Sinn" (CIOMPI, 1997; S. 95).

b) Wirkungs- und Wechselwirkungs-Anteile der Persönlichkeit:

Persönlichkeits-Anteile und Aktionen unterliegen Einwirkungen und Wechselwirkungen. Sie sind durch ihre - wenn auch veränderbare - Hierarchie geordnet. So hat beispielsweise das seelische wie das körperliche Befinden Auswirkung auf andere Anteile, so auf die Motivation, das Handeln und Denken. Prioritären Rang hat die Befindlichkeit. Anschaulichstes Beispiel dafür ist das Verhalten eines Säuglings, bei welchem der klare Vorrang des Befindens offen sichtbar ist. – Diese Sichtweise legt es uns nahe, die Persönlichkeit als *dynamisches System* zu betrachten.

Wegen ihrer unterschiedlichen Natur sind *Denken* und *Unbewusstes* nicht gleichartig in dieses Hierarchie-System einzuordnen. Wie im Modell-Diagramm dargestellt, ist das Denken in unterschiedlichem Mass jeweils auch in direkter Wechselwirkung zu den einzelnen Anteilen und dadurch nicht strenger Hierarchie zuteilbar. Das Unbewusste - beziehungsweise die von uns hauptsächlich beachtete intrapsychische 'Es - Über-Ich - Kontrahenz' - fügt sich normalerweise in das Gesamtsystem ein, kann aber im Fall grosser Abweichung dermassen stark und autark auftreten und damit die ganze vertraute Normalität desavouieren - bis hin zum Eindruck, die Person - und nicht nur die Leistungsfähigkeit - sei "gestört" beziehungsweise "psychisch krank". Lernleistung und Lernstörung sind deshalb immer auch unter dem persönlichkeitsdynamischen Aspekt zu betrachten.

c) Einflüsse des Unbewussten:

Den 'Tiefenpsychologischen Schulen' ist es zu verdanken, dass wir Denk-, Fühl- und Handlungsweisen, welche 'prima vista' unserem Verständnis nicht zugänglich sind, in ihren anderen, eigenen Gesetzmässigkeiten schliesslich verstehen können und damit als 'un-sinnig' Geglaubtes sich als sinn-haltig erweisen kann. Als 'un-sinnig', 'irr-sinnig' oder 'sinnlos' bezeichnen wir Handlungen und Verhaltensweisen, welche unseren Vorstellungen und Erwartungen zuwiderlaufen. Klassische Beispiele dafür sind alle selbstschädigenden Haltungen und Handlungen. Im Alltag erscheinen sie normalerweise unter dem 'Etikett': *Fehler, Versagen, Missgeschick* oder *Unfall*. Treten diese vereinzelt auf, so werden sie dem Zufall oder besonderen Umständen zugeschrieben. Treten sie aber gehäuft oder gar systematisch auf, so wächst der Verdacht, dass - wenn auch zunächst nicht verständlich - etwas Dahinterliegendes beziehungsweise ein verborgener Sinn Ursache sein könnte. Diese *Fehler, Missgeschicke* und *Unfälle* bekommen dadurch plötzlich eine andere Be-Deutung: Sie werden als Signal - möglicherweise gar als *Alarm-Signal* - verstanden. Drückt beispielsweise ein Schüler seine inneren Schwierigkeiten und Konflikte über Fehlleistungen und Schulversagen aus, so wäre es tatsächlich wenig sinnvoll, mit dem schulischen Bemühen bei den Fehlleistungen einzusetzen. Im Gegenteil: Lerntechnisches Bemühen könnte sich in diesem Fall sogar als kontraproduktiv erweisen! Die lerntherapeutische Arbeit muss in diesem Fall bei den dahinter liegenden Schwierigkeiten einsetzen. - In der Lerntherapie ist der Einschluss des Unbewussten - insbesondere bei selbstschädigenden Ausdrucksformen - in das Persönlichkeits-Verständnis deshalb sehr wichtig.

d) Selbstwahrnehmung und Selbstverhältnis:

Ein "Sich-selber-gegenübertreten-Können" erfordert zunächst Wahrnehmung seiner selbst. Ich kann mir nur selber begegnen, wenn ich auf Grund meiner Wahrnehmung meiner bewusst bin. Je besser ein Mensch sich selber kennt, desto grösser ist seine Chance, mit sich und den anderen realistisch und adäquat umzugehen. Selbst-Wahrnehmung ist Voraussetzung für Autonomie und Authentizität. Je authentischer ein Mensch ist und sein kann, desto mehr Energie steht ihm für anderes zur Verfügung.

Wichtig in der Selbst-Wahrnehmung ist insbesondere die Wahrnehmung der Gefühle. Denn die Gefühle sind sowohl Ausdruck von Befinden wie auch gleichzeitig vorbewusste Signale subjektiver Wahrnehmung und damit Instrumente persönlicher Orientierung.

Sowohl das Wahrnehmen wie das Verleugnen der Gefühle können aber auch belastend und irritierend sein. Im Mangel an Gefühls-Kultur, läuft speziell der Heranwachsende Gefahr, aus Überforderung ihnen entfliehen zu wollen, was unweigerlich zu Störungen in der Selbst-Wahrnehmung und im Selbst-Verhältnis führt. Diese Störungen ziehen gewöhnlich in der Folge leider weitere Störungen nach sich. Auch deshalb ist es wichtig, die Gefühle wahrzunehmen und einen differenzierten Umgang mit ihnen zu entwickeln.

1.3.2.2   Strukturelle Elemente

Die strukturellen Elemente sind Systeme und Prinzipien, welche die Persönlichkeit intrapsychisch fordern und strukturieren und damit für Sein, Handlungs- und Selbstkompetenz von grosser Bedeutung sind.

Inneres Selbst:

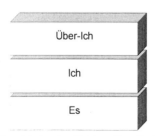

Das *psychoanalytische Persönlichkeitsmodell* (FREUD, a.a.O.) eignet sich besonders zur Veranschaulichung und Vergegenwärtigung der psychodynamischen intrapsychischen Ausgangssituation des Individuums, in welcher ihm - gemäss dem psychoanalytischen Verständnis - schon die Aufgabe auferlegt ist, für die Organisation nach innen und aussen besorgt zu sein und zwischen den einzelnen inneren Instanzen zu vermitteln.

Dies ist im institutionellen Rahmen von Schule und Ausbildung von besonderer Brisanz, weil einerseits diese Bildungsinstitutionen in ihrem Charakter fordernd und "über-ich-lastig" sind und damit die *Kontrahenz* zwischen dem *ES*, als Instanz für Trieb und Lust, und dem *Über-Ich,* als seinerseits fordernde Instanz, verschärfen und laufend aktualisieren und andererseits die Situation des *Ich*'s - in seiner Doppelaufgabe: *Organisation und Vermittlung nach innen und aussen* – dadurch in besonderem Masse mit ihren oft stringenten Gesetzen und Rahmenbedingungen fordern. - Sich all dessen bewusst zu sein, ermöglicht vielleicht mehr Verständnis für die intrapsychische Situation des Individuums in dieser sekundären Entwicklungsphase.

Des weitern eignet sich dieses Modell auch als Ausgangspunkt für die Darstellung der Bedeutung der Beziehung zwischen Klient und Therapeut: so zum Beispiel die Rolle des Therapeuten als zeitweises *Hilfs-Ich* und als *Übertragungs-Objekt* und die Rolle des *Ich*'s als mit seinen verschiedenen *Abwehrmechanismen* aktiv Gestaltendes.

Biografisches Selbst:

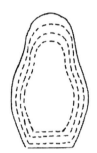

Als weiteres strukturelles Element für das Verständnis der Persönlichkeit dient das Modell des biografischen Selbsts mit seinem *Babuschka-Prinzip.* Die aus Fernost stammende Holzpuppe, die von aussen unsichtbar wiederkehrend, zahlreiche kleinere Puppen in sich umfängt, soll die biografische Geschichtlichkeit unseres Wesen erinnern. Im wesentlichen besagt dies, dass unsere individuelle Vergangenheit auch im aktuellen Leben und Erleben immer mitschwingt, ebenso wie immer auch alte Strategien und Bewältigungs-Muster - uns teilweise bestimmend - in unserer persönlichen Gegenwart Einfluss nehmen können. Es kann sehr hilfreich sein, zu verstehen, *was, wie* und *warum* etwas "in einem abläuft" und dadurch die entsprechenden Zuordnungen erstellen zu können. Speziell der Lernweg in Schule, Universität oder Berufsbildung, der naturgemäss immer auch mit Misserfolg, Unzulänglichkeit und Versagen konfrontiert, kann durch die Potenzierung von bereits Erlebtem (Schmerz, Enttäuschung u.a.) zum Leidensweg werden. Die innere oder äussere Reaktion eines durch irgend ein Ereignis Betroffenen kann manchmal erst durch Kenntnis seiner Vorgeschichte à fond verstanden werden. Dies gilt nicht zuletzt auch in Misserfolgserlebnissen, die immer auch ihre individuellen Vorgeschichten haben, welche im Neuereignis emotional und mental reaktiviert werden.

Originales Selbst:

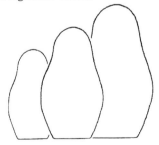

Wesentlichen Einfluss auf Befinden und Verhalten des Einzelnen nimmt auch das *Selbst-Prinzip.* Nicht nur aus der Entwicklungspsychologie oder der Psychopathologie, sondern auch aus der Sozialpsychologie und der Ethnologie ist uns bekannt - beredtes Beispiel dafür sind die Auswirkungen von Migrationen - wie wichtig es ist, so gut wie möglich, sich selber sein zu können. Die Einzigartigkeit jedes Einzelnen macht es ihm zur Aufgabe, sich selber zu suchen, sich so gut wie möglich wahrzunehmen und sich in seiner Vielfalt zu erkennen und zu verstehen - Original und nicht Kopie zu sein. - Nur das Original ist aus seinem Kern heraus kreativ und entwicklungsfähig. Dennoch ist es bloss ein schöner Traum, erwünschte Zielorte wie Identität, Autonomie und Authentizität mit Leichtigkeit erreichen zu können. Der Wunsch, sich selber zu sein, kennt Heckenschützen. "Die Flucht vor der Verantwortung ist zutiefst die Furcht, ein eigenes Selbst zu haben. Es ist nicht die Furcht vor einer abstrakten Verantwortung, sondern es ist die Verantwortung, sich selbst zu verwirklichen, die uns bedroht. Unsere eigene Lebendigkeit und die des anderen machen uns Angst" (GRUEN, 1990; S. 39). Es sind aber selbstverständlich nicht bloss wir selber, die es uns schwer machen, identisch zu sein. Erwartungen und Rollendelegationen (BUCHHOLZ, 1995; KAST, 1998; MILLER, 1997; RICHTER, 1997; STIERLIN, 1995; u.a.) unseres nächsten Beziehungsnetzes legen häufig schon in der primären Entwicklungsphase Grund- und Stolperstein dafür. Besonders bei Lernstörungen ist die Frage nach Identität und Autonomie angezeigt. Lernen bedeutet immer, einen Weg zu gehen. Die Art, den Weg zu gehen, kann sehr davon abhängen, ob er in Ziel und Art selber gewählt oder fremdbestimmt ist. Erfolg oder Misserfolg sind manchmal nur logische Konsequenzen.

Das *Selbst-Prinzip* bedeutet mehrerlei: Neben dem Aspekt des Kongruent- beziehungsweise Identisch-Seins, im Hinblick auf Erlangung von Seins- und Leistungsqualität, zeigen sich Aspekte der Energie und der inneren Konsistenz.
Das Bedürfnis nach Identität bewirkt Streben danach. Je besser die Identität gewährleistet ist, desto weniger Energie muss zur Erlangung dafür aufgewendet werden - und steht damit anderem zur Verfügung.
Bekanntlich ist das Ganze mehr als die Summe der einzelnen Teile. Die einzelne Handlung, der einzelne Gedanke und das einzelne Empfinden sind in sich und durch sich selber real und gegeben, unterstehen aber dem übergeordneten System der Ganzheit. Das Ganze kann im Interesse der inneren Konsistenz das Einzelne sabotieren oder unterlaufen. Das heisst, Bemühungen um einzelne Handlungs- oder Denkweisen, zum Beispiel im Lernverhalten, können im Interesse übergeordneter Wichtigkeiten trotz willentlicher Anstrengung aller Beteiligten zum vornherein zum Scheitern verurteilt sein. Zwei Beispiele mögen dies illustrieren:

Ein 21-jähriger Berufsschüler hat trotz grosser Lernanstrengungen und lerntechnischer Hilfen in seiner Abschlussprüfung zum zweiten Mal versagt. Erst die vertiefte Aufarbeitung der dahinter liegenden, verborgenen Ängste vor dem Schritt aus dem Elternhaus in die Autonomie und Selbstverantwortlichkeit mit ihren Versagensängsten haben es ihm schliesslich ermöglicht, den Abschluss doch noch zu schaffen. Übergeordnet war hier die Vermeidung von Autonomie und Versagensängsten.

Eine 11-jährige Schülerin hat trotz ihrer sehr guten Intelligenz in Schulprüfungen immer wieder versagt. Das lange Zeit unerklärliche Versagen konnte erst erfolgreich durchbrochen werden, als die übergeordneten psychodynamischen Hintergründe erkannt und verstanden werden konnten: Das Mädchen hatte seit Jahren darunter gelitten, dass es in allen Belangen deutlich besser war, als ihr, von seinen Eltern bevorzugte, ein Jahr jüngerer, schwächerer Bruder. Massive Verdrängung von Stolz, Aggressionen und verborgenen Schuldgefühlen verlangten nach Bestrafung und Kleinmachen ihrer selbst. Die Selbstbestrafung in Form des Schulversagens machte ihre Grundkonflikte erträglich und war in der Wichtigkeit den Bemühungen um Schulerfolg übergeordnet.

Diese beiden Beispiele machen deutlich, wie verheerend sich Störungen im Selbst-Prinzip für den Einzelnen auswirken können.

Existenzielles Selbst:

Die *Bedürfnis-Pyramide* der humanistischen Psychologie nach Maslow (MASLOW, 1984) zeigt einen anderen wichtigen Aspekt der Persönlichkeit: das unverzichtbare Streben des seelisch-organischen Wesens Mensch nach Bedingungen im Rahmen der Mitmenschlichkeit und der existenziellen Bedürftigkeit, welche grosser Aufmerksamkeit bedarf (GRUEN, a.a.O.; KOBI, 1983, 1988). Werden diese Grund-Bedürfnisse nicht in genügendem Mass gestillt, sind nicht nur Wohlbefinden und Leistungsfähigkeit vermindert - dem Individuum drohen so unter besonders ungünstigen oder andauernden unbefriedigenden Bedingungen gar Krankheit oder Tod (Hospitalismus, Marasmus u.a.).

1.3.3   Selbst-Kompetenz

Eines der vorrangigen Ziele in der Persönlichkeitsentwicklung ist der Aufbau und die Entfaltung der *Selbst-Kompetenz*. Diese Selbst-Kompetenz ist eines der Elemente. welches für die Lebensgestaltung und für die Erlangung von Lebensqualität Voraussetzung sind.
Die Selbst-Kompetenz ist Resultat guten Zusammenwirkens der nach innen, aussen und auf das Ganze gerichteten Elemente und Kräfte. Sie setzt sich aus folgenden Unterkompetenzen zusammen:

- *Selbst-Wahrnehmung:* als Beginn des Selbst's unter dialektischem Einbezug und Verständnis des Umfelds, inklusive dem Erkennen und dem Verstehen der Wechselwirkungen zwischen dem Selbst und dem Umfeld.

- *Selbst-Sein:* im anders und ähnlich sein, über Identität und Konsistenz verfügen

- *Selbst-Verständnis:* aus dem sich selber verstehen, adäquater mit sich und andern umgehen können

- *Selbst-Verwirklichung:* sich seinen Anliegen und Anlagen gemäss ins Leben einbringen

- *Selbst-Entwicklung:* durch innere Prozesse und Veränderungen zulassen und fördern

- *Selbst-Verhältnis:* Haltung, Wertung und Umgang zu und mit sich selber auch bezüglich der eigenen Persönlichkeitsanteilen

Die Selbst-Kompetenz ist grossenteils Grundlage der sozialen Kompetenz, der geistig-intellektuellen und der Handlungskompetenz und unterliegt selbstverständlich den vorhandenen Wechselwirkungen. Lernen ist beeinflusst durch alle Kompetenzbereiche. Im Sinne des Lernens als 'aktives Geschehen' ordnen wir es aber hier der Handlungskompetenz zu. *Selbstkompetenz ist die Grundlage aktiven Lernens.*

1.4 Persönlichkeit und Leistung

Es lassen sich verschiedenste Arten des Lernens definieren, so 'automatisiertes Lernen', 'sporadisches Lernen' und zahlreiche andere. Das Lernen, auf welches wir uns hauptsächlich konzentrieren, ist strukturiertes, gewolltes und geplantes und in der Regel systematisiertes Lernen. Gemeint ist das Lernen, welches wir für unser Weiterkommen - meist in Zusammenhang mit Bildung, Aus- und Weiterbildung betreiben. Lernen als individuelle kulturelle Leistung der Persönlichkeit.

1.4.1 Lernvoraussetzungen

Lernleistung gründet multifaktorell. Das heisst, im Lernenden wirken verschiedene Ausgangsfaktoren zusammen: Biologische, kulturelle, psychosoziale, emotionale (interpersonale wie intrapersonale) und kognitive Faktoren. Sie bedingen und beeinflussen sich gegenseitig und ordnen sich gleichzeitig als Teilfaktoren im "Gesamtsystem der Persönlichkeit" des Lernenden. Lernen ist als Ausdruck der Persönlichkeit immer auch direkter Weg zu ihr. Oder anders gesagt, Lernprozesse sind immer im Zusammenhang mit der gesamten Persönlichkeit zu verstehen. Fragen über Erfolg oder Misserfolg im Lernen sind häufig erst durch die Gesamtkenntnisse der einzelnen Faktoren versteh- und erklärbar.

Der *biologische Faktor* könnte wohl als der existenzielle Faktor menschlichen Lernens bezeichnet werden. Er ist sowohl Grundlage wie auch Instrument.
Im Rahmen der Lerntherapie stellen sich biologische beziehungsweise physiologische Fragen im Sinne von Voraussetzung (z.B. neurophysiologisch und neuropsychologisch), Gesundheit, Ernährung und Umgang. In den Grundlagenarbeiten dagegen werden uns

wohl zukünftig noch (r)evolutionäre Entwicklungen aus Hirnforschung, Bio- und Gentechnologie beschäftigen und entsprechende Aufgaben stellen.

Als *kulturelle Faktoren* wirken Epoche, Völkerzugehörigkeit, Gesellschaftskreis oder Modeströmungen mit ihren vorwiegend mentalen und ethischen Einflüssen auf den Einzelnen. Am deutlichsten erkennbar wird die Bedeutung des kulturellen Paradigmas im Zusammentreffen verschiedener Kulturen. Welche Schwierigkeiten und Probleme in Lernsituation und Schule erwachsen können, wenn die kulturelle Identität gefährdet ist, zeigen eindrücklich LANFRANCHI, HAGMANN (LANFRANCHI / HAGMANN, 1998).

Psychosoziale Faktoren üben Einflüsse über konkrete Beziehungsgruppen aus, wie: Familie, Lebensgemeinschaften, Peer-Gruppen, Einzelbeziehungen usw.. Neben den Gruppen- und individuellen Werten sind hier vor allem die psychosozialen respektiv emotionalen Austauschprozesse von grosser Wichtigkeit. Speziell zu erwähnen sind dabei die Familie und bei Schülern Klassen- und Lehrerbeziehung. Von Bedeutung besonderer Art sind hier auch die identitätsstiftenden Momente über Beziehungsqualität, Erwartungen, Rollenzuschreibungen, Fragen des Selbst-Werts, des Selbst-Verhältnisses, der Unterstützung oder der Belastung u.s.w.

Die *emotionalen Faktoren*, die intrapsychischen wie die interpsychischen, sind in verschiedenen Wirkungsrichtungen lernrelevant:
a. Entwicklung, Erhalt oder auch Abbau von kognitiven wie sozialen Kompetenzen hängen vom Befinden ab. Wohlbefinden fördert die *Leistungsfähigkeit*. Überdauernd fehlendes Wohlbefinden dagegen lässt soziale wie kognitive Fähigkeiten verkümmern (Hospitalismus!).
b. Der emotionale Haushalt steht in direktem Zusammenhang mit *Lernmotivation* und Arbeitshaltung. Wohlbefinden und emotional getragene Zuversicht können beflügeln. Emotionale Belastung dagegen absorbiert Energie und drückt nieder.
c. Spätestens seit CIOMPI und STERN wissen wir gesichert vom direkten Einwirken der Emotion auf die *Kognition*, dem direkten Einfluss der Gefühle auf das *Denken* (CIOMPI, a.a.O., STERN, 1998). Darüber hinaus weist STERN auf die basale Verknüpfung von *Lernen und Selbstempfinden*: „Das Lernen dient sicherlich nicht allein dem Zweck, ein Selbstempfinden zu entwickeln; aber ein Selbstempfinden wird eines der vielen wichtigen Nebenprodukte der allgemeinen Lernfähigkeit sein" (STERN, a.a.O., S.73).

Zweifellos gelten die *kognitiven Faktoren* nach wie vor als *die* klassischen Lernfaktoren. Zu Recht wurde deren Bedeutung für den Einzelnen jedoch in den letzten Jahren zunehmend von verschiedenen Seiten her relativiert: Einerseits durch kritische Analyse von Art und Entwicklung der intellektuellen Begabung selbst, durch Gewichtung anderer Einzelaspekte, wie beispielsweise die "emotionale Intelligenz" (GOLEMAN, 1997) und andererseits durch zunehmende Erkenntnisse und wachsendes Verständnis über das Zusammenwirken anderer vor- und mitbedingender Faktoren, insbesondere die Bedeutung von Persönlichkeitsvariablen. So konnte ich beispielsweise in einer Feldforschung

26

bei schachspielenden Kindern den unmittelbaren Zusammenhang zwischen Lebens- und Selbstkonzept und den Strategien und Denkkonzepten mit ihrer Auswirkung auf Leistungserfolg und Misserfolg aufzeigen (METZGER,1972).

Mit zunehmender Aufmerksamkeit und Bewusstheit wurden auch in der Folge Instrumentarien zur Selbstwahrnehmung des Lernverhaltens entwickelt (METZGER, 1996, u.a.) und damit die Zahl subjektiv verzerrter, falscher und einseitiger Begabungs- und Ursachenzuschreibungen verringert.

Eine fundamentale Abklärung von Lernfähigkeit und Lernstörungen muss letztlich all diese Faktoren berücksichtigt, welche die Voraussetzung und Bedingung für die jeweilige Lernaktivität sind. Grundsätzlich lässt sich Lernen aber von zwei verschiedenen Gesichtspunkten her beobachten: von „aussen" oder von „innen".

1.4.2   Innen- oder aussengesteuertes Lernen?

Wir können unser Augenmerk entweder mehr auf die äusseren Lernbedingungen, wie: Ort, Zeit, Lernatmosphäre, Material, technische Hilfen, Lernbetreuung usw. oder mehr auf die inneren Voraussetzungen des Lernenden, wie: Befinden, Motivation, Konzentrationsfähigkeit, Lernwiderstand u.a. richten.

Über Jahrzehnte herrschte in unserer Schultradition die Beachtung sowohl der äusseren Lernbedingungen als auch die Betonung der Aussensteuerung des Lernenden vor. Ein Umdenken im grösseren Mass setzte mit dem Aufkeimen der humanistischen Psychologie ein. Mit dem neuen Verständnis vom „innengeleiteten" beziehungsweise „selbstgeleiteten" Lernen begannen die Fragen nach dem Selbst, der Persönlichkeit und ihrem „Inneren" ins Zentrum des Interesses zu rücken. Als frühe Vertreter, dieser humanistischen Psychologie, welche das Lernen "von innen heraus" als lustvolles und selbstverantwortliches Handeln propagierten, und damit viele wertvolle Impulse setzten, können sicher als europäischer Vertreter HEINRICH JACOBY (JACOBY, 1994) und als amerikanischer CARL R. ROGERS (ROGERS, 1988) genannt werden.
Die (Be-)Achtung und Förderung der Persönlichkeit des Lernenden hat Priorität. Bei parallel dazu sich entwickelnder mehr lerntechnisch ausgerichteter Psychologie wuchs das Bewusstsein, dass es letztlich immer der Lernende ist, der lernt ("Man kann ein Pferd nicht trinken machen" Alfred Adler), und es im Interesse sowohl des Individuums als auch der Gesellschaft ist, in allen Lernprozessen - insbesondere in den therapeutisch begleiteten - die *Persönlichkeit* des Lernenden im Auge zu behalten. - Oder in Abwandlung eines Wandspruchs der 68er-Jahre gesagt: Stell dir vor, der Mensch entwickelt sich (nicht) – und keiner schaut hin!

1.4.3   Lernen und Lerntypen

Ein erstes Unterscheidungsmerkmal individuellen Lernens bilden die Zugangsarten mit ihren dazugehörigen Verarbeitungsweisen. Gebräuchlich in der Lernpraxis zur Eruierung der persönlichen Lernart ist dabei die Typeneinteilung nach VESTER (VESTER, 1992). Er unterscheidet folgende fünf Typen:

27

- Den *visuellen Lerntyp,* der vor allem durch Sehen und Beobachten aufnimmt.
- Den *auditiven Lerntyp,* der das zuhörende Aufnehmen bevorzugt.
- Den *haptischen Lerntyp,* der durch Ertasten, Hantieren und Tun begreifen will.
- Den *Gesprächstyp,* der durch die sprachliche Auseinandersetzung und durch das Gespräch bevorzugt lernt.
- Den *verbal-logischen* Typ, der durch sprachliche Fassung und Abstraktion lernt

Schalkhaft kritisiert und würdigt NEZEL gleichzeitig diese Typologisierung: "Obwohl die ersten drei (Wahrnehmungs-)Lerntypen nach dem Kriterium der Ausprägung dieses oder jenes Wahrnehmungskanals gebildet wurden, dem vierten die Bevorzugung einer Kommunikationsform zugrunde liegt und der fünfte Lerntyp auf eine bestimmte Denk- und Sprachweise zurückgeht, ist diese Klassifikation zwar nicht richtig, aber (didaktisch) nützlich. Sie macht den Lehrer darauf aufmerksam, dass einige Schüler besser auditiv, die anderen lieber visuell oder taktil die Lerngegenstände erkennen lernen, dass es Schüler gibt, die den Stoff besser im Gespräch mit anderen verstehen lernen, dass schliesslich eine Kategorie von Schülern existiert, die einen verballogischen Zugang zum Erlernen auch sinnlicher Lerngegenstände (z.B. einer Fremdsprache) vorziehen, weil sie ein eher schwaches auditives Gedächtnis besitzen und diesen Nachteil durch eine gute Disposition in der Abstraktionsfähigkeit, im Lesegedächtnis und im verballogischen, für das Lernen in Zusammenhängen wichtigen Denken mehr als ausgleichen" (NEZEL, 1994; S. 10).

1.4.4   Allgemeine intrapsychische Lernbedingungen

Die im vorangegangenen Kapitel über die Lerntypologie aufgeführten 'Kanäle' sagen wohl aus, auf welchem Weg der Lernende aufnimmt. Sie sagen jedoch noch nichts darüber aus, *ob* er aufnimmt beziehungsweise, ob er in der *Lage* ist, aufzunehmen und die Materie lernend zu verarbeiten. Offene Kanäle und gutes kognitives Instrumentarium alleine garantieren noch keinen Lernerfolg. Vorbedingung jeglichen erfolgreichen Lernens sind sowohl emotionale Lern*offenheit* wie auch emotionale Lern*bereitschaft.* - Dies ist der Punkt, an welchem wir mit noch so ausgeklügelter Didaktik normalerweise nicht weiterkommen können. Anstatt zu fragen: 'Wie können wir den Lernenden erreichen?' müssen wir die (lerntherapeutische) Frage nach *ihm* stellen: 'Was geschieht in seinem Innersten? Beziehungsweise: Was hätte er für den Lernprozess für innere Vorbedingungen zu erfüllen?'

Um letztlich konzentriert und ausdauernd lernen zu können, muss der Lernende folgende intrapsychische Vorleistungen erbringen:

a) Loslassen können
b) Sich niederlassen können
c) Sich ansprechen lassen können
d) Sich einlassen können

e) Sich vertiefen können
f) Erfassen, begreifen und verstehen können
g) Gestalten können

a) Loslassen können: Ein Lernender kann sich erst dann voll auf etwas konzentrieren, wenn er innerlich - gefühlsmässig wie gedanklich - frei ist. Im Hinblick auf eine optimale Lernvoraussetzung ist es wichtig, sich auf der mentalen Ebene sowohl von Gedanken wie von Emotionen lösen zu können. Gelingt das Loslassen von Gedanken normalerweise noch relativ leicht, so wird es bedeutend schwieriger, wenn die Gedanken motivational oder emotional tiefer verankert sind. Wenn beispielsweise das den Gedanken zugrundeliegende Problem nicht gelöst ist, fällt ein Loslassen bedeutend schwerer.

Das Loslassen-Können von Emotionen hängt von Intensität und Bedeutung für den Einzelnen ab. Kommt ein Lernender beispielsweise von einer belastenden Familien-Situation, so werden seine Emotionen gebunden bleiben. Sein Befinden und seine Leistungsfähigkeit werden entsprechend eingeschränkt sein.

b) Sich niederlassen können: Schwierigkeiten, sich niederzulassen, hat in der Regel der innerlich Unruhige. Unruhig ist der Beunruhigte. So gesehen ist, sich niederlassen können, eine Frage von Sicherheit, Geborgenheit und Vertrauen-haben-Können. So manches im Lerngeschäft als 'psycho-organisch beunruhigt' klassifizierte Kind ist in Tat und Wahrheit aus weniger akzeptierten Gründen beunruhigt! Um einem Lernenden mit 'Niederlassungsschwierigkeiten' - die sich häufig in der Not des Stillsitzen-Könnens und in Konzentrationsschwierigkeiten zeigen - wirksam und überdauernd helfen zu können, müssen wir uns auf die Suche nach den Ursachen, welche inter- wie intrapsychisch sein können, machen. - Das allerdings setzt Vertrauen und eine starke, tragfähige Beziehung voraus!

c) Sich ansprechen lassen können: Weitere wichtige Lernvoraussetzung ist das Sich-ansprechen-lassen-Können. Es bedingt zunächst eine innere Situation, welche eine Aussenorientierung zulässt. Zu diesen inneren Voraussetzungen gehören: genügend stark ausgebildetes Selbstwertgefühl, Selbst-Sicherheit, wenig innere und äussere Konflikte, Lebensfreude und Interesse.

Ein spezielles Problem stellen in diesem Zusammenhang die inneren Konflikte dar. Eine aus der Tiefenpsychologie bekannte, verbreitete Abwehr-Strategie ist bei ungelösten Konflikten die 'Projektion'. Mittels der Projektion wird etwas im eigenen Selbst Bedrohliches zur inneren Entlastung nach aussen projiziert. Das Unglück dabei aber ist, dass damit das von aussen Kommende, das Fremde und Neue als bedrohend erscheint. Anstatt sich offen ansprechen zu lassen, resultiert daraus ein Verschliessen oder Abwehren des nun negativ 'Besetzten'. Ebenfalls werden so aus intrapsychischen Konflikten interpsychische. Bei Lernwiderständen ist es deshalb wichtig, die Konflikte mit den Objekten auf ihre subjektiven Ursprünge hin zu untersuchen.

d) Sich einlassen können: Voraussetzung in eine *Vertiefung* in einen Lern- oder Arbeitsprozess ist das Sich-einlassen-Können. Für diejenigen ist dies leicht zu erbringen, welche nebst zahlreichen guten Erfahrungen ihrer Selbst sicher sein können und über entsprechendes Selbst-Vertrauen verfügen. Für zahlreiche andere ist das Sich-Einlassen mit Angst (RIEMANN 1999) verbunden und wird entsprechend vermieden. Diese Vermeidungshaltung führt sehr häufig zum oberflächlichen Erledigen von Aufgaben. Die dahinterliegenden Verlust- und Versagens-Ängste sind oft nur schwer zu erkennen und sind dem Betroffenen selber in der Regel nicht bewusst. Er spürt nur die ihn kurzfristig schützende Abwehr. Ursachen dieser Verlust- und Versagensängste können tatsächlich gehäuft erlittene Versagenserlebnisse sein. Andererseits - und prognostisch gesehen ungünstiger - kann älteres, auf ganz anderer Ebene Erlittenes, Ursache sein, zum Beispiel ungünstige oder gar traumatisierende Beziehungserfahrungen (siehe Kapitel 3.2.2.: „Biografisches Selbst"). Überzeugend und eindrücklich zeigt KURZ solche Zusammenhänge zwischen Beziehungserfahrungen und Lernvoraussetzungen in der sprachlichen Entwicklung auf (KURZ, 1993).

e) Sich vertiefen können: Je anspruchsvoller eine Aufgabe ist, desto wichtiger wird die Fähigkeit, sich vertiefen zu können. Im Unterschied zum Einlassen braucht es hier zusätzlich die Fähigkeit zur Identifikation und Bindung. Daneben verlangt die Aufrechterhaltung der Vertiefungsleistung schliesslich auch intrinsische oder extrinsische Motivation. Vertiefungsschwierigkeiten sind aber vorwiegend Schwierigkeiten im Bereich der Identifikation.

f) Erfassen, begreifen und verstehen können: Auch diese Teilelemente autonomen Lernens bauen auf psychisch beeinflussten Grundlagen: 'erfassen' auf *'fassen'* und *'auffassen'*, 'begreifen' auf *'greifen'* und 'verstehen' auf *'stehen'*. Die Begriffe machen transparent, welche Vorleistungen den Leistungen zugrunde liegen. Es sind Leistungen der Aggression und der (eigenen) Position. Schwierigkeiten in diesem Bereich werden vor allem Lernende haben, welche in erhöhtem Mass entsprechenden (erzieherischen und kognitiven) Verunsicherungen ausgesetzt sind.

g) Gestalten können: Häufig genügt in Lernprozessen blosses Erfassen nicht: Es muss transponiert, umgeformt, umstrukturiert, umfunktioniert und erneuert werden können. Leichter haben es hier Lernende, welche kreativ sein können und dürfen und welche zur Selbstaktualisierung ermuntert werden.

1.4.5 Persönlichkeitsdynamik und Lernen

Welches sind nun die Voraussetzungen der Persönlichkeit, welche Selbst-, Handlungs- und Kern-Kompetenz ermöglichen?

Basis der Lern-Kompetenz ist Selbst-Kompetenz. Im Hinblick auf diese durch die Selbst-Kompetenz getragene Lernkompetenz sind dies nachfolgende Persönlichkeits-Aspekte:

Dem *Grundmodell* der Persönlichkeit entsprechend sind das Befinden und die Gefühle für Motivation und Handeln die tragenden Elemente. Sie sind einerseits einem Signal- und Orientierungs-System und andererseits strömender Energie vergleichbar, die es gilt wahrzunehmen, zu steuern und zu integrieren.

Im *psychoanalytischen Persönlichkeitsmodell* spielt das *Ich* die Schlüsselrolle. Es hat für die Verhältnisse zu sorgen

* zwischen Trieb/Lust- und Über-Ich - Forderungen
* zwischen Innen- und Aussen-Ansprüchen
* zwischen Ich-Ideal und Ich-Destrukt

Zur Erbringung optimaler Lernleistung sollte das Ich so entwickelt sein, dass es den entsprechenden Aufgaben gewachsen ist.

Gemäss der *Bedürfnis-Pyramide* sollten zur optimalen Lernleistungserbringung die Grundbedürfnisse mindestens hinreichend befriedigt sein. Besonders zu beachten ist hier, dass im Leistungssystem mit seinem Erfolgs- und Misserfolgs-Paradigma das Selbstwert-Empfinden grösseren Belastungen ausgesetzt ist, und dass das Selbst-Vertrauen, welches sehr stark vom Selbst-Wert abhängt, seinerseits erfolgs- oder misserfolgsbegünstigend sein kann.

Die eigene Lebens- und Lerngeschichte begleitet uns in Gegenwart und Zukunft hinein. Nach dem *Babuschka-Prinzip* revitalisieren Neu-Ereignisse Empfindungen vergangener Ereignisse mit Ähnlichkeitscharakter. Je nach dem fördern oder belasten sie die jeweilige Lernmotivation. Hilfreich ist, erkennnen zu können, welche Gefühle Abkömmlinge der Vergangenheit und welche gegenwartsentsprechend sind. Darüberhinaus sind diese revitalisierten Gefühle verbunden mit zugehörigen Mustern in Denken und Handeln. Da diese Muster früheren Kompetenzen entstammen, entsprechen sie nicht dem aktuellen Kompetenz-Niveau des Lernenden.

Bemerkenswert ist das Babuschka-Prinzip im Fall der Überforderung beziehungsweise der Unterforderung. Es erfolgt eine *Persönlichkeits-Inversion*: Ist die aktuelle Selbst-Organisation überfordert, so treten die biografisch früheren Persönlichkeits-Organisationen hervor. Im Falle einer „guten" Kindheit mit entsprechender Persönlichkeitsqualität dient diese Inversion dem überlasteten Ich. Im Falle einer ungünstigen Kindheit verschlimmert sich die aktuelle Situation für das überforderte Ich: Statt einem Helfer erscheint aus der biografischen Vergangenheit ein seinerseits Hilfsbedürftiger – ein Scheitern und eine Befindlichkeits-Krise sind damit vorprogrammiert.

Ein Mensch lebt, lernt und arbeitet dann am besten, wenn er dies aus seiner Mitte heraus tun kann, wenn er gemäss dem *Selbst-Prinzip* mit sich identisch ist. Es entspricht dem Lernen aus innerer Freiheit (ROGERS, a.a.O). 'Unerklärliche' Lernwiderstände basieren häufig auf der Divergenz zwischen dem eingeschlagenem (Lebens-) Weg und den inneren Bedürfnissen.

1.4.6 Persönlichkeitsstruktur und Arbeitsverhalten

Interessant und aufschlussreich sind die Zusammenhänge zwischen der Persönlichkeitsstruktur und dem Arbeits- beziehungsweise Lernverhalten:

Einen konsequenten und interessanten Schritt unternimmt KÖNIG, indem er die unterschiedlichen Arbeitsverhalten Einzelner auf ihre jeweilige Persönlichkeitsstrukturen zurückführt (KÖNIG, 1998). Dieser Ansatz eröffnet einen speziellen Zugang zur Persönlichkeit und ermöglicht, Arbeitsstörungen als (Störungs-)Signale der Persönlichkeit zu erkennen und zu verstehen. KÖNIG beschreibt Denken und Arbeits- und teilweise Lern-Störungen bei folgenden Persönlichkeitsstrukturen:

- Schizoide Struktur
- Depressive Struktur
- Narzisstische Struktur
- Zwangshafte Struktur
- Phobische Struktur
- Hysterische Struktur

Besonders wertvoll ist dieser Ansatz für unsere Arbeit deshalb, weil er den Beobachter veranlasst, Einzelbeobachtungen auf mögliches Zusammenwirken weiterer persönlichkeitstypischer Lern- beziehungsweise Arbeitsverhaltensstörungen zu hinterfragen und auf diesem Weg den Sinn des Störungs-Systems erkenn- und verstehbarer macht. Mit diesem Ansatz werden wir auch in die Lage versetzt, in einzelnen Fällen Lernstörungen und -schwierigkeiten bewusster und gezielter für die Persönlichkeitsarbeit zu nutzen. Besonders wertvoll ist dies auch, weil wir in der Lerntherapie häufig mit jungen Menschen arbeiten, welche noch mitten in der Entwicklung ihrer Persönlichkeit stehen, und wir dank dem Verständnis der Zusammenhänge zwischen den Lernstörungen und der Persönlichkeit die gesunden Anteile in der Persönlichkeitsentwicklung gezielter stärken und fördern können.

1.5   Handlungskonzept und Technik

1.5.1   Der lerntherapeutische Zugang zur Persönlichkeit des Lernenden

Die Lerntherapie kennt für ihre Indikation einen klaren Einstiegs-'Fokus' im ursprünglichen Sinn des Wortes (lat.: "Feuerstätte", "Herd"), nämlich der Punkt der Begegnung zwischen der Person mit ihrer bisherigen Kompetenz und dem für die Person im Moment Neuartigen, Herausfordernden. Der Punkt und Moment, welcher *Lernen* oder *Lern-Leistung* fordert.

Die 'Feuerstätte' einzurichten, das 'Feuer' zum Brennen zu bringen, verlangt Planen, Technik und systematisches Handeln - Auseinandersetzungen mit den Objekten.
Darüber hinaus bedeutet Lernen aber immer auch Umgang mit sich selber. Lernen ist immer subjektiv, ist Ausdruck der Persönlichkeit, ihres jeweiligen Befindens, Fühlens und Denkens. Dies eröffnet uns *zwei* Wahrnehmungs-Möglichkeiten: Über die Beobachtung des Lernens erhalten wir Auskunft über die konkrete *Art des Lernens* und gleichzeitig aber auch Informationen über die *Persönlichkeit des Lernenden*: Über Befinden, Selbst-Verhältnis, Umgang mit sich selber u.s.w.

32

Der Klient tritt uns als Lernender entgegen. Im Brennpunkt der Begegnung stehen Anliegen, Fragen und Probleme des Lernens. Die Lernschwierigkeiten haben - auch wenn sie äusserlich besehen häufig kaum Unterschiede aufweisen - verschiedene Ursachen. Die häufigsten Lernschwierigkeiten lassen sich nach ihrem Ursachen-Hintergrund in drei Kategorien einteilen:

In der *1. Kategorie* fassen wir die Lernschwierigkeiten zusammen, welche ihre Ursache im Bereich der *Lerntechnik*: Strategie, Organisation, Planung, Durchführung u.s.w. haben. Dabei eingeschlossen sind auch Probleme Lernender, welche auf Grund ihrer persönlichen Lernvoraussetzungen spezieller Techniken und Strategien bedürfen.

In der *2. Kategorie* sehen wir diejenigen Lernschwierigkeiten, welche vorwiegend der *inneren Dynamik* der Person, dem *psychodynamischen Verhältnis* und den *Beziehungskonstellationen* entspringen. Das Lernerleben und Lernverhalten ist neben dem persönlichen Hintergrund häufig durch die persönliche Lernsituation und durch die persönliche Lerngeschichte geprägt. Von besonderer Bedeutung sind hier die Wechselwirkungsprozesse zwischen dem Lernenden und seiner Lernleistung.

In der *3. Kategorie* fassen wir die Lernschwierigkeiten zusammen, welche ihre Ursachen in der *Persönlichkeit* des Lernenden, in seiner inneren Struktur und seiner *inneren Dynamik* haben, sich aber als Lernwiderstand und als Störung oder Behinderung im Lernverhalten artikulieren und zeigen.

Der Klient trägt uns seine Lernschwierigkeiten vor, ohne sich des Ursachen-Hintergrunds im Klaren zu sein und sie in ihrer Gesamtbedeutung erkannt und verstanden zu haben. Die einzelnen Lernprobleme und -schwierigkeiten sind jedoch selten - wenn überhaupt letztlich je - in sich isolierte Phänomene. Sie sind statt dessen in der Regel als Teilereignis eines Gesamtsystems zu verstehen. Entsprechend ist es wichtig, sich vom Teilereignis nicht gefangen nehmen zu lassen und damit nur *innerhalb* des Problems zu denken, sondern herauszutreten, um das Ganze und dessen Ursachen und dessen (Wechsel-)Wirkungssystem zu erkennen. "Nur wenn der Mensch zuerst in seiner Ganzheit gesehen und thematisiert wird, erscheint eine Zuwendung oder Erfassung weniger kleiner Ausschnitte sinnvoll, auch wissenschaftlich vertretbar" (BUNDSCHUH, 1994, S.55).

Auch wenn wir zunächst davon ausgehen, dass es Lernschwierigkeiten (1. Kategorie) gibt, welche einfacher Natur und leicht begreifbar sind, so empfiehlt sich, wach zu sein für potenzielle Zusammenhänge, Wechselwirkungen und übergeordnete Systeme.

Die Symptome führen selten auf direktem Weg zu den Ursachen: Die Quelle ist selten dort, wo das grosse Wasser liegt.

Bei der Klienten-Annahme stützen wir uns in der Wahrnehmungs-Haltung deshalb auf das 'Beobachtungs-Dreieck':

Persönlichkeit
(Befinden, Selbst-Verhältnis)

Lerngeschehen   **Hintergrund**
(Verlauf, Lernart, Organisation)   (unbewusster + systemischer)

Diese Grundhaltung der Wahrnehmungsbereitschaft hilft uns, ganzheitlicher und in Wechselwirkungs-Systemen zu erfassen und zu erkennen, und schützt uns vor der Gefahr der Verführung, uns vorschnell vom vorgezeigten Symptom blenden oder gefangen nehmen zu lassen und damit lerntherapeutische Effizienz einzubüssen.

1.5.2   Die drei Lerntherapie-Stufen

Entsprechend den drei Ursachen-Kategorien der Lernschwierigkeiten und dem lern- und persönlichkeitstheoretischen Verständnis arbeiten wir in der Lerntherapie auf der Basis eines dreistufigen Handlungs-Konzepts, den Lerntherapie-Stufen I - III.

1.5.2.1   Lerntherapie I

Auf der Lerntherapie-Stufe I arbeiten wir vor allem mit Lernenden, welche nie gelernt haben zu lernen, oder welche selber nur ungenügende oder ungeeignete Lernstrategien und Lerntechniken entwickelt haben. Nach einer lern- beziehungsweise förderdiagnostischen Abklärung geht es hier häufig zunächst darum, gemeinsam bessere Strategien, Techniken und Bewusstsein über das eigene Lernverhalten zu entwickeln, um letztlich über bessere Handlungs- und Lern-Kompetenz zu verfügen. Lernen soll grundsätzlich als etwas erlebt werden können, das Lust und Freude machen kann - Lernschwierigkeiten andererseits sollten nicht als belastend empfunden werden müssen, sondern als Herausforderung zu echtem Lernen. "Fehler, Hürden und Stolpersteine gehören zum mathematischen Lernprozess. Lernen alle Kinder und Jugendlichen mit Hindernissen umzugehen, so kommt ihr Einfallsreichtum zum Zug, sie entwickeln Entdeckerfreude und Lust am Forschen - die besten Voraussetzungen für mathematisches Denken und zugleich ein Stück Prävention und Hilfe bei Schwierigkeiten"(SCHMASSMANN, 1998; S. 16).

Eine weitere Gruppe stellen auf Lerntherapie I die Lernenden, welche auf Grund ihrer individuellen Voraussetzungen spezieller Trainings und Förderungen bedürfen. Entsprechend gehen wir hier ortho-didaktisch vor. Eine Weiterführung auf Lerntherapiestufen II und III ist dabei nicht ausgeschlossen, sondern kann sich im einzelnen Fall als wünschenswert oder notwendig erweisen. Vielfältige Ansätze und Beispiele dieser Weiterführung zeigt BRUNSTING-MÜLLER auf (BRUNSTING-MÜLLER, 1995).

Ebenfalls auf Lerntherapie I wird mit Lernenden gearbeitet, welche Lerndefizite oder vorübergehende - äusserlich bedingte - Lernschwierigkeiten aufweisen, etwas nacharbeiten möchten oder sich auf etwas Bevorstehendes speziell vorbereiten möchten.

1.5.2.2 *Lerntherapie II*

Auf der Lerntherapie-Stufe II arbeiten wir stark *prozess-* und *persönlichkeitsorientiert*.
In der *Prozessorientierung* achten wir sehr auf die Wechselwirkungen zwischen dem Fühlen und Denken des Lernenden einerseits und dem konkreten, individuellen Lerngeschehen andererseits. Zusammen mit dem Lernenden verfolgen wir die einzelnen Schritte und Teilschritte ganz konkret und hinterfragen sie bezüglich Verlaufslogik, Vorstellungen, Lösungserwartungen, Überlegungen, Lösungsvarianten, Einflüsse der Gefühle, Rückwirkungen auf die Gefühle, Umgang mit den eigenen Gefühlen, Auswirkung auf das Lernverhalten u.s.w. Ziel ist hier eine Lern-Kompetenz, welche Selbst-Wahrnehmung und Selbst-Verständnis einschliesst.
In der *Persönlichkeitsorientierung* beachten wir das Lerngeschehen stärker von der Seite der Persönlichkeit her. Zentral sind hier gemäss unserem Persönlichkeits-Modell und den strukturellen Elementen: Befinden, Selbst-Wahrnehmung und Selbst-Verhältnis. Im Selbst-Verhältnis achten wir darauf, wie der Lernende zu sich selber steht und wie er innerlich wie äusserlich mit sich selber umgeht. Von Interesse können hier Fragen sein wie: Welchen Selbst-Wert misst er sich zu? Was stellt er für Erwartungen an sich? Gibt es eine Selbst-Achtung oder eine Selbst-Verachtung? Geht er mit sich angemessen und liebevoll um? Wie ist das Verhältnis zwischen aktuellem und biografischem Selbst? Wie steht es mit den - gemäss dem Babuschka-Prinzip auftretenden - Revitalisierungen früherer erlittener Gefühle und ihrer Bewältigungs-Muster in belastenden Lernsituationen?
Damit die Prozesse für den Betroffenen nachvollziehbar werden, ist es beim Aufspüren der Gefühle wichtig, möglichst präzis und konkret zu fragen, so beispielsweise: "Wie fühlst du dich, wenn du diese Aufgabe liest? Ich sehe, wie du die Lippen zusammenkneifst." "Sind das Gefühle, die du gerne hast?" "Hast du diese unguten Gefühle von Beginn weg gespürt, oder haben sie sich erst mit der Auseinandersetzung mit der Aufgabe eingestellt?" "Was könntest du tun, damit es dir wieder besser geht?" u.ä.

Da der Lernende in der Regel in seinen bisherigen Lernumfeldern gelernt haben wird, sich ein distanziertes, sachlich-ökonomisches Arbeitsverhalten anzugewöhnen, wird er die Wechselwirkung zwischen Arbeitsgeschehen und seinen Gefühlen nicht mehr wahrnehmen. So dass die natürlichen Gefühlsreaktionen bei Lernschwierigkeiten, wie Sackgassen, Engpässen, Fehlleistungen, Ueberforderungen oder gar Versagen - statt aufgefangen und integriert - sich in Befindlichkeits-, Lern- und Arbeitsstörungen niederschlagen werden. Werden diese Gefühlsreaktionen immer wieder übergangen, so chronifizieren sich diese Lernleistungs-Störungen und werden habituell, das heisst, der Lernende wird zum Lernbehinderten oder gar zum Lernversager.

Besonders tragisch wirkt sich dies deshalb aus, weil die meisten der Lehrenden aufgrund ihrer eigenen erfahrenen Lernkultur diesem wichtigen Wechselwirkungsprozess hilflos gegenüber stehen. Und sie darauf ihrerseits mit Versagensgefühlen fertig zu werden haben - was das Lehr-Lernklima oft zusätzlich beeinträchtigt.

Da auf Grund der bisherigen Lernerfahrungen der Lernende sich nicht nur seiner eigenen Gefühlsreaktionen nicht bewusst ist, sondern sie gelernt hat, abzulehnen, wird es in der Lerntherapie II häufig notwendig sein, dem Lernenden vorgängig die Bedeutung seiner Gefühle und der prozesshaften Wechselwirkungen verständlich zu machen. Ein gutes Arbeitsbündnis wird dabei hilfreich sein.

In der therapeutischen Arbeit der Stufe II ist es auf Grund unserer gewachsenen Kultur - insbesondere in der Arbeit mit Kindern - oft unerlässlich, abwehrenden Verleugnungsmustern entgegenzutreten, die Wichtigkeit der Gefühle zu bekunden - und wo immer möglich - sie nachvollziehbar zu machen. In einem Vertrauensbündnis ist die Person des Lerntherapeuten für das Kind - manchmal auch bei Jugendlichen und Erwachsenen - der Garant dafür, dass das Gehörte und Erfasste wahr ist.

Auf der Lerntherapie Stufe II beachten wir den Lernenden neben der unmittelbaren Auseinandersetzung mit dem Lernmaterial auch auf dem Hintergrund seines Lernumfelds. Lernstörungen oder Lernleistungsminderungen, die aus unverarbeiteten Gefühlen und Konflikten resultieren, sind in diskreter Form weit häufiger als allgemein bekannt. Sie erschweren das Sich-einlassen-Können auf das Lerngeschehen, beeinträchtigen die Konzentrationsfähigkeit, hemmen Lernlust, Denkfähigkeit und Kreativität. Bekannt sind auch daraus resultierende sekundäre Verstärkungen oder folgende zirkuläre Wechselwirkungen verschiedenster Art. So können beispielsweise diese ungelösten Konflikte in Verbindung mit einem ausgeprägten 'Über-Ich' oder mit Ängstlichkeit auf Selbstwert-Gefühl und Selbst-Vertrauen drücken und sich über schlechte Leistungsrückmeldungen 'teufelskreisartig' verschärfen.
Die angesprochene Beeinträchtigung des Lernenden wird in ihrem Ausmass nicht nur vom konkret erlebten Ereignis, sondern auch von der Möglichkeit der Persönlichkeit, innerlich und äusserlich damit umzugehen, bestimmt. Durch das mitfühlende Eingehen auf die Gefühle, der Verbalisierung der unausgesprochenen Gedanken und Empfindungen, der natürlichen Beschreibung und Erläuterung der gefühlmässigen Dynamik, welche getragen ist von Mitgefühl und Verständnis, ermöglicht mancher gute Zuhörer, Akzeptanz und Integration der manchmal so schwierig auszuhaltenden Gefühle. Zu hören, dass eine Verletzung *natürlicherweise* schmerzhaft ist, dass eine Demütigung *verständlicherweise* traurig oder wütend macht, kann für die psychische Verarbeitung entscheidend sein. Ebenso entscheidend, wenn auch schmerzlich, kann sein, hören und (ein-)sehen zu müssen, wo, wie und warum ich selber für einen schlechten Verlauf oder für ein 'Unglück' verantwortlich bin. Wichtig ist aber, dieses selbstkritische Hinschauen

auszuhalten, um so an sich zu arbeiten und seine Selbst-Kompetenz entwickeln zu können.

Für die Entwicklung der Selbst-Kompetenz ist das Erkennen des Selbst-Verhältnisses von grossem Nutzen. Da dies jedoch nicht so leicht zu erkennen und zu durchschauen ist, beobachten wir mit besonderer Aufmerksamkeit das *Subjekt-Objektverhältnis* im Lernverhalten. Das heisst, wir überprüfen, ob der Umgang mit den Objekten dem Umgang mit sich selbst entspricht. Mit der notwendigen Vor- und Umsicht können über die Beobachtungen des 'Objekt-Ich - Verhältnisses' sehr oft wertvolle Rückschlüsse und Erkenntnisse über das 'Subjekt-Ich - Verhältnis' (Umgang mit sich selber) gewonnen werden.

Örtlichkeiten des Lernumfelds können Universität, Lehrwerkstätte, Schule, Klassenzimmer, Pausenplatz, Schulweg, Sportplatz, elterliche Wohnung u.s.w. sein; Beziehungsfelder, Freunde, Feinde, Kameraden, Mitschüler, Lehrer, Therapeut, Eltern und Geschwister. An allen Örtlichkeiten und in allen Beziehungen finden Erlebnisse statt, welche Anlass zu einer im Lernverhalten festgestellten Frustration o.a. sein könnten. Da der Betroffene 'dank' Verdrängungsmechanismen sich der persönlichen Bedeutung häufig nicht bewusst ist, gilt es auch hier sehr aufmerksam zu sein und mit konkretem und präzisem Erkundigen den Erlebniswelten nachzuspüren. Selbst wenn sich inhaltlich anscheinend nichts Besonderes zeigt, helfen uns oft non-verbale Signale weiter. Als sekundärer Gewinn beginnt der Klient oft, über das erfahrene Interesse der Therapeutin oder des Therapeuten, mehr Interesse sich selber gegenüber zu entwickeln.

Das auf diese Art offene Eingehen auf den Lernenden, das Lerngeschehen und das Lernumfeld sind Nährboden für wachsende Aufmerksamkeit und Selbst-Achtung.

Im Rahmen der Wechsel-Beziehungen achten wir speziell bei Kindern und Jugendlichen auch auf die *familiären* und *ausserfamiliären Beziehungsmuster*. Die Bedeutung für den Einzelnen ist, wie durch zahlreiche Autoren (BUCHHOLZ, 1995; KAST, 1998; RICHTER, 1997; STIERLIN, 1995; MILLER, 1997 u.a.) eindrücklich dargestellt, über Rollenzuweisungen, Delegationen und ähnliches erheblich und für Selbstaktualisierung (insbesondere im Lernleistungsbereich mit seiner Bedeutung für das Selbst) und Selbstentwicklung äusserst problematisch. Zahlreiche gescheiterte Schul- und Ausbildungskarrieren gehen auf das überstrapazierte Missverhältnis zwischen dem originalen beziehungsweise 'wahren' und dem 'falschen' Selbst (WINICOTT, 1973) zurück. Frühzeitiges Erkennen und Entflechten ist hier zum Nutzen aller Beteiligten.

1.5.2.3   *Lerntherapie III*

Sowohl vom Lern- wie auch vom Persönlichkeits-Interesse her spannend und herausfordernd sind auch die Lernprobleme der Lerntherapie III: Wenn der Lernende die Materie beherrscht, intelligent und lerntechnisch versiert ist, keine emotionalen Probleme im direkten Umgang mit dem Lerngegenstand hat und trotzdem immer wieder versagt, so muss doch etwas anderes, noch Unbekanntes dahinter stecken!

Störungen und Schwierigkeiten, welche ihre Ursprünge nicht im Lerngeschehen haben, sind ihrer Situationsunabhängigkeit wegen von besonderer Tragweite, gleichzeitig sind sie aber in ihren Hintergründen und Entstehung nur schwer zu erfassen. (Die Quellen sind selten dort, wo das grosse Wasser liegt!)

Diese Störungen lassen sich in zwei persönlichkeitsrelevanten Ursachengruppen unterteilen:

Exogen verursachte beziehungsweise reaktive Störungen: Diese erste Gruppe umfasst diejenigen Lern-Leistungsstörungen, welche in ihrer Entstehung weder dem Lern-Leistungsfeld noch primär der Persönlichkeit entspringen, sondern, welche die Persönlichkeit 'von aussen' (allgemeine Lebenssituation, materielle oder emotionale Defizite und Konflikte, Beziehungsschwierigkeiten, traumatisierende Ereignisse u.ä.) belasten, ihre Energien absorbieren und damit zu vorübergehenden oder überdauernden Lern- und Leistungsstörungen führen. Diese Störungen und Minderleistungen, welche durch einen oder mehrere äussere Anlässe verursacht werden und schliesslich durch deren Behebung zu entsprechenden Lern-Leistungsverbesserungen führen, bezeichnen wir als *'reaktive'*.

Endogen verursachte Störungen: Als 'endogen verursachte Störungen' bezeichnen wir die Lern-Leistungsstörungen der zweiten Gruppe. Diese Störungen entspringen der Persönlichkeitsstruktur oder den persönlichkeitsstörenden Missverhältnissen der zu den strukturellen Elementen der Persönlichkeit gehörenden Grundbedürfnissen.

Für den Lern-Leistungserfolg oder -misserfolg massgebend sind die in Kapitel 1.3.2.2 vorgestellten, strukturellen Elemente, die Aspekte des Selbst's. Im Zusammenhang mit dem Lernen ist dabei Folgendes zu beachten:

Das innere Selbst: Lernen ist weitgehend ein Prozess zwischen (Selbst-)Forderung und Lust-Prinzip. Lernerfolg oder -misserfolg ist deshalb sehr abhängig vom Verhältnis zwischen *'Über-Ich'* und *'Es'*, beziehungsweise von Konzilianz und Stärke des *'Ich's* als Vermittler zwischen diesen beiden Instanzen.

Das existenzielle Selbst: Da institutionalisiertes Lernen in der Regel durch das Beziehungsnetz Heranwachsender hohe positive oder negative Beachtung erfährt, sind für Befinden und Leistung die Grundbedürfnisse: 'Zugehörigkeit', 'Wertschätzung' und 'Selbstverwirklichung' besonders zu beachten - sei dies im institutionellen wie im familiären Kontext. Erfolgreiches Lernen ist ohne genügende Deckung der Grundbedürfnisse langfristig kaum zu erbringen.

Das *biografische Selbst*: Wichtig für die Bewältigung der aktuellen Herausforderungen und Aufgaben sind ferner der biografische wie der lerngeschichtliche Hintergrund der Persönlichkeit. Es spielt für das Selbstbild und für das Selbstvertrauen eine grosse Rolle, ob die bisher gemachten Erfahrungen mehrheitlich positiv oder negativ waren. Doch ist nicht nur das Erlebte selber von Bedeutung, sondern ebenso wichtig sind die damit verbundenen und entwickelten Verarbeitungs- und Bewältigungsmuster. Bedeutsam ist der biografische Aspekt auch deshalb, weil in Momenten, in welchen die aktuelle Persönlichkeit überfordert ist oder sonst wie leidet, das biografisch Vergangene und die älteren 'Ich's bis zur Dominanz hervortreten können. Entsprechend ist die Persönlichkeit doppelt belastet: Einerseits durch das aktuelle Ereignis und zusätzlich durch das mit den aktuellen Ereignissen 'herauf gespülte' Alte und Unbewältigte. (Lernende mit einer positiven Lebensgeschichte sind in extremen Stress-Situationen gegenüber denjenigen mit schlechter oder traumatischer entsprechend bevorteilt, da das Alte aus ihrer Biografie Hervortretende - entsprechend der besseren Verarbeitung und Erfahrung - stützenden und stabilisierenden Charakter hat). Lerntherapeutisch ist es wichtig, diese Doppel- oder Mehrfachbelastung oder gar *Inversion* (Dominanz des Vergangenen über das Aktuelle) zu erkennen und zu verstehen, denn nur so kann dem Lernenden in dieser Lernschwierigkeit empathisch und verständnisvoll geholfen werden.

Das *originale Selbst*: Je kongruenter und identischer ein Mensch mit sich selber sein kann, desto mehr Energie steht ihm für die Lebensgestaltung zur Verfügung. In Schule und Ausbildung, wo Bildungs- und individuelle Forderungen einander so dicht und überdauernd gegenüber stehen, ist vor allem auf die Dynamik zwischen den Ansprüchen des Lernenden, seiner Bezugspersonen (Familie) und der Bildungsstätte zu achten. Innere Lernwiderstände resultieren häufig aus dem Missverhältnis zwischen Erwartung, Identität, Fähigkeit und Interesse.

Auf der Lerntherapie-Stufe III sind so weit wie möglich, diese Hintergründe, Zusammenhänge und Ursachen einer Befindlichkeit oder eines Verhaltens zu erfassen und zu verstehen. Begreiflicherweise sind sie oft nicht leicht zu erkennen. Die aufmerksamkeitsheischenden Störungen lenken den Blick häufig weg von den dahinterliegenden Ursachen. Als Mittel, die schwer zu erfassenden Hintergründe aufzuspüren, stehen uns vor allem das Gespräch und die *'Selbstinstrumentalisierung'* zur Verfügung. Unter *'Selbstinstrumentalisierung'* verstehen wir den aktiven Umgang mit *Übertragung* und *Gegenübertragung*. Da den Hilfesuchenden die tieferen Ursachen ihrer Schwierigkeiten normalerweise nicht bewusst sind, ist es ihnen in der Folge logischerweise auch nicht möglich, uns diese im Gespräch mitzuteilen. Wir sind deshalb darauf angewiesen, in uns hineinzuspüren und hineinzuhören um die eigenen Reaktionen wahrzunehmen, und so das Vorliegende, aber Unsagbare zu erahnen und wo möglich zu erfassen. Um Eigenes und Fremdes dabei unterscheiden und professionell umsetzen zu können, ist neben Ausbildung und Erfahrung eine vorgängige Lehranalyse beziehungsweise Selbstarbeit unumgänglich.

Lerntherapeutisch geht es nach der Erfassung der Hintergründe und Ursachen darum, dass der Lernende seinerseits zu den Erkenntnissen gelangen kann, dass er sich und die Situation versteht, - wo notwendig - verarbeitet und letztlich zu neuen Lösungen gelangen kann.

Auf der Persönlichkeits-Ebene leisten wir auf der Lerntherapiestufe III durch offenes Wahrnehmen, Erkennen, Durcharbeiten und Verstehen folgende wichtige Genesungs- und Entwicklungsbeiträge:

1. *Reassuring:* Hilfe bei der Bewältigung und Lösung der akuten inneren wie äusseren Schwierigkeiten mit gleichzeitiger Vermittlung des entsprechenden Instrumentariums (Hilfe zur Selbsthilfe). Stärkung und Stabilisierung des Ich's und des seelischen Gleichgewichts, insbesondere und vor allem Aufbau oder Wiederaufbau der *Selbst-Sicherheit* (äusserer und innerpsychischer Schutz des Selbst's gegenüber intra- wie interindividuellen Attacken), Verbesserung von Selbst-Verständnis, Selbst-Wertgefühl und Selbst-Vertrauen.

2. Gezielte *Unterstützung der Persönlichkeitsentwicklung*: Förderung der Selbst-Kompetenz über die Entfaltung und Verbesserung des Selbst-Verhältnisses und der erweiterten Handlungs-Kompetenz.

Da wir davon ausgehen, dass ein grosser Teil der Schwierigkeiten und Störungen Ausdruck der Persönlichkeitsdynamik - oder gar Appell der Persönlichkeit - sind und - wie vergleichsweise in der Psychosomatik, sich psychische Konflikte im Körper niederschlagen - sich hier in *(Lern-)Verhalten* und *Funktion* manifestieren, verstehen wir die Arbeit auf Lerntherapiestufe III neben der *Lernhilfe* gleichzeitig zwingend immer auch als *Persönlichkeitsarbeit*.

1.5.3 „Stell dir vor, der Mensch entwickelt sich (nicht) - und keiner schaut hin!"

Obgleich wir in der Lerntherapie der Stufe I lerntechnisch und handlungsorientiert arbeiten, ist und bleibt oberste Maxime in allem - und durch alle Stufen hindurch - das Wichtigste die Persönlichkeit selber. Wir nehmen das Lernen letztlich als Anlass, ihr in ihrer persönlichen Entwicklung, in der Bewältigung innerer und äusserer Konflikte, in der Verarbeitung von Enttäuschung, Trauer und Schmerz, in der Entfaltung des Verständnisses für sich und für andere, in der Erhaltung und Förderung der inneren seelischen und geistigen Lebendigkeit und Kreativität zu helfen. Hinter der oft vordergründigen Handlungs-Kompetenz und Sach-Kompetenz ist und bleibt uns als grosses Anliegen im Rahmen der Sozial-Kompetenz die Selbst-Kompetenz, die es im Lerngeschehen mit der entsprechenden Aufmerksamkeit wahrzunehmen und zu fördern gilt.

Nachstehende Äusserung einer Mutter zeigt über ihr Mitgefühl mit ihrem Kind ihr intuitives Verständnis für die Wichtigkeit der seelischen Grundlagen und Zusammenhänge: "Die Lehrerin war der Meinung, L. müsste lernen, selbständig und schneller zu arbeiten. Ich wollte ihm vor allem helfen, dass er wieder Freude und Mut bekam, um überhaupt zu arbeiten."

Wir dürfen die Heranwachsenden nicht in Lern- und Leistungsprozesse führen, ohne uns darum zu kümmern, welche Auswirkungen auf Befinden und Persönlichkeit resultieren.

1.6   Literaturverzeichnis

Abele, Andrea: Stimmung und Leistung, Göttingen 1995
Brunsting-Müller, Monika: Kreative Wege in der Arbeit mit Kindern und Jugendlichen
     mit Schulschwierigkeiten, Luzern 1995
Buchholz, Michael: Die unbewusste Familie, München 1995
Bundschuh, Konrad: Praxiskonzepte der Förderdiagnostik, Bad Heilbrunn 1994
Ciompi, Luc: Die emotionalen Grundlagen des Denkens, Göttingen 1999
Edelmann, Walter: Lernpsychologie, Weinheim 1996
Fend, Helmut: Der Umgang mit Schule in der Adoleszenz, Bern 1997
Freud, Sigmund: Gesammelte Werke, Frankfurt a.M. 1982
Goleman, Daniel: Emotionale Intelligenz, München 1997
Gruen, Arno: Der Verlust des Mitgefühls, München 1997
Gruen, Arno: Der Verrat am Selbst, München 1992
Jacoby, Heinrich: Jenseits von 'Begabt' und 'Unbegabt', Hamburg 1994
Kast, Verena: Loslassen und sich selber finden, Freiburg i.B. 1998
Kobi, Emil: Grundfragen der Heilpädagogik, Bern 1993
Kobi, Emil: Heilpädagogische Daseinsgestaltung, Luzern 1988
König, Karl: Arbeitsstörungen und Persönlichkeit, Bonn 1998
Kurz, Frieda: Zur Sprache kommen, München und Basel 1993
Lanfranchi, Andrea, Hagmann, Thomas: Migrantenkinder, Luzern 1998
Marbacher, Pia: Bewegen und Malen, Dortmund 1992
Maslow, Aabraham H.: Motivation und Persönlichkeit, Reinbek bei Hamburg 1996
Metzger, Armin: Schach in der Hilfsschule, ISP Universität Basel 1972
Metzger, Christoph: Wie lerne ich?, Aarau 1996
Miller, Alice: Das Drama des begabten Kindes, Frankfurt 1997
Nezel, Ivo: Individualisierung und Selbständigkeit, Hitzkirch und Zürich 1994
Richter, Horst E.: Eltern, Kind und Neurose, Reinbek bei Hamburg 1997
Riemann, Fritz: Grundformen der Angst, München und Basel 1999
Rogers, Carl R.: Lernen in Freiheit, Frankfurt 1988
Schmassmann, Margret: Orthodidaktik in der Mathematik, in Fächerbeschrieb
     Ausbildung in Lerntherapie, Schaffhausen 1998
Stern, Daniel: Die Lebenserfahrung des Säuglings, Stuttgart 1998
Stierlin, Helm: Delegation und Familie, Frankfurt 1995
Vester, Frederic: Denken, Lernen, Vergessen, München 1992
Volk, Hartmut: Wissensentwicklung, in: 'die neue schulpraxis', St. Gallen 1991
Winnicott, Donald W.: Die therapeutische Arbeit mit Kindern, München 1973

2   Lernen und Persönlichkeit

2.1   Das Menschenbild als Leitlinie für Diagnostik, Behandlungskonzept und Erkenntnis

Rudolf Buchmann

2.1.1   Beurteilung als Voraussetzung für Be-Handlungskonzepte

2.1.1.1   Am Anfang jeder Behandlung oder Therapie steht eine Beurteilung

Robert - in der 4. Klasse - hat eine 2 im Rechnen. Eltern, Lehrer und nicht zuletzt Robert sind ratlos. Er erfüllt offensichtlich die Anforderungen nicht, die an einen Viertklässler gestellt werden.

Schon die Feststellung dieses „Tatbestandes" ist eine Beurteilung. Beobachtet wurde, dass Robert bei den Rechnungen grossmehrheitlich falsche Resultate hinschreibt. Dies wird verglichen mit den Anforderungen, die durchschnittlich an einen Schüler dieses Alters im Rechnen gestellt werden. Der Mangel an seiner Leistungsfähigkeit wird durch den Vergleich zwischen Anforderung (Kriterium) und Leistung (Beobachtung) festgestellt und durch die Note 2 ausgedrückt.

Diese Note ist so tief, dass sich eine Massnahme gegen diese Schwäche aufdrängt. Die Frage ist nur welche Massnahme geeignet sein könnte. An dieser Stelle wird erneut eine Beurteilung der Situation nötig sein: Wieder geht es darum Beobachtungen mit Kriterien (Massstäben) zu vergleichen, um sich ein Urteil zu bilden, was Robert fehlt. (Vgl. *R. Buchmann 1980*)

Bei dieser Beurteilung stellt sich bereits die Frage, welche Beobachtungen stellen wir an, und welche Wahrnehmungen lassen wir in die Beurteilung einfliessen?

- Wir können etwa die übrigen Leistungen von Robert mit einbeziehen: Ist er auch sprachlich schwach, hat ein graphomotorisch niedriges Niveau usw.? Hier geht unsere Suche von der Idee aus, Robert könnte schwachbegabt oder in seiner Entwicklung sehr zurückgeblieben sein.
- Wir können uns einen Klassenspiegel geben lassen; Robert nach seinem Befinden in der Schule befragen und Schulweg und Pausenhof beobachten. Dabei gingen wir eher von der Idee aus, Robert könnte gruppendynamisch so unter Druck stehen, dass er sich nicht konzentrieren kann und aus diesem Grund nichts lernt.
- Wir können die Eltern befragen, wie Robert aufgewachsen ist, welche Krankheiten und Unfälle er erlitten hat; wie oft die Familie gezügelt ist und wieviel Lehrerwechsel Robert zu verkraften hatte. Hier gehen wir mehr der Idee nach, ob Robert Schritte in der Lernentwicklung verpasste, die es nachzuholen gilt.

- Wir können die Eltern nach deren Sorgen und Ängsten befragen und untersuchen, wie sich Robert zuhause fühlt und fühlte. Hier verfolgen wir die Idee, dass Belastungen, die er daheim erlebt, seine Leistungskraft akut absorbieren oder dass familiäre Spannungen oder die Konstellation der Elternbeziehung Robert gehindert haben, sich angemessen aus der kleinkindlichen Position zu lösen: Verharrt er noch in einer vortriadischen Denkwelt, so dass Zahlen und Rechnungen, die über die Dualität (entweder/oder, ja/nein, Sein/nicht-Sein) hinausgehen, für ihn nicht zugänglich sind?

Es gibt noch weitere Beobachtungsfelder, die wir miteinschliessen oder weglassen können. Die Entscheide, was wir anschauen, prägen jedenfalls die Beurteilung stark. Das Übersehen eines Einflussfaktors kann das ganze Urteil genau so wertlos machen, wie eine falsche Interpretation einer an sich zutreffenden Beobachtung.

2.1.1.2   Der Aufbau und die prinzipielle Relativität jeder Beurteilung

Wenn wir handeln, liegt dem jedenfalls eine Beurteilung der Situation zugrunde, die bewusst durchdacht oder unbewusst gesetzt sein kann. Sie sagt uns wo die Störung angesiedelt ist und welche Mittel zur Bearbeitung dieser Schwierigkeit angemessen sind.

Eine bewusste und korrekte Beurteilung umfasst immer 3 Arbeitsschritte. (Buchmann C/Buchmann R. 1998)

1. *Die Ebene der Beobachtung*: Hier sind Daten - möglichst unvoreingenommen und selbstkritisch - zu sammeln und zusammenzustellen. Wir werden uns notieren, wie Robert in die Schule kommt, wie er an die Rechnungen herangeht; werden ihn eventuell auch fragen, was er sich denkt, wenn er die Aufgabe gelesen hat. Schon die Datensammlung ist von Vorstellungen und Theorien geleitet; wir kommen nicht darum herum. Wir müssen uns nicht nur bewusst machen, was wir beobachten, sondern auch was wir nicht untersuchen.
2. *Ebene der Interpretation:* Die so gesammelten Daten müssen nun verstanden werden, d.h. wir setzen verschiedene Beobachtungen mit einander in Verbindung, vergleichen die Beobachtungen mit Lehrmeinungen und Theorien und ziehen Schlüsse, was vorliegt. Erst auf dieser Ebene wird von Verstehen der Schwierigkeiten von Robert gesprochen.
3. *Die Ebene der Wertung:* Mit dem Verstehen allein lässt sich aber noch kein Entscheid für eine bestimmte (Be-)Handlung fällen. Wir müssen die Rechenschwäche noch bewerten: Robert kann viele Rechenoperationen nicht (Beobachtung); dafür ist der ständige Lehrerwechsel massgeblich verantwortlich (Interpretation). Um zu wissen, ob eine Repetition der Klasse das richtige Mittel ist, muss anhand eines Massstabes bestimmt werden, ob die Fehlmenge der Fertigkeiten so gross ist, dass er diese nicht nachholen kann oder ob grundsätzlich eine Leistungsfähigkeit vorhanden ist, um die Lücken in Zusatzstunden aufzuholen usw. usf.. Es ist auch eine Wertung zu entscheiden, wie schwerwiegend die Störung ist: Ab wann sprechen wir von „Problem", von „Störung" oder gar von „Krankheit" etc.

Auf jeder dieser 3 Ebenen gibt es keine absolute Objektivität. In jeder Ebene spielt die Auswahl der Konzepte und Theorien (bei Beobachtung und Interpretation besonders) und die Auswahl der Kriterien, die zur Bewertung angewendet werden, eine nicht zu unterschätzende Rolle. Hinter dieser Auswahl steht - neben der Breite des Überblicks über Theorien - auch die Motivation, mit der wir untersuchen. *Habermas (1965)* prägte für dieses Phänomen den Begriff vom „erkenntnisleitenden Interesse".

2.1.1.3 Behandlung einer Störung bedeutet für das Kind eine Rückmeldung über es selber.

Trotz dieser prinzipiellen Relativität ihrer Gültigkeit müssen wir uns auf Beurteilungen abstützen, um überhaupt handeln zu können. Wollten wir letztgültige Gewissheit abwarten, kämen wir nie dazu einzugreifen. Anderseits ist der Entscheid, welche Massnahme getroffen wird, eine oft einschneidende Rückmeldung an das Kind (oder den Patienten). Die Beurteilung (Diagnose, Note, Massnahmenentscheid) meldet dem Kind und den Eltern: Ich bin normal, ich bin gestört, krank, habe ernsthafte Schwierigkeiten. Diese Rückmeldung kann ebenso gut entlastend als auch belastend wirken. Robert ist vielleicht froh, wenn er hört, er sei nicht Schuld an seinen schlechten Noten; denn er habe eine Rechenstörung. Vielleicht fasst er es aber auch anders auf: Bei mir fehlt etwas, ich werde nie wie die andern sein. Schon die Mitteilung der Beurteilung wirkt auf sein Selbstbild und sein Selbstwertgefühl ein. Dabei ist auch an die Eltern zu denken, die solche Einflüsse mit ihrer Reaktion verstärken oder mildern.
Eine offene, suchende Haltung der Fachperson, die die Relativität der Beurteilung anerkennt, kann Patienten oder Eltern helfen, zu einer konstruktiven Mitarbeit zu finden. Allerdings kann diese erkenntnistheoretische Redlichkeit auch für billige Ausflüchte missbraucht werden, um z.B. einfach zuzuwarten. Manchmal mag auch ein „Helfer", dem diese selbstkritische Erkenntnis fehlt, auf Eltern oder Patient überzeugender wirken, so dass sie den „naiven Praktiker" dem differenzierten Verständnis vorziehen, weil er „getrost belacht, was seine Augen nicht sehen" und so eine Sicherheit in seinen Anweisungen ausstrahlt, die auf Ignoranz basiert.
So oder so ist eine Beurteilung ein zentrales Ereignis im Leben und in der Entwicklung eines Menschen. Jeder Beurteilungsprozess verdient deshalb unsere grösste Aufmerksamkeit und Ernsthaftigkeit, gehe es um eine Schulnote, einen Beurteilungsbericht oder eine Diagnose. Obwohl sie immer relativ ist, hat sie doch bestimmende Kraft. *(R. Buchmann, 1980)*

2.1.1.4 Das Bild der Störung entscheidet über den Einsatz der Hilfsmittel

Die Beurteilung gibt aber nicht nur dem Kind Rückmeldung, sondern wird auch handlungsleitend für alle Beteiligten:

*   Ist bei Robert die unglückliche Familiensituation Hauptursache seiner Schwierigkeiten, wird eine Rückversetzung sein Problem nicht lösen, viel eher wird sie sein angeschlagenes Selbstwertgefühl noch mehr beschädigen. Die Wertung des Schweregrades der Störung muss entscheiden, ob Beratung des Lehrers/der Eltern usw.

durch die Lerntherapeutin genügt, oder ob die ganze Familie eine Familientherapie braucht.

- Liegt die Hauptursache bei gestörten Schul- und Klassenverhältnissen, nützen alle Nachhilfen wenig. Es ist zu entscheiden, ob der Schulpsychologe mit dem Lehrer zusammen fertigbringt, dass sich der Klassengeist oder die Schulhausatmosphäre ändern lassen, oder ob Robert in ein anderes Schulhaus umplatziert werden soll.
- Ist Robert in seiner Auffassungsgeschwindigkeit „nur" langsamer als der Klassendurchschnitt, mag eine Nachhilfestunde Entlastung bringen. Ist er durch Alltagssorgen zusätzlich belastet, wird die Lerntherapeutin auf diese Fragen mit ihm eingehen und in der geschützten Atmosphäre der Zweierbeziehung oder Kleingruppe Lösungsmuster erarbeiten.
- Ist Robert in seiner Vergangenheit derart überlastenden Situationen ausgesetzt gewesen, dass er ein völlig verzerrtes Selbstbild aufgebaut hat, ist mit reiner Verbesserung der aktuellen Situation zu wenig zu erreichen: Eine Kinderpsychotherapie muss dann ins Auge gefasst werden.

Immer sucht die Lerntherapeutin die Frage zu beantworten, wo die Quellen der Schwierigkeiten und Störungen liegen und wie schwerwiegend diese sind. Danach kann sie entscheiden, welche ihrer Mittel erfolgversprechend sind und ob das niederschwellige Angebot der Lerntherapie genügt, um Abhilfe zu schaffen.

2.1.1.5   Wie und woher wissen wir denn, was fehlt resp. Not tut?

Hinter jedem Schritt einer Behandlung stehen bewusste und **unbewusste Theorien**. Ohne ein „Wissen", was was bedeutet, nehmen wir nichts wahr. Ohne eine Vorstellung, was was bewirkt, tappen wir im Dunkeln und probieren ohne Sinn und Verstand aus, was uns zufällig bekannt ist.

Wirklich vernünftig handeln wir dort, wo wir wissen, welche Theorien handlungsleitend sind. Verzichten wir auf dieses Bewusstsein, werden wir entweder zum freien Spielball von Rezeptgebern oder wir übertragen unsere eigenen - und das sind immer beschränkte - Erfahrungen unbemerkt auf andere Menschen (Kinder), die meist in einem ganz anderen Lebensbezug stehen als wir. Ohne theoretischen Kompass werden wir in den allermeisten Fällen unangemessen reagieren. (Vgl. *Gadamer 1960; Keller 1971b*)

Das tönt nun rationaler, als es in der Praxis zu und her geht. Viel „Theoretisches" ist tief in unsere spontane Wahrnehmung und in unsere Gefühlsreaktionen eingebettet (integriert). Dies hat Vor- und Nachteile: Dank dieser Einbettung können wir spontan reagieren; auch das sogenannt „instinktive Spüren" etc. ist bei uns Menschen eine Folge der ins „Vorbewusste" oder gar „Unbewusste" abgesunkenen Resultate des Erziehungs- und Sozialisationsprozesses. Im Alltag und im Behandlungvollzug sind wir völlig auf diesen verborgenen Wissensschatz angewiesen. Reflektieren wir aber unser Verhalten anschliessend nicht und heben ans Tageslicht, was uns leitet, handeln wir weitgehend unbewusst, was therapeutisch unprofessionell und unangemessen ist. Ein Ausspielen von Theorie und Praxis gegeneinander ist daher völlig widersinnig.

2.1.2 Theorieloses Handeln ist kopflos; praxislose Theorie ist realitätsfremd: Der Theorie-Praxis-Bezug

„Grau, teurer Freund, ist alle Theorie" sagt Mephisto (Goethe, Faust I), wenn er Faust zum pragmatischen Erlebensrausch verführen will. Faust hat sich verzweifelt darum bemüht, die Welt zu verstehen und in Worte zu fassen (zu „theoretisieren"), was misslang. Auch leidet er darunter, dass alles Studieren bisher nicht zur Tat geführt hat. So stürzt er sich ins volle Leben. Im Genuss findet er nicht, was er sucht, ja er stiftet gar Schaden. So wendet er sich dem praktischen Handeln zu (Faust II); er schafft wie wild und bewirkt viel. Er sieht seinen Sinn nur noch im Werk, das nicht vergehen soll und von ihm kündet: Er ist vom geistig engagierten Menschen zum Machtmenschen geworden. Blosses Handeln (Pragmatismus) hat das Verstehen ersetzt. Sein Schaffen ist durchaus moralisch gut motiviert: Er will für alle das Beste. Dennoch zeigt Goethe, wie der Verlust der anderen Ausrichtung - hin zum Verständnis grösserer Zusammenhänge - in zerstörerische Folgen mündet. Der Pragmatiker Faust ist jene Kraft, die stets das Gute will und stets das Böse schafft.

Wozu brauchen Lerntherapeuten Anthropologie, Theorien über das Wesen des Menschen? Ist es nicht sinnvoller, sie lernen verschiedenen Methoden kennen, Behandlungsanweisungen und Techniken, deren Anwendung sich bewährt hat bei Rechtschreibeschwäche oder Dyskalkulie? In gewissen Situationen mag dies tatsächlich genügen. Aber nur mit solchem Wissen ausgerüstet, dürfen Praktiker keinen Anspruch auf den Titel „Therapeuten" erheben. Sie wären Nachhilfelehrer für bestimmte Lücken im Aufbau der Kulturtechniken der Kinder.

An Therapeuten wird der Anspruch gestellt, dass sie verstehen, wo die Probleme liegen, welche Handlung (Inter-ventionen) auf welche Problemlage antwortet und welche Wirkungen daraus zu erwarten sind. Auch Lernstörungen sind oft Symptome (*Folgeerscheinungen*) sehr komplex zusammenwirkender Faktoren:

- Auf Seiten des Individuums stehen z.B. seine Persönlichkeitstruktur, seine persönliche Lerngeschichte (Erfahrungen und Gefühle mit dem Lernen, Lücken im Stoff etc.) und sein individueller Motivationsaufbau (vgl. *R. Buchmann 1985b 116 - 144, W. Keller 1954*) in Wechselwirkung miteinander.
- auf Seiten seiner Lebensumstände fliessen Einflüsse aus z.B. der Familiensituation (Eltern, Geschwister, förderndes versus belastendes Klima usw.), der Gruppendynamik in der Klasse, der Beziehung zum Lehrer etc. zu fördernden oder/und störenden Motivationen zusammen. (*R. Buchmann, 1985b; S. 349*)

LerntherapeutInnen müssen in der Lage sein, die Situation des Kindes zu verstehen - weit über das zuerst präsentierte Symptom hinaus - und zu erkennen, wann ein Problem den Rahmen ihrer Kompetenz übersteigt.

Nun ist Verstehen ein dialektischer Prozess: Nur wo der Dialog zwischen Handeln und Theorie fortlaufend stattfindet, erwächst Verständnis. Bis in welche Komplexität das Verstehen reicht, hängt sowohl von praktischen Fähigkeiten als auch vom theoretischen Wissen des Therapeuten ab:

- Auf der praktischen Seite stehen im Mittelpunkt die Beobachtungsfähigkeit und die Methoden der Datenerhebung. Nur wer in der Lage ist, das Kind realistisch zu sehen, mit ihm in Kontakt zu kommen, Eltern und Lehrer zu befragen, zusätzliche Informationen einzuholen etc., hat eine Basis, auf der Verstehen möglich wird.
- Auf der theoretischen Seite geht es um die Breite des Horizontes: Auch der Pragmatiker, der glaubt auf Theorie verzichten zu können, wendet „Theorien" an. Er bleibt - oft ohne es zu merken - ganz im Korsett seiner Alltagserfahrungen, die er zu seinen Glaubenssätzen erhebt. Wer nur eine Dimension kennt, wird immer nur diese sehen. Er ist sehr rasch „fertig" mit Verstehen.

Beispiel: „Pascal ist faul. Das sieht man doch: Er macht die Hausaufgaben nicht! Was soll man da noch lange herumfragen, was dem Kind fehlt. Strafaufgaben für jede nicht abgelieferte Arbeit kurieren am besten." Dies ist eine real existierende Lehreraussage. „Der Lehrer erklärt nicht gut genug. Das Kind fühlt sich bei ihm so unwohl, dass es vor lauter Angst nicht aufpassen kann", kontern die Eltern.

Zwei Interpretationen; beide möglich; was macht jetzt der Therapeut?

Kennt er keine andern Ansätze als die beiden im Beispiel genannten, ist er ziemlich aufgeschmissen; er kann sich nach Sympathie für die Elternversion oder die Lehrerseite entscheiden. Ganz sicher ist aber, dass die Realität vielfältiger ist, als deren beide „Theorien" sie zu erfassen vermögen.

Meist merken wir erst in Krisensituationen, dass wir Theorie brauchen. Solange alles rund läuft, müssen wir uns „keine Gedanken machen". Dies ist eine Erfahrung, die wir entwicklungspsychologisch gesehen von den ersten Tagen an aufbauen: Solange Wohlbefinden und Bedürfnisbefriedigung ohne Unterbruch geliefert wird, kann ich dahindösen und es mir wohl sein lassen. Erst wenn Hunger nagt oder unerträgliche Stille, beschleicht den Säugling das Problem, was denn nun los ist. Es bildet seine ersten Theorien, seine ersten Vorstellungen über die Welt.

2.1.2.1 Theorie lehrt sehen

Nun hat Theorie bereits beim Beobachten „ihre Hand im Spiel". Eine deutsche Zeitung wirbt mit dem Spruch: „Wer sie liest, *sieht* mehr". Zunächst irritiert der Spruch: Was hat Sehen mit Lesen zu tun: Lesen - sprachlich vermitteltes Wissen - zielt doch eher auf „Theoretisches"; Sehen steht demgegenüber unmittelbar in der Praxis? Aber der Spruch ist bei näherem Hinsehen sehr richtig: Wir sehen nicht einfach so, von Natur aus, dasjenige was ist und wie es ist. Die Verarbeitung der durch das Auge aufgenommenen Signale zu Bildern, zu wiedererkennbaren Mustern und zu bedeutsamen Figuren ist ein hochkomplizierter Prozess, dessen Erlernung die ersten Entwicklungsmonate und Jahre ausfüllt und lebenslang weitergeht.

Wieder haben wir es mit einem dialektischen Zusammenhang zu tun: Der These „Wir sehen nur, was wir wissen" steht die Antithese gegenüber „Wissen können wir nur, was wir sehen". Erst wenn wir beide gegensätzlichen Aussagen zusammennehmen, stimmen sie wirklich: Wahr-nehmen ist mehr, als was die Sinnesorgane melden. Die Signale werden eingeordnet in ein Muster bestehender Erfahrungen, erst dann erhalten die Signale einen Sinn. Erst wenn die Ampel als Verkehrszeichen erkannt und die Bedeutung der Farbe „rot" als „Halt" bekannt ist, sehe ich, dass ich anhalten muss. Anderseits nützt mir dieses Wissen nichts, wenn ich meine Augen nicht auf die Stelle richte, an der die Ampel auf Rot steht.

So ist unser Wahrnehmen geprägt vom Schatz unserer Vorstellungen und Theorien. Diese sind von sehr vielen Quellen gespeist. Einerseits enthalten sie eigene Erfahrungen, die unser Leben beeinflusst haben (authentische Eindrücke) und andererseits Vorstellungen, die wir gelernt haben (vermittelte Eindrücke). Leider ist der Theorienschatz eines jeden von uns aber nicht so einfach geordnet: Die authentischen Eindrücke sind selber wieder beeinflusst von vermittelten Vorstellungen, Erklärungsmustern und fremden Deutungsversuchen. Was wir von den vermittelten Lehren aufnehmen (und auch das, was wir sofort wieder vergessen), ist umgekehrt geprägt vom bereits aufgebauten Erfahrungsschatz. Unsere Wahrnehmungs- und Deutungsmuster sind also ein breitgefächertes Labyrinth von Eindrücken, Deutungen, Glaubenssätzen, Leidenschaften usw., das wir unmöglich je vollständig überblicken und bewusst nach Herkunft oder Bedeutsamkeit durchschauen können. Dennoch ist dieses lebendige und webende Gedächtnis, das bewusstseinsnähere und bewusstseinsfernere Inhalte und Strukturen aufweist, eine Basis unserer Wahrnehmung. Theorien - vermittelte Eindrücke, die systematisch geordnet sind - verhelfen uns dazu, unser eigenes „Wissen" zu ordnen und ihre Fundiertheit zu überprüfen.

Im weiteren beeinflusst Theorie das Sehen, indem sie die Aufmerksamkeit lenkt: Ich sehe (fast) nur, was ich suche. Ich sehe (fast) nur, was mir schon vertraut ist. Ich blende aus der Aufmerksamkeit aus, was mein bisheriges Verstehen irritieren könnte oder was mich zu sehen graut, beschämt, erschreckt usw. Das Gegenteil (den dialektischen Gegenpol) gibt es auch: Ich suche das Erschreckende zu verstehen (eine Theorie darüber zu bilden), damit ich den Anblick überhaupt ertrage. Von zwei Seiten her hilft Theorie also zu sehen: Einerseits lenkt sie mein Interesse, worauf ich meinen Blick werfe und was ich übersehe. Andererseits schützt sie mich vor unerträglichen Affekten, so dass ich auch dort hinsehen kann, wo ich zunächst nichts sehen „will".

Beide Perspektiven belegen, dass der bewusste Umgang mit Theorie eine absolute Erfordernis für einen Therapeuten ist: Einerseits muss er wissen, wohin überall er schauen kann und soll. Dies wird im Unterricht des Institutes für Lerntherapie vermittelt. Andererseits muss er sich im Labyrinth seiner Erfahrungsschätze umschauen und sich bewusst machen, wo seine Barrieren, Scheuklappen und Wünsche sind, nicht hinschauen zu müssen. Dies vermittelt die Selbsterfahrung, der sich jeder Therapeut unterziehen muss.

Ein Therapeut muss sein Wahrnehmen fördern, um über eine möglichst unverfälschte Basis zur Datenerhebung zu verfügen (diagnostischer Prozess) und das Kind und sich selber jede Stunde möglichst verzerrungsfrei beobachten und verstehen zu können (therapeutischer Prozess).

2.1.2.2 Theorie lässt Handeln vernünftig werden

Verstehen allein hilft dem lerngestörten Kind in den meisten Fällen noch nicht. Das Verstehen ist die Basis, von der aus Hilfe geplant und gestartet werden kann. Kehren wir zum Beispiel „faul" oder „Angst" zurück: Hat der Lehrer mit seiner Faulheitstheorie recht, kann wohl mit „Peitsche und Zuckerbrot" eine Verbesserung erreicht werden.

Haben die Eltern mit der Angsttheorie recht, wäre dieses Vorgehen verheerend und würde die Krise zur seelischen Störung vertiefen.

Alle geplante Intervention beruht auf theoretischen Überlegungen. Wie weit resp. eng diese gefasst werden, prägen die Qualität der Arbeit. Auch hinter einer „Behandlung", die jene Arbeitsschritte repetieren lässt, deren ungenügende Beherrschung festgestellt wurde, steht eine Theorie: „Übung macht den Meister". Dieses Vorgehen kann durchaus berechtigt und genügend sein, sofern tatsächlich nicht mehr hinter dem Problem steht. Ich würde hier aber erwarten, dass ein Therapeut zuvor andere Gründe mitbedacht und als unwahrscheinlich fallen gelassen hat.

Dass therapeutisches Handeln vernünftig sein soll, umfasst wieder zwei Forderungen: Einerseits muss die Therapie mit Überlegungen und Abklärungen fundiert sein. Andererseits muss der Einsatz der Mittel in einem vernünftigen Verhältnis zum aufgetretenen Problem stehen. Dies ist deshalb nicht so einfach, weil „zu sparsamer" Einsatz der Mittel zu Beginn einer Behandlung nicht selten teuer zu stehen kommt: Verschleppte Behandlungen oder falsch geortete Problemquellen können Schäden verursachen, deren Behebung später erheblich mehr Aufwand erfordert.

Auch hier gilt wieder: Je breiter das Wissen um mögliche Störungsquellen und je breiter das Wissen um erprobte (und verfügbare!) Hilfestellungen, desto präziser kann der Praktiker zugreifen und desto vernünftiger wird sein Einsatz. Deshalb ist kritische Reflexion ein absolutes Erfordernis: Nicht nur bei Heilmitteln, sondern auch bei andern „erprobten" Verfahren gilt: Zu Risiken und Nebenwirkungen lesen sie die Packungsbeilage.

2.1.2.3   Theorie hilft reflektieren

Keine Behandlung ohne Nachbereitung! Die Reflexion, was in der Arbeit beobachtbar wurde und was das zu bedeuten hat, und die Schlussfolgerung, wo der therapeutische Weg weitergehen könnte, sind integraler Bestandteil der Arbeit.

Diese Reflexion ist ständig erneuerte Theoriebildung des Praktikers. Aus seinen Erfahrungen mit dem Patienten bildet er eine Erkenntnis: Eine ausformulierte Vorstellung, was vorliegt. Diese Theorie wird wieder handlungsleitend und wahrnehmungsleitend für die nächste Stunde. Zwischen Handeln, Wahrnehmen und Theoriebildung besteht ein dauernder Kreislauf gegenseitiger Einflussnahme im Therapeuten selbst. Käme dieser zum Stillstand, müsste die Therapie abgebrochen werden! Der Kreislauf steht auch während der Behandlungsstunde nicht still, sondern wird - je nachdem im bewussten oder weniger bewussten Austausch - mit dem Kind/Patienten gemeinsam vorangetrieben.

Ein integraler Bestandteil jeder Therapie mit psychologischen und pädagogischen Mitteln ist die Beziehung, deren Grundelemente *M. Buber (1923)* herausarbeitete: Wer nur behandelt (d.h. den Klienten nur als Objekt seiner technischen Anwendungen sieht), bleibt mit ihm in einer Ich-Es-Beziehung, in der beide sich nicht berühren. Gelingt die Ich-Du-Beziehung kommt es zu einem geistigen Kontakt, d.h. dass sich beide im Element des Geistes begegnen. Mit Geist bezeichne ich mehr als Verstand oder Ratio. Es ist die überpersönliche Dimension und das Miteinander *(Buchmann 1985a, S. 212f)*. *W. Keller (1971a)* arbeitet diese Ebene unter dem Begriff „Transzendenz" heraus. Dieses Geistige, das in sich die Traditionen menschlichen Denkens aufgehoben hat, ist insbesondere im Gefäss der Sprache fassbar. Der Geist der Menschheit bildet sich im Gesamt der Vielfalt von Theorien ab.

Wie alle belebte Natur ist das menschliche Seelenleben ausserordentlich vielfältig und dazu noch kreativ: Dies bedeutet, dass kein Mensch identisch einem andern ist. Wir können an menschliche Problemlösungen nie mit Werkzeugen herangehen, wie ein Automechaniker, der die Störung diagnostiziert und - wenn richtig erkannt - mit den dafür bestimmten Handgriffen behebt.

Andererseits stehen wir auch nicht einfach ratlos vor einem „Problemhaufen" und pröbeln daran herum, wie ein Kind, das zum ersten Mal einen Wecker auseinandernimmt. Auch hier hilft die Vielfalt der Theorien, sich im lebendigen Dschungel der Phänomene zu orientieren.

2.1.2.4 *Der Wert der Vielfalt von Theorien und deren Relativierung*

Ich habe das Wort „Theorie" bisher undifferenziert auf sehr unterschiedlichen Ebenen verwendet. Dies ist insofern gerechtfertigt als „Theorie" ursprünglich „Sichtweise" bedeutet (abgeleitet vom griechischen Tätigkeitswort „theorein" = zuschauen, betrachten, überlegen, beurteilen) und damit schlechthin jede Aussage oder Vorstellung bezeichnet, die über etwas gemacht wird.

Damit eine Aussage als Theorie, deren „Wahrheitsgehalt" diskutiert werden kann, zu bezeichnen ist, muss ihr eine Ordnungs- oder Orientierungsfunktion zukommen: Nun gibt es bewusste und unbewusste Orientierungsmuster. Wissenschaftlich wird der Begriff „Theorie" nur für bewusste und geordnete Aussagen über einen Sachverhalt verwendet. Betrachten wir aber das Entstehen von Theorien, sind wir besser beraten, wenn wir anerkennen, dass sie aus einer Mischung von Erfahrungen, Vorurteilen und Reflexionsvorgängen langsam auftauchen und zunehmend bewusster werden. Wie das „Wissen" des Kindes, enthalten die meisten Theorien scharf durchdachte Anteile neben mystischen oder mysteriösen Glaubenssätzen (Für Wahr-Haltungen). Dies mag uns stören, und die Wissenschaft bemüht sich darum, diese Teile aufzuklären und auszumerzen. In der Praxis können wir aber nicht darauf warten, bis die reine Lehre, die nur wissenschaftlich überprüftes und gesichertes Wissen, enthält, auf dem Tisch liegt; zumal es eine ideologische Illusion wäre zu glauben, dies je zu erreichen. Wir sind auf Ordnungsmuster und Orientierungshilfen angewiesen, wenn wir handeln wollen oder müssen.

So falsch es nun wäre, wegen der unzulänglichen Anteile von „Theorien", Theoretisches einfach abzulehnen und zum reinen Pragmatismus Zuflucht zu nehmen, so falsch wäre es, von einer Theorie die unumstösslich gültige Wahrheit zu erwarten und diese zu einem Glaubensfundament eigenen Handelns emporzustilisieren. Verfechter eines *theorielosen Pragmatismus* erinnern an enttäuschte Kinder, die mit totaler Ablehnung des Vaters auf die Enttäuschung reagieren, dass er nicht so grossartig ist, wie sie ihn idealisiert hatten. Sie schaffen den Schritt nicht, die eigenenVorstellungen zu relativieren und dadurch ein realistisches Bild zu entwickeln. Aber auch der Theoriegläubige schafft den Schritt der Relativierung nicht.

Es ist nicht ein Fehler von Theoriegebäuden, wenn sie nicht alles abdecken oder in bestimmten praktischen Situationen versagen. Es ist vielmehr die logische Folge davon, wie der menschliche Verstand „funktioniert" und wie Theorien entstehen. „Fehlerfrei" kann nur eine Theorie sein, die keine Verbindung mit dem praktischen Leben hat. Es handelt sich dann aber um Konventionen, die auf bestimmten Grundannahmen aufbauen und von dort durch Denken, das vereinbarten logischen Gesetzen folgt, weiterentwickelt wird. (Deduktive Theorien; vgl. *Seiffert 1969*) Eine solche Theorie ist z.B. die reine Mathematik. Sobald sie in Berührung kommt mit der Lebensrealität, entstehen Anwendungs- und Übersetzungsprobleme, bei denen Fehlerfreiheit nicht mehr möglich ist. Theorien, mit denen wir es zu tun haben, stammen allesamt aus der Reflexion der Erfahrung (induktive Verfahren; vgl. *Seiffert 1970*). Da jeder Einzelne niemals in der Lage wäre, die vielfältige Erfahrung nachzuvollziehen, die die Menschheit im Laufe der Jahrtausende angehäuft hat, werden Erfahrungen und Reflexionen in Theorien geordnet und so zusammengefasst überliefert. Jeder Theorie haftet sowohl die Herkunft der Erfahrungen an, auf denen sie aufgebaut wurde, als auch die historischen Denkmuster der Zeit, in der die Lehre (Theorie) entstanden und weiterentwickelt worden ist.

Vermittelte Theorien sind also gleichsam Konservenbüchsen reflektierter Welterfahrung einer oder mehrerer Personen, oft vieler Generationen. In Theorien finden wir Anschluss an die Vergangenheit des menschlichen Geistes. Indem wir uns darauf einlassen, bilden wir unseren Geist aus, um breitere Erfahrungen - Wahrnehmungen und Handlungen - zu erwerben, als es uns in der Beschränkung auf unser eigenes - zeitlich kurz bemessenes - Leben möglich wäre. (vgl. *P. Teilhard de Chardin 1954*). Die Vielfalt der möglichen Erfahrungen sprengt bei weitem unsere Lebenszeit und den Geistesumfang eines einzelnen Individuums. Also ist es nicht verwunderlich, dass sich Theorien widersprechen. Nur schon die Tatsache, dass ich niemals im Leben sowohl die Erfahrungen als Frau und als Mann gleichermassen machen kann, soll vor Augen führen, dass wir uns über andere Erfahrungsmöglichkeiten informieren lassen müssen; denn der eigene Erfahrungsspielraum ist notwendig begrenzt. Überall treffen wir auf weitere Begrenzungen: Denken wir nur schon an die Unterschiede im Familienkontext: Ich bin z.B. der jüngste von Brüdern. Das prägte ununterbrochen meine Kindheit mit und damit auch den Kontext meiner Erfahrungen. (Vgl. *W. Toman 1974*)

Meine Erfahrungen, Reflexionen und Schlüsse, werden nicht dadurch falsch, dass jemand anders andere Erfahrungen und Theorien gemacht hat. Vielmehr ist es für mich bereichernd, wenn ich die Erfahrungen anderer, die ich gar nicht machen könnte, zu Kenntnis erhalte. Plötzlich geht mir auf, dass ein Problem, dem ich unterliege, auch noch andere Lösungswege, ja sogar Chancen enthält. Nur wenn ich mich darauf einlasse, meine Erkenntnisse hochhalte und gleichzeitig bereit bin, sie zu relativieren, entstehen neues Wissen, neue Lösungen, kreative Entwicklung.

Der Versuch, eine einheitliche Theorie, eine letzte Wahrheit zu postulieren, geht daher am Leben vorbei. Vielmehr geht es darum, die differenzierte Vielfalt der erarbeiteten Bilder vom Menschen (die Anthropologie) zur Kenntnis zu nehmen: Sie bilden eine Sammlung von „Landkarten" mit verschiedenen Massstäben. Die einen gehen näher an Details heran, die andern schauen aus grösserer Distanz. Um sich umfassender zu orientieren, braucht es die Kenntnis über Vorstellungen aus verschiedener Perspektive, Vergrösserungen, Verkleinerungen, Vogelperspektiven und Querschnitte; Einzelaufnahmen, Gruppen- und Massenbilder! (Vgl. *Buchmann/Schlegel/Vetter 1996*)

2.1.2.5 Hierarchie der Theoriebildung: Vom Konkreten zum Abstrakten

Theorien können also auf sehr unterschiedlichen Abstraktionsebenen angesiedelt sein. Je erlebnisnaher (konkreter) eine Theorie angesiedelt ist, desto spezifischer und auf eine bestimmte Situation bezogen ist sie. Damit ist sie zwar praxisnaher, aber in ihrer Übertragbarkeit beschränkter. Aus einer Vielzahl solcher Theorien lassen sich übergeordnete Ordnungsmuster (abstraktere Theorien oder Systematiken) ableiten oder erkennen. Diese weisen zwar mehr Praxisferne auf, lassen dafür aber Strukturen erkennen, die wir im alltäglichen Lebensvollzug notwendigerweise übersehen. In der Theorieentwicklung von *Sigmund Freud* (z.B. in Traumdeutung, 1900) kann dieser Weg zunehmender Abstraktion ausgehend von sehr konkreten Beobachtungen immer wieder nachvollzogen werden. Entfernt sich die spätere psychoanalytische Theorie bei einzelnen Autoren (z.B. *Rapaport 1959*) weitgehend vom Bezug zu den unmittelbaren Erfahrungen, wird sie abstrakter und nur noch jenen zugänglich, die den Werdegang der Theoriebildung nachvollziehen können. Für diese sind aber solche Theoriebildungen aussergewöhnlich hilfreich, weil sie ihnen ein System - wir könnten auch sagen eine Landkarte - in die Hand geben, um die vielen tausend Einzelerkenntnisse der Psychoanalyse in einen Zusammenhang zu bringen.

Unsere Erkenntnisse sind anders, ob wir mit der Lupe am Boden herum kriechen und Erdkrümel unter unserer normalen Sehschärfe ins Auge fassen oder ob wir die Bilder eines Wettersatelliten betrachten. Dennoch handelt es sich um dasselbe Objekt: Die Erde. Der Wettersatellit sucht nach andern Zusammenhängen und Erkenntnissen als der Bodenbiologe. Wichtig scheint mir, dass wir die Erkenntnisse verschiedener Abstraktionsstufen auseinanderhalten und nicht gegeneinander ausspielen. So hängt die jeweilige Bodenbeschaffenheit in komplexen Zusammenhängen auch vom Klima ab, das wir mit der Lupe in der Hand nicht verstehen können. Missachten wir die Erkenntnisse der verschiedenen Ebenen, können wir in unserem Verständnis der Wirkzusammenhänge böse in die Irre gehen.

Genau so ist es mit den verschiedenen Theorien über Lernen, Bildung, Erziehung, Individuum, Menschentypen und spezifisch Menschliches. Der Blick über das Ganze ersetzt nicht die genaue Betrachtung des Einzelnen. Aber die Betrachtung des Einzelnen genügt nicht, um ihn zu verstehen. Wir müssen ständig pendeln zwischen dem praktischen Blick auf das Aktuelle, situativ-konkrete und dem Blick auf grössere Ganzheiten, in denen sie eingebettet sind.

2.1.2.6 Der Aufbau von Theorien: Theorievermittlung und praktische Erfahrung

Wollen wir - nach dem bisher gesagten - Menschen ausbilden, z.B. Lerntherapeuten, müssen wir sowohl ihnen helfen eigene Erfahrungen zu machen, als auch ihnen die in Theorien gebündelten Erfahrungen anderer Menschen anbieten, damit sie ihren Blick schärfen und ihre Erfahrung in den Strom der Erfahrungen eingliedern können. Lesen und Hören schärft die Wahrnehmung, wenn es nicht um blosses Auswendiglernen geht, sondern um die Auseinandersetzung mit anderen Erfahrungen und den daraus entwickelten Vorstellungen.

Gerade für lehrende und therapierende Menschen gehört ein umfassendes Bewusstsein über „das Menschliche" zum unverzichtbaren Rüstzeug. Zu enge Vorstellungen (z.B. blosse „Wenn-dann"-Vorstellungen) werden der Komplexität des Menschen nicht gerecht. So interessant und „richtig" in experimentellen Detailuntersuchungen gewonnene „Wenn-Dann"-Gesetze (z.B. Konditionierungsgesetzmässigkeiten) auch sind, sie gelten nur sehr beschränkt, nämlich für die experimentelle Situation und die Aussahmefälle, die ihnen gleichen. Unkritisch angewendet lassen sie Menschen ersticken in den engen Gefässen der angebotenen oder eingeforderten Verhaltensmuster. Oft sind es ja gerade schon die falschen Anforderungen, die ihn krank gemacht oder in eine Störung geführt haben.

Bewusstseinsentwicklung ist Theoriebildung: Bewusstsein - wissen, was was bedeutet - entsteht in der Verbindung von Sprache mit Sinneseindrücken. Über die Sprache entwickeln wir Orientierungsmuster, um die Sinneseindrücke zu ordnen. Zwar können rein visuelle Signale (Wegweisersymbole am Bahnhof z.B.) uns scheinbar ohne Sprache Orientierung verschaffen. Nur merken wir dann nicht, dass die Fähigkeit, diese Zeichen zu lesen, darauf beruht, dass wir über die Sprache diese Fähigkeit früher bereits erworben haben.

Bewusstwerden heisst immer, das Leben klarer zu durchschauen, egal ob es darum geht, uns selber zu verstehen (unser eigenes Leben) oder dem Kind in der Therapie zu helfen, sein Leben besser zu verstehen. Zur Bewusstwerdung gehört es, die Unterscheidung zu entwickeln, was äusserliche Realität und was eigene Phantasien und Bilder sind, die der Realität nicht entsprechen oder noch nicht entsprechen. *Piaget (1947)* definiert „intelligence" als den Prozess, die inneren Bilder mit der äusseren Realität abzustimmen, resp. ein Gleichgewicht zwischen Sinneseindrücken und Vorstellungen herzustellen. Er untersuchte vor allem den Prozess des Gewinnens von Einsicht und spricht deshalb mehr von der Veränderung der inneren Bilder und Handlungsschemata. Das Modell der Angleichung, das er entwickelte, kann aber auch auf die Handlungsebene übertragen werden: Stimmen meine Vorstellungen mit der Realität nicht überein, stellt sich mir die Frage: Muss ich mich mit den Realitäten einrichten, also mich selber verändern („akkommodieren"- „mich anbequemen", wie Piaget sagt), oder will ich versuchen, die Realität nach meinem Bilde zu ändern. Erst aus diesem Bewusstsein kann ich mich entscheiden und gezielt handeln resp. lernen; kann Veränderungen bei mir resp. in meinem Umfeld anstreben oder drohenden Gefahren aktiv begegnen. Theorien helfen dann - und nur dann - Fähigkeiten zu entwickeln oder Probleme selbständig zu lösen, wenn sie dazu dienen, Erfahrungen (Praxis, Lebensvollzug) sprachlich fassbar zu machen und so dem Austausch zuzuführen; dann ordnen sie Erkenntnisse so, dass handlungsrelevante Zusammenhänge erkannt werden.

Fehlt dem Sprechen und der Sprache die Erlebnisebene, - verknüpfen sich also Worte nicht mit Bildern und Erfahrungen -, ist Theorie nur „theoretisch" im Sinne des Schimpfwortes: Dann ist alles Sprechen und alle Theorie nur Wortgeklingel und Frustration. Fehlt aber dem Erleben Sprache und Antwort, bleibt es ohne Bedeutung und Erkenntnis.

An der Basis von Erkenntnis steht das eigene Erleben. Theorie soll es erhellen helfen und nicht über das Leben gestülpt werden. Lehren, d.h. Erkenntnis vermitteln, heisst einerseits Erfahrungen zu verknüpfen mit Sprache (Theorie-bildung) und umgekehrt Theorie mit Erlebnissen (Erinnerungen, Experiment, Anschauung) zu verbinden. Wem z.B. religiöse Erlebnisse fehlen, dem nutzt alle Theologie nichts. Kann sein, dass er durch Einfühlung in andere Menschen, die ihr Erleben vermitteln, eine Erfahrung nachvollziehen kann und das Sprechen darüber Sinn macht. Dazu muss der „Hörer" der Theorie, aber bereit und fähig sein, sich in das Erleben des Gegenübers einzulassen. Damit wären wir wieder bei der zentralen Stellung, die die Beziehung in allem Therapeutischen und Pädagogischen einnimmt.

Da wir es mit einer unvorhersehbaren Vielfalt und unplanbaren Eigenheiten von uns anvertrauten Menschen zu tun haben, ist es von unschätzbarem Vorteil, wenn wir eine möglichst grosse Vielfalt von sich widersprechenden und sich ergänzenden Theorien überblicken.

2.1.2.7   Von der Theorie zur Praxis

Es wäre illusorisch und unangemessen zu verlangen, dass jeder Praktiker alle Theorien nachvollziehen und in sein praktisches Handeln überführen können müsste. Vielmehr wird sich jeder seriöse Praktiker bewusst machen, welche Theorien ihm zusagen und welche er methodisch in seine eigene Praxis umzusetzen vermag.

Dies sind zwei verschiedene Dinge: Mir sagen viele Theorien zu, zu deren Umsetzung ich mich in meiner individuellen Beschränktheit nicht befähigt fühle. Dafür gibt es aber KollegInnen, die das ausgezeichnet können, während sie über meine Fähigkeiten nicht verfügen. Die realistische Eigeneinschätzung und die Kenntnis der Angebote im Umfeld der Kollegen gehört also zur Basisausstattung eines qualitativ hochstehenden Praktikers.

2.1.3   Anthropologie: Theorien vom Menschen oder Menschenbilder

2.1.3.1   Probleme und Chancen der Vielfalt

Durch die Jahrhunderte haben viele Denker Vorstellungen über Sinn und Wesen des Menschen gemacht. Vieles davon ist auch heute überlegenswert und erhellend (Bewusstsein schaffend). Aber der Wissensschatz ist so gross, dass er unser Fassungsvermögen überwältigt. Um den Schatz zu heben, wird versucht Überblick und Ordnung in die Aussagen über das spezifisch Menschliche zu bringen. Jeder Philosoph entwickelt seine Systematik, nach der er ordnet. Systematiken sind zwar immer auch subjektiv. Aber die logische Begründung der Wahl der Systematik gibt wieder Einblick in ein Stück Welt- und Werteordnung des geistig-historischen Ortes ihres Verfassers.

Der Erkenntnisphilosoph *Hans Georg Gadamer* hat sich mit dem Mediziner *Paul Vogler* zusammengetan, um einen solchen umfassenden Überblick über die gegenwärtigen Ansätze und Vorstellungen zu schaffen. Herausgekommen ist ein siebenbändiges Werk, das nach der wissenschaftlichen Herkunft der Theorien geordnet ist: Band 1 und 2 widmen sie der biologischen Anthropologie; Band 3 der Sozialanthropologie; Band 4 der Kulturanthropologie; Band 5 der psychologischen Anthropologie und die letzten beiden Bände der philosophischen Anthropologie. Dem geneigten Leser fällt sofort das Fehlen der pädagogischen Anthropologie auf, was vielleicht mit der Herkunft der Herausgeber zu erklären ist, die sich nur mit Erwachsenen auseinandersetzen. Dafür deckt *H. Roth (1966 und 1971)* diesen Bereich in seiner zweibändigen Ausgabe zur pädagogischen Anthropologie ab.

Das Werk von *Gadamer/Vogler (1975)* zeigt, wie jede akademische Disziplin, die sich mit Menschen und seinen Werken befassen, sich anstrengt, ein eigenes Menschenbild zu entwickeln. Es zeigt zudem, wie die in geschichtlicher Tradition entstandene Einteilung der universitären Strukturen (akademische Disziplinen) das westliche Denken prägen, so dass - auch wenn es um das selbe Thema „Mensch" geht - die „Denkströme" getrennt bleiben! Die Gefahr ist gross, dass sich Biologen mit den biologischen Vorstellungen und die Psychologen mit den psychologischen abgeben und so im Denken ihrer Disziplinen verhaftet bleiben. Das grosse Verdienst von Gadamer/Vogler ist, dass sie dieses getrennte Denken unter den selben Buchdeckeln vereinen und dadurch anregen mögen, bei den Nachbardisziplinen „hineinzuschauen". Sie bieten in ihrer differenzierten Zusammenstellung der Bilder des Menschen aus den Fachperspektiven einen Einblick für Interessierte aus andern „Fächern" und helfen so das Gemeinsame verschiedener Erkenntniszugänge sehen zu lernen, eigene Standpunkte zu erweitern und zu relativieren.

2.1.3.2   *Überblick und Systematik als Sehhilfe*

Einen Versuch, einen systematischen Überblick über die Grenzen der akademischen Disziplinen hinweg zu erreichen, unternimmt *Wilhelm Keller (1971)*: Er sichtet die Ansätze nach den Kategorien „von oben", „von innen" und „von unten". Damit gewinnt er Kategorien, die quer durch alle Fachgebiete die Denker zusammenführt, die ihre Untersuchungen *„von unten"*, d.h. von der materiellen resp. biologischen Basis des Menschseins her führen; also von den naturwissenschaftlichen Disziplinen Biologie und experimentelle Psychologie her argumentieren. Diesen stellt er jene Denker gegenüber, die *„von oben"* (Theologie und Religionsphilosophie etc.) und die *„von innen"* (philosophische Psychologie) her das Wesentliche des Menschlichen in ihren Gebieten ergründen.

Anthropolgien „von oben" leiten das Menschsein und die Ziele der Menschheit und des Einzelnen aus transzendenten Erfahrungen und Zeugnissen ab; aus Erfahrungen also, die von ausserhalb der sinnlichen Wahrnehmung her stammen oder über diese hinaus führen.

Eine Anthropologie „von unten" entwickelt z.B. *Helmut Plessner (1928)*. In seinem Werk „Stufen des Organischen und der Mensch" untersucht er die Bestimmung des spezifisch Menschlichen im biologischen Zusammenhang der belebten Natur. Er liefert ein tragendes Fundament, um zu begründen, weshalb die Respektierung von Grenzen ein zentraler menschlicher Wert ist. Die Begrenzung des körperlichen, aber auch des seelischen Raumes und der Bezug zu dieser Grenze sind die grundlegenden Voraussetzungen, dass Leben überhaupt möglich ist. Dies ist schon auf der pflanzlichen Stufe eine Voraussetzung. Auf tierischer Stufe kommt die „Zentralität" der Lebensorganisation hinzu. Damit wird die Respektierung des Wesenskernes jedes Lebewesens (ab Tierstufe) zu einem zentralen Wert: Diese drückt sich aus als durch nichts zu relativierende Achtung jedes lebendigen Gegenübers. Als menschliches Spezifikum arbeitet er die exzentrische Positonalität des Menschen heraus. Erst und nur der Mensch kann zugleich in sich und ausser sich sein. Er ist bei wachem Bewusstsein immer auch „bei der Sache", „beim Menschen" und „bei sich selber". Dieser Überstig (bei *Plessner* „exzentrische Position" und „Positionalität" genannt) ist eine spezifisch menschliche Errungenschaft der Evolution. Aus ihr erwachsen erst die Möglichkeit für den respektvollen Umgang mit Mitmenschen. Erst diese Positionalität ermöglicht ihm, sich selber zu sehen, in andere Menschen sich einzufühlen und einzudenken und so sich auch zu relativieren. Bestimmte Störungsanfälligkeiten sind der „Preis" für diesen Gewinn.

Die philosophische Psychologie im Sinne Kellers („von innen") grenzt sich von der heute hoffähigen akademischen Psychologie ab, indem sie das jeweilige Erleben der Menschen zum Ausgangspunkt nimmt *(z.B. Heidegger 1927, Keller 1954)* und aus den menschlichen Zeugnissen mit geisteswissenschaftlichen Methoden Aussagen über das Menschenbild ableitet. Damit ist diese Psychologie viel näher bei der alltäglichen Praxis, wie sie sich im therapeutischen Bezug ereignet. Bedauerlicherweise ist sie mit der Emeritierung Kellers - wie zuvor schon im übrigen deutschsprachigen Raum - auch in der Schweiz von den Universitäten verschwunden.

Aber die Systematik Kellers ist nicht vollständig. Auch bei ihm suchen wir vergeblich nach der pädagogischen Anthropologie. Kellers Einteilung sieht im Menschen weitgehend nur das isolierte Individuum, wie dies die Denktraditionen „von unten" und „von innen" vornehmlich tun. In den Anthropologien „von oben" ist immerhin die Verknüpfung des Einzelnen mit etwas, das ihn übersteigt, im Blickfeld. Auch das hat eine lange Denktradition durch die Jahrhunderte.

Entdeckungen und Erfahrungen des 19. Jahrhunderts haben eine neue Perspektive hervorgebracht, die wir heute nicht mehr ausblenden können: Die Bezogenheit im Hier und Jetzt. Soziologie, Sozialpsychologie, aber auch Pädagogik arbeiten als Kern menschlichen Seins die Verflochtenheit und den Austausch zwischen den Menschen heraus. Ich habe in meinem Werk „Pädagogik und Menschenwürde" (Buchmann 1985a) daher die Systematik um die Kategorie „Anthropologien der *Vermittlung*" erweitert. *Buber (1923)* z.B. untersucht die Beziehungstruktur zwischen Menschen und stellt dabei fest, dass kein „Ich" existieren kann, das nicht auf ein „Du" bezogen ist. Auch die soziologische Rollentheorie, die Milieutheorie, die Strukturalisten (wie z.B. *Levy-Strauss 1969*) und Gestaltpsychologen (z.B. *Lewin 1963*) haben die Eingebundenheit jedes Individuums in seine Welt und Menschengemeinschaft oder Gruppe herausgearbeitet. Mit dieser Einsicht arbeiten auch die meisten pädagogischen Anthropologien. *(Roth 1966/1971).*

In unserem Jahrhundert hat die Beschleunigung der Veränderungen das Phänomen „Zeit" ins Zentrum des Bewusstseins gerückt, dem sich eine ganze Reihe namhafter Theoretiker und Anthropologien widmen. Ich habe versucht, sie unter dem Begriff „Anthropologien des *Wandels*" systematisch zusammenzuführen. Für alles Therapeutische und Pädagogische ist dieser Blickpunkt von grosser Bedeutung, rückt er doch die Wandelbarkeit, die Veranderbarkeit und die historischen Dimensionen des Humanum ins Zentrum. Hierher gehört z.B. *Ernst Bloch (1961)*, der Zukunftsbezogenheit und Hoffnung als zentralen Motor menschlichen Handelns herausarbeitet. Auch die Spieltheoretiker leisten grosse Beiträge wie etwa *Buytendijk (1933)*, der das Besondere des menschlichen Spielens für die Entwicklung des einzelnen Menschen und die Evolution der Menschheit durch systematischen Vergleich von Tier- und Menschenspiel herausarbeitet. Erwähnt seien auch *Huizinga (1956)* und *Erikson (1978)*, die sich mit der Veränderung der Wirklichkeit durch das Spiel befassen. Als früher Denker in diesem Fokus sei noch der Dichter und Philosoph *Friedrich Schiller (1795)* erwähnt, der vor über 200 Jahren schon entscheidende Einsichten über den Wert des Spieles für die menschliche Würde und die geschichtliche Veränderung entdeckte. Besondere Bedeutung erlangte für mich aber die Anthropologie von *Teilhard de Chardin (1959)*, weil er die menschliche Existenz in ihrem Wandel weit über die Gegenwart hinaus verfolgt und das individuelle Einzelleben mit der Evolution der Menschheit und sogar des Weltalls zu verbinden vermag. Er ermöglicht dadurch eine tiefgründige Sinnfundierung von hohem pädagogischem und therapeutischem Wert. In seiner Schrift „Die Mystik der Wissenschaft" (1939) und in den ersten Kapiteln seines „Mensch im Kosmos" (1959) entwirft er zudem erkenntnistheoretische Überlegungen, die Massstäbe setzen, um den Wissenschaftsbetrieb von aussen zu betrachten.

Aber auch die von mir entworfene Systematik hat problematische Seiten, weil sie Autoren zu einem bestimmten Fokus zuordnet, obwohl diese oft auch Wesentliches zu andern Themen zu sagen haben. So ist z.B. die Anthropologie Plessners auch eine Evolutionstheorie und könnte auch dort zugerechnet werden.

Ich muss es aus Platzgründen bei diesen Beispielen bewenden lassen, hoffe aber, Lust geweckt zu haben, sich selber auf die abenteuerliche Fahrt durch die Landschaften der Menschenbilder zu begeben

2.1.3.3   Nutzen und Schadenvermeidung von Anthropologien

Die fast verwirrende der Vielfalt der Perspektiven und der manchmal heftige Streit der Denker untereinander hilft, selber eine eigene klare Haltung zu fundieren. Aus dem Überblick geht hervor, dass Theorien über den Menschen nicht auf Beurteilungen „wahr - unwahr", „richtig - falsch" abzielen können; die Diskussionen und Kämpfe zeigen, dass die „wahre Lehre" eine Illusion ist und bleiben muss. Ich darf **und muss** selber Stellung beziehen. Widersprüche und Unvereinbarkeit bedeuten Ergänzung und Gewinn. Sie öffnen dem Denken die Freiheit und ermöglichen - aber fordern auch - eine eigene Position zu entwickeln.

Das Ernstnehmen vieler Perspektiven schützt vor Einseitigkeit und hilft, die Individualität jedes Menschen zu respektieren. So hat die Beschäftigung mit Anthropologie gleichsam als Nebenprodukt auch eine ethische Nutzanwendung: Die Anerkennung der Perspektivität und Relativität aller Theorien schützt den Praktiker vor Missachtung oder gar Verachtung ihm fremder Einstellungen und Interpretationen. So kann es auch dazu beitragen, den „Helfer" vor ideologischen Übergriffen oder Machtmissbrauch zu bewahren.

Wenn bestimmte Verfechter einer Anthropologie „von unten" in ihren Aussagen von allen innerseelischen Erfahrungen absehen wollen, wie es in sogenannten „black-box-Experimenten" der Verhaltenspsychologie geschieht, so kommen sie zu teilweise überraschenden Resultaten. Wird anerkannt, dass diese nur für sehr spezielle Situationen gültig sind, sind sie eine wichtige Ergänzung des Wissens über den Menschen. Ein Problem entsteht aber dort, wo diese Resultate fälschlicherweise zum Allein-Gültigen für alle Lebenssituationen verallgemeinert werden und ihre Gesetzmässigkeiten überall angewendet werden sollen. Dann kann das Absehen resp. Übersehen der „Innenseite der black-box" zu Leid und Zerstörungen führen. Falsche Anwendung oder Generalisierung an sich richtiger Erkenntnisse sind äusserst destruktiv. Dasselbe gilt natürlich auch von einem anthropologischen Blick nach innen, der die Erkenntnisse der andern Aspekte übersieht und so z.B. die Verflochtenheit des jeweiligen Menschen (in Alltag und Praxis) und die prinzipielle Verflochtenheit des menschlichen Seins in der forschenden Betrachtung negiert.

Konkret: Wenn in der Untersuchung einer Verhaltensstörung nur das individuelle Kind und sein Verhalten ins Blickfeld kommt, besteht die Gefahr, dass ich an ihm „herumdoktere" - ohne die pathogene (krank machende) Wirkung des Schulklimas auch nur zu vermuten. Ich kann auch auf die materielle Basis fixiert sein und nur nach seinen organischen Ursachen suchen (z.B. Diagnose POS und nur Ritalin verschreiben). Ich kann aber auch so auf negative Familienverhältnisse spezialisiert sein, dass ich die biologischen Ursachen gering achte und so dem Kind, der Familie und der Schule nicht gerecht werde. Schliesslich kann ich für die Wandelbarkeit und Flexibilität kindlichen Menschseins blind sein und es als „geborenes Schlitzohr" ansehen, womit ich auf die Schiene des modernen biogenetischen Trends abfahre, die gerne auch Charakterzüge biologischgenetisch festgeschrieben sähen. Umgekehrt gibt es auch den „unverbesserlichen Optimisten", der so auf die Wandelbarkeit setzt, dass er alle Probleme auf die lange Bank schiebt, sie nicht angeht und sich damit tröstet, es wachse sich schon aus. Die Folgen von solchem Optimismus zeigen sich mir z.B. im Umgang mit delinquenten Jugendlichen: Sich ständig steigernde Signale, dass sie in der Welt nicht zurecht kommen, werden von allen Instanzen nicht als Hilfeschrei verstanden, so dass immer nur beschwichtigend oder mahnend darauf reagiert wurde.

2.1.3.4   *Die Notwendigkeit der Selbsterfahrung*

Die gerade geschilderte Erfahrungen und Gefahren hat Keller *(1971, S.1)* wohl im Auge, wenn er sagt: „ Man spricht davon, dass eine `latente` Anthropologie schon in den Leitgedanken und Kategorien enthalten sei, mit denen psychologisches Denken jeweils arbeitet". Zu ergänzen ist Kellers Formulierung nur noch durch die Ausweitung auf alle Berufe, die sich mit Menschen und Menschlichem befassen - von Erziehern über Mediziner und alle Kulturschaffenden bis zu Forschern, die Kulturen und Menschen wissenschaftlich untersuchen. Dies gilt für den Theoretiker (Forscher), der Aussagen über Wirken und Funktionieren des Menschen macht, genauso wie für den Praktiker, der eine bestimmte Intervention wählt. Obwohl sich Keller nicht in geistiger Nachbarschaft zur „kritischen Theorie" sah, nimmt er damit deren These auf, dass nämlich der handelnde und forschende Mensch sich seiner impliziten Vorstellungen vergewissern muss, um seine eigenen Handlung wirklich zu verstehen und verantworten zu können. (Vgl. *Adorno et al. 1969; Horkheimer 1957; Habermas 1969)*
Wenn dies so ist, ist zu fordern, dass sich alle - jede und jeder -, die mit Menschen umgehen, selber erforschen, welchen Menschenbildern und Vorstellungen ihr Denken und Handeln folgt. Dies kann einerseits rational in der Auseinandersetzung mit Theorien, insbesondere Anthropologien geschehen. Zum andern bedarf es der systematischen und angeleiteten Erforschung eigener blinder Flecken und Täuschungen; denn das Aufdekken tiefverwurzelter Grundmuster des Denkens, Fühlens und Handelns und deren Entstehungsgeschichte ist ohne zwischenmenschliche Kommunikation, Austausch und persönliche Auseinandersetzung nicht zu leisten.

2.1.3.5   *Lehren der Vergangenheit*

Lohnt es sich, dazu in die Vergangenheit zu sehen? Die gegenwärtige Forschung hat doch eine derartige Fülle neuer Erkenntnisse gebracht, dass ältere Einsichten unhaltbar geworden sind, „Auslaufmodelle" oder gütig zu belächelnde Phantasien? Um diesen Jahrundertwechsel scheint sich ein Trend durchzusetzen, der glaubt, sich nur auf die aktuellsten Aussagen, die aus dem Augenblick heraus als gültig erklärt werden, stützen zu können resp. stützen zu müssen. Eine der erstaunlichsten gesellschaftlichen Veränderungen der letzten Jahrzehnte ist die Abwertung der historischen Perspektive. Je neuer eine „Erkenntnis" daherkommt, als desto wertvoller oder zwingender wird sie propagiert. Dass viele dieser „wissenschaftlichen Erkenntnisse" einer erkenntnistheoretischen und methodenkritischen Betrachtung in keiner Weise standzuhalten vermögen, sei am Rande vermerkt. (Vgl. z.B. *Tschuschke etal 1997)*

Ich gehe davon aus, dass gerade die Überfülle der Informationsflut zum Verlust vieler gut fundierter und aus langen Traditionen erwachsener Erkenntnisse führt. Der Detailuntersuchung wird mehr Vertrauen und Glauben entgegengebracht als den aus generationenübergreifenden „Menschenketten" zusammengeführten Vorstellungen. Vielleicht wird deshalb auch jede neue Technik in der Psychotherapie gleich als neue Methode angepriesen. Für die Einbettung angeblich neuer Perspektiven in die Geschichte der Erkenntnis fehlt heute oft das gesellschaftliche Interesse und das Geld. Die Folge davon ist, dass vielen modernen Theorien die Tiefenschärfe fehlt und sie dennoch in Schule und Politik angewandt werden. Überbordwerfen der historischen Dimension führt - wie aller blosser Gegenwartsbezug - in unentwirrbare Beliebigkeit und in einen Begründungsnotstand für Forderungen, Leitlinien und Verantwortlichkeiten. Der „Praktiker" gerät dann rasch in Not, weil er seine Verantwortung gegenüber dem Kind tagtäglich trägt.

Menschen, die nicht wissen, woher sie kommen, wissen auch nicht, wohin sie gehen. Daher ist die Auseinandersetzung mit den historischen Menschenbildern für jede pädagogische oder therapeutische Ausbildung unentbehrlich. Dabei soll es nicht um Historismus gehen. Zwar müssen Theorien auch in den Zeitgeist und Alltag ihres Entstehens eingebaut und von daher verstanden werden, um *den Theorien* gerecht zu werden. Dies ist die Aufgabe philosophischer Forschung. Dem aktiven Philosophieren geht es nicht um das textgetreue Erfassen des Denkers, sondern um die Sache, die er bedenkt und dies ist etwas ganz anderes. Dieses Nachdenken werte ich für diese Ausbildung als viel bedeutsamer.

Ich frage: Was kann mir/uns das Denken eines Plessner, eines Teilhard, aber auch eines Kant oder Schiller heute bedeuten? Was für Erkenntnisprozesse lösen sie in mir aus? Was machen die Kursteilnehmer aus Kernsätzen von Philosophen, Psychologen, Anthropologen? Damit wird nicht ins Visier genommen, Spinoza oder Aristoteles im historischen Kontext richtig zu verstehen. Hingegen richtet sich die Beschäftigung mit ihren Aussagen darauf aus, eigenes Denken und Verstehen zu entwickeln. Wolfgang Binder hielt an der Uni Zürich einmal eine Vorlesung über die „fruchtbaren Missverständnisse" zwischen Goethe und Schiller. Es ist sehr erhellend, wie gerade auch das Nicht-Verstehen oder Missverstehen das Denken beider Geistesgrössen vorangebracht hat und der Menschheit Einsichten schenkte, die in Übereinstimmung und Harmonie beider Geister nie entstanden wären.

2.1.3.6 Das Politische an der Frage nach dem Menschenbild

Nicht nur die Gegenüberstellung verschiedener Blickpunkte hilft uns, unsere Vorstellungen zu relativieren: Auch der Blick über die Jahrhunderte hinweg lohnt sich; denn jedes hatte selber Schwerpunkte der Diskussion. Gewisse Fragen tauchen zu einem historischen Zeitpunkt auf, erleben eine Hochblüte, in der sie so heiss diskutiert werden, dass manchmal Kriege oder tiefe gesellschaftliche Spaltungen daraus entstehen, und ebben dann ab, so dass gelegentlich kaum mehr nachvollzogen werden kann, weshalb die bestimmte Frage die Gemüter so erhitzen konnte.

Was lernen wir daraus?

Denken, Philosophieren, Behauptungen über den Menschen, seine Bestimmung, seinen Sinn und seine Verantwortung sind ebenso theoretisch wie auch praktisch bedeutsam. Vorstellungen und Themen sind nicht einfach da, fix oder normal: Sie werden gemacht, ins Zentrum gerückt oder an den Rand gedrängt. Politik (auch Wissenschaftspolitik) besteht nicht zuletzt darin, Einfluss zu nehmen, welche Fragen zum gesellschaftlichen Thema werden und welche Fragen unter den Teppich gekehrt werden.

Z.B. ist die Betonung der Jugendlichkeit eine PR-Erfolgsstory, die um so wirksamer ist, als dies kaum jemand durchschaut. Die in ihr eingelagerte Botschaft, Erfahrungslosigkeit auf- und den angehäuften Erfahrungsschatz der Menschheit (Stichwort: Theorieverdrossenheit) abzuwerten, ist ein gesellschaftlicher Vorgang mit grossen politischen Konsequenzen.

Mit ihr einher geht die Tempobeschleunigung in allen Lebensbereichen: Ansammeln von Erfahrungen, Vergleichen mit anderen Zeitgenossen und Menschen anderer Jahrhunderte, das Schlussfolgern mit dem Gewicht aus der Tiefe der Zeit erfordern Geduld, Wartenkönnen und Verarbeitungszeit. In der Tempobeschleunigung müssen wir an allen Enden und Ecken Abstriche für diese Erkenntnisentwicklung machen. Die Folge kann nicht ausbleiben, dass die „Erkenntnisse" oberflächlicher und weniger fundiert werden. Deshalb sind sie dann auch leichter wegzuwischen und z.B. bei verändertem politischen Bedarf als zu wenig begründet oder inopportun von der Bildfläche verschwinden zu lassen. Die Manipulierbarkeit der Menschen wächst. Man denke etwa, wie die Schulpolitik mit der Frage der Klassengrössen umgeht.

Die Hochschätzung der Tempobeschleunigung wirkt sich auch direkt auf die „Auswahl" von Erkenntnisprozessen aus: Mit dem Postulat, mit bestimmten Techniken und Verfahren schnellere Wirkungen zu erzielen, setzen sich bestimmte Menschenbilder politisch durch. Werden aus dem Primat der Kostenersparnis heraus gewisse Methoden nicht mehr durchführbar, können gewisse Phänomene gar nicht mehr untersucht werden: Es entsteht der Eindruck, es gäbe sie gar nicht. Plötzlich werden gesellschaftliche Ereignisse (z.B. Gewalt an der Schule) unerklärbar, weil deren Entwicklungsprozesse nicht untersucht werden können oder weil das Verstehen der einen Erkenntnismethode „zu teure" Folgekosten verursachen würde. Also wird ihr Erklärungsmodell nicht akzeptiert und ein „kostengünstigeres" favorisiert.

Wenn gesellschaftlich die Frage nach dem Sinn abgelöst wird durch die Frage nach Wirkung und Effizienz, findet ein gewaltiger gesellschaftlicher Veränderungsprozess statt. Der wirtschaftliche Druck (das Geld und der Sparwahn) führen zu gewichtigen Verschiebungen der Werthaltung in der Gesellschaft: An die Stelle von Menschenwürde tritt „Normalität" als Ziel förderungswürdiger Behandlung (d.h. das Übereinstimmen des Einzelnen mit dem *derzeit herrschenden* Bild des gesunden Menschen). Anstelle individueller kreativer Lebensgestaltung dominiert die voraus festzulegende Zielsetzung, die zu erreichen ist. Die Vorstellung gewinnt, Gesundheit sei durch Anpassung zu haben! Die negativen Folgen davon sind erforscht *(z.B. K. Horn 1998a,b)*. Das fatale Menschenbild, das diese Entwicklung in Gang hält, verhindert aber zugleich die Einsicht, dass die Unlösbarkeit der Probleme eine Folge des „Erfolges" dieses Menschenbildes ist.

Auch solche Überlegungen gehören zur Ausrüstung der Praktiker; denn sie müssen reflektieren, wo sie ihren Standort in der Gesellschaft sehen; welchen Menschenbildern sie mit ihrem Angebot Vorschub leisten und welchen sie entgegentreten.

2.1.4   Literaturverzeichnis

Adorno et al.: Der Positivismusstreit in der deutschen Soziologie. Luchterhand, 1969

Bloch, Ernst: Zur Ontologie des Noch-Nicht-Seins. In ders. Auswahl seiner Schriften. Fischer –TB, 1961

Buber, Martin: Ich und Du in ders.: Gesamtwerk Bd. 1: Philosophische Schriften. Kösel/Lambert-Schneider, 1923

Buchmann Catherine/Buchmann Rudolf: Das Gutachten in Kinderbelangen; in R. Vetterli: Scheidungshandbuch; Dike Verlag St. Gallen/Schwyz S. 264 – 277, 1998

Buchmann, Rudolf: Das Kind im Netz der Beurteilung, Bericht, Diagnose, Schulnote - ihre Relativität und ihre bestimmende Kraft. Reihe Schule und Erziehung Heft 3/4 der Basler Beiträge zu Bildungsfragen. Buchverlag Basler Zeitung, 1980

Buchmann, Rudolf: Pädagogik und Menschenwürde. Paul Haupt Bern, 1985a

Buchmann, Rudolf: Materialien zu einer Erziehung der Zukunft. Paul Haupt Bern, 1985b

Buchmann R./Schlegel M./Vetter J: Die Eigenständigkeit der Psychotherapie in Wissenschaft und Praxis; in Pritz, Alfred Psychotherapie - eine neue Wissenschaft vom Menschen. Springer Wien S. 75 – 122, 1996

Buytendijk, Frederik: Das Spiel von Mensch und Tier. Neuer Geist Verlag, 1933

Erikson, Erik H.: Kinderspiel und politische Phantasie. Suhrkamp, 1963

Freud, Sigmund: Traumdeutung, 1900

Gadamer, Hans Georg: Wahrheit und Methode. J.C.B Mohr Tübingen, 1960

Gadamer Hans Georg/Vogler Paul: Neue Anthropologie 7 Bände. Georg Thieme Stuttgart, 1971

Habermas, Jürgen: Philosophische Anthropologie in Fischer-Taschenbuch-Lexikon A-Z Philosophie, 1965

Habermas, Jürgen: Erkenntnis und Interesse. In ders: Technik und Wissenschaft als Ideologie. Suhrkamp, 1969

Heidegger, Martin: Sein und Zeit. Niemeyer, 1927

Horkheimer: Zum Begriff des Menschen heute; in A. Ziegler (Hsg.) Wesen und Wirklichkeit des Menschen. Göttingen S. 261 –280, 1957

Horn, Klaus: Krankheit und gesellschaftliche Entwicklung. In: Soziopsychosomatik. Edition psychosozial, 1998a

Horn, Klaus: Medizinisches Versorgungssystem und Herrschaft in ders: Soziopsychosomatik. Edition psychosozial, 1998b

Huizinga, Jan: Homo ludens. rde 21, 1956

Keller, Wilhelm: Psychologie und Philosophie des Wollens. Reinhardt Basel, 1954

Keller, Wilhelm: Einführung in die Anthropologie, UTB (Ullstein Taschenbuch), 1971a

Keller, Wilhelm: Philosophische Anthropologie - Psychologie - Transzendenz. In H.G. Gadamer/P. Vogler: Neue Anthropologie Bd. 6: Philosophische Anthropologie; Georg Thieme Verlag Stuttgart S. 3 – 43, 1971b

Lexikon der Philosophie, begründet von *Heinrich Schmidt*, Ex Libris Zürich, 1974

Lévy-Strauss, Jacques: Strukturale Anthropologie. Suhrkamp, 1969

Lewin, Kurt: Feldtheorie in den Sozialwissenschaften. Huber Bern, 1963

Piaget, Jean: La psychologie de l'intelligence. Neuchâtel, 1947

Plessner, Helmut: Zum Situationsverständnis gegenwärtiger Philosophie. Einleitung zum Fischer-Taschenbuch-Lexikon A-Z Philosophie Ausgabe April 1965. Fischer Hamburg

Plessner, Helmut: Stufen des Organischen und der Mensch. Berlin, 1928

Roth, Hans: Pädagogische Anthropologie Bd. 1 & 2 Schrödel Verlag, 1966 / 1971

Schiller, Friedrich: Briefe über die ästhetische Erziehung, 1975

Seiffert, Helmut: Information über die Information. C. H. Beck München, 1968

Seiffert, Helmut: Einführung in die Wissenschaftstheorie I. C. H. Beck München, 1969a

Seiffert, Helmut: Einführung in die Wissenschaftstheorie II. C. H. Beck München, 1969b

Teilhard de Chardin, Pierre: Die Mystik der Wissenschaft. In ders.: Die menschliche Energie. Ex Libris 1966; S. 220 - 244

Teilhard de Chardin, Pierre: Der Mensch im Kosmos. H. Beck München, 1959

Tschuschke, Volker et al.: Zwischen Konfusion und Makulatur. Vanderhoeck & Ruprecht, 1997

Toman, Walter: Familienkonstellationen; ihr Einfluss auf den Menschen und seine sozialen Erfahrungen C.H.Beck. München, 1974

2.2 Frühe „Intuitive elterliche Didaktik" als Grundlage für das spätere Lernverhalten des Kindes? – Lerntherapie im Licht von neuen Erkenntnissen der Säuglingsforschung

Nitza Katz-Bernstein

2.2.1 Einleitung

Es ginge zu weit, wollte man in einem Buchbeitrag Lernstrategien umfassend erarbeiten, die der Komplexität, dem Umfang und der Vielfalt der in den letzten Jahrzehnten expandierenden Säuglingsforschung und Entwicklungspsychologie gerecht werden. Ich werde in diesem Beitrag den umgekehrten Weg gehen und einige methodische Gestaltungsmöglichkeiten der Therapie von Lernstörungen aufgreifen, die ich in meiner praktischen Arbeit entwickelt habe und die sich auch in meiner ausbildnerischen und supervisorischen Praxis bewährt haben. Ich bin überzeugt, dass sich deren Kompatibilität und Entsprechung mit neuen Erkenntnissen in der Säuglingsforschung und der Entwicklungspsychologie zeigen wird. Doch meine Intention in diesem Beitrag reicht weiter, als nur die entsprechenden Theorien aufzuzeigen und mit den Interventionen zu verknüpfen. Es geht mir darum, einen Beitrag über die Umsetzung der theoretischen Konzepte in die Praxis der Lerntherapie zu leisten. Die Auswahl der hier vorliegenden Theorien ist persönlich-individuell geprägt und hat keinen Anspruch auf Vollständigkeit. Die Theorien, die ich hier vorstelle, halfen mir meine eigenen Interventionen oder die meiner Supervisanden besser zu verstehen, einzuordnen und zu vertiefen. Ich habe mir die hier vorgestellten Ansätze mit grosser Motivation, ja mit Begeisterung angeeignet, da sie gemachte Erfahrungen zu strukturieren vermochten und neue Verknüpfungen zuliessen. Besonders hilfreich waren die neuen theoretischen Verknüpfungen zwischen kognitiven und affektiven Kompetenzen.

Ich möchte mit diesem Beitrag auch die Motivation solcher Fachpersonen zum Lesen ansprechen, die eher auf der Suche nach handfesten, praktischen Erkenntnissen sind und eventuell trockenen, abstrakten Theorien skeptisch gegenüber stehen.

2.2.2 Einige Facetten von Lernen   Kognition, Affekt, Motivation und Interaktion

Folgende Annahmen dieser Forschungen sollen hier aufgegriffen und durch Beispiele aus der Praxis aufgezeigt und gestützt werden.

Lernen ist zunächst ein interaktiver, dyadisch-dialogischer Prozess, der seitens der Bezugsperson mittels einer „intuitiven Elterlichen Didaktik" (*Papousek / Papousek* 1987), „entwicklungsproximal" an den jeweiligen angeborenen, veranlagten und erworbenen Fähigkeiten und Möglichkeiten des Kindes ansetzt, sie erweitert, ausdifferenziert und verfeinert (*Bruner* 1986, *Bruner / Lucariello 1989, Stern* 1992). Seitens des Kindes ist das Lernen durch das angeborene Erkundungs- und Strukturierungsverhalten und durch das sich allmählich manifestierende Bedürfnis nach Eigenwirksamkeit gesichert.

Die erworbenen, zunächst konkret erlebten, dyadischen Lernstrategien erfahren eine Triangulierung durch Umwelterfahrungen, über die es mit den Bezugspersonen zu kommunizieren lernt. Dadurch erhält die Umwelterfahrung einen sozialen, kommunikativen Sinn (*Bruner* 1986, *Bruner / Lucariello 1989, Zollinger* 1988). Es entsteht allmählich ein in sich geschlossener, narrativ-symbolisch-besetzter Identitätsraum (*vergl. Wygotsky 1964, Winnicott 1986, Stern* 1992). Durch Symbolspiele verbindet das Kind generative und episodische Ereignisse und konstruiert sie um seinen Selbstkern zu einer autobiographischen Identität (*Nelson* 1989, 1993).

Die verinnerlichten, interaktiven Lernstrukturen sind motivational stark geprägt. Kognition und Affekte sind stärker untereinander vernetzt und verwoben als bisher angenommen. Neurologische (*Damasio* 1997, *Rosenfield* 1999) sowie psychisch-affektiv-kognitive Prozesse (*Holodynski 1999, Ciompi* 1994) sind zunächst stark von Bezugs- und Beziehungsmustern geprägt. Gegenseitige Organisation von Erregungszuständen prägen die Kommunikationsmuster von Kindern und ihren Bezugspersonen. Durch Beruhigungs- und Erweckungsrituale sowie durch den Erwerb von Aufschubmechanismen, deren innerer Repräsentation, Versprachlichung und Symbolisierung, wird der Zustand der Aufmerksamkeits- und Konzentrationsfähigkeit eigensteuerbar. Ein Übergang von einer interpsychischen zu einer intrapsychischen Regulation findet statt (*Holodynski 1999, 42)*. Das Kind lernt vorübergehende innere oder äußere Reize zugunsten eines Aufmerksamkeitsbogens auszuschliessen und aufzusparen. Eine Fokussierung auf einen zusammenhängenden Sachverhalt kann intentional herbeigeführt und aufrechterhalten werden. Hier tauchen Mechanismen auf, die den Erwerb der Frustrationstoleranz erkennen lassen – den Ursprung jeglichen Lernens.

Zwischen dem 3. – 6. Lebensjahr, durch Rollenumkehr, Internalisierung von sozialen Rollen und die sich entwickelnde Reflexionsfähigkeit, wächst die Fähigkeit zur Empathie, die Gefühle von Scham, Schuld und Stolz regulieren den sozialen Umgang *(Holodinsky 1999)* – können zugleich auch ein negatives Selbstbild fixieren und entsprechende innere Einstellungen zu der eigenen Lernfähigkeit konstituieren. Externe Zuschreibungen verstärken die sich bewahrheiteten Prophezeihungen – das Kind wird lerngestört, oder lernbehindert.[1]

Als Beispiel für eine neue Kernerkenntnis über die Verknüpfung von Emotion und Kognition werde ich die „Affektlogik"-Theorie von *Ciompi* ausführen und erläutern.

Bei den Fallbeispielen wird es sich um kategoriell-erfassbare und beschreibbare Lernstrategien in Verbindung mit qualitativen Einstellungen und Ausgestaltungen des therapeutischen Rahmens und der therapeutischen Beziehung handeln. Damit die Theorien und die Verknüpfungen auch verständlich werden und auch damit Praktikerinnen und Praktiker den Qualitäts- und Gestaltungsanspruch, der hinter den Ausführungen steht, nachvollziehen können, werde ich sie durch jeweilige Beispiele aus der Praxis bildhaft konkretisieren.

2.2.3   Ein kleiner Exkurs: Was wirkt in der Therapie?

Seit der Aktualität der Frage nach Wirkfaktoren in der Psychotherapie, löst sich das Festhalten an Schulzugehörigkeit zugunsten von integrativen Konzepten allmählich auf. Auch in der Heil- und Sonderpädagogik sind ähnliche Prozesse im Gange. Verhaltensmodifikatorische Strategien, Desensibilisierung und Entspannung, werden mit Elemen-

---

[1] Es soll vermerkt werden, dass hier lediglich die kognitiv-affektiven Vorgänge beschrieben werden. Dies bedeutet jedoch nicht, dass kognitive Defizite und/oder zentrale, hirnorganisch-bedingte Störungen nicht die Lernstörungen und -behinderung mitverursachen können.

ten der Bewegungs- und Körpertherapien, mit kreativen Medien, Kunst- und Bibliotherapie, sowie mit dem Einbezug von Übertragungs- und Gegenübertragungsphänomenen kombiniert. Salutogenetische Einstellungen (*Antonovsky 1979*) leben (mehr oder minder in Frieden) mit (entwicklungs-) psychopathologischen diagnostischen Erhebungsmethoden. Vom gegenseitigen Aufbrechen der Schulen zugunsten einer Befruchtung der Methodenvielfalt können Kinder in Therapie und Förderunterricht heute profitieren. Es wurde möglich, individueller, gezielter und differenzierter vorzugehen. Das Problem, das sich dabei neu stellt, ist, *wie* diese Kombination zu einem stimmigen Ganzen, im Gegensatz zu einem willkürlich-additiven Vorgehen, zu leisten ist.

Zur Illustrierung der Wirkfaktoren in der Psychotherapie:

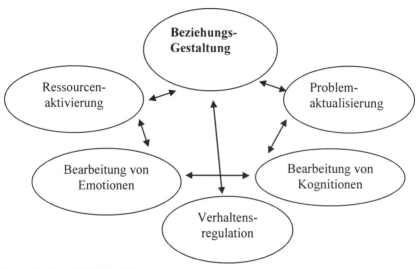

(*Czogalik, D.,* 1990, 7 – 20)

Dieses Modell lässt sich auch auf die Therapie von lerngestörten Kindern übertragen. Ein Unterschied soll noch genannt werden, der bei der Übertragung auf Kinderpsychotherapie und auch bei sonderpädagogischen Massnahmen noch zu berücksichtigen ist. Es handelt sich um die systemische Dimension, die für die Kindertherapie unverzichtbar ist. Sie besagt, dass jegliche Kindertherapie ein Agieren zwischen Systemen und sozialen Kontexten ist (*Zaepfel, Metzmacher* 1999) und entsprechend auch ihre Wirksamkeit erst dann zur Geltung kommen kann, wenn auch mit Eltern, Schulen und betroffenen Institutionen koordiniert, interveniert und zusammengearbeitet wird (vergl. *Katz-Bernstein* 1998, 2000). Man könnte sie fast als eine übergeordnete Ebene der Arbeit mit Kindern ansehen[2].

---

[2] Das heisst nicht, dass es in jedem Fall familientherapeutischer Interventionen bedarf. Systemisch-orientierte, kinderzentrierte Interventionen sind oft auch dort realisierbar und fruchtbar, wo die aktive Mitarbeit des gesamten Systems nicht möglich ist (*Katz-Bernstein* 2000).

In diesem Beitrag wird vor allem gezeigt, wie der zentrale, vor allem qualitative Wirkfaktor „Beziehungsgestaltung" mit „Ressourcenaktivierung" (in diesem Beitrag als Eigenwirksamkeit" verstanden), „Verhaltensregulierung" , „Bearbeitung von Emotionen" und „Bearbeitung von Kognitionen" („Reframing") zu vereinbaren ist. Wobei hier die Wechselwirkung und Untrennbarkeit von kognitiven und emotionalen Faktoren im folgenden Kapitel besprochen wird. Wie schon erwähnt, wird der zentrale Wirkfaktor „Beziehungsgestaltung" eine besondere Berücksichtigung erfahren, da er hier, wie auch bei *Czogalik* (1990), als Rahmen für jegliche therapeutische Intervention angesehen wird.

2.2.4   Das Lernen und die „Affektlogik"

> *„Die Motivationsbefriedigung des Menschen ist kein individueller Akt, sondern in das Netzwerk sozialer Beziehungen eigebunden"*
> *(Holodynski / Friedlmeier 1999, 22)*

Die Affektlogik ist ein Begriff von *L. Ciompi* (1994), den er im alltäglich-klinischen Kontext entwickelt hatte. Es handelt sich um die Einsicht, dass das Lernen immer dort stattfinden kann, wo Störungen und Irritationen bewältigt werden wollen. Laut *Ciompi* bilden „Invarianz-Erfahrungen" einen sicheren Rahmen, den Erregungen zu Beruhigung zu verhelfen. Diese Erfahrungen ermöglichen auch die Stabilisierung des Hintergrundwissens über Abläufe, Anordnungen und Kausalitätsketten; sie bieten jedoch keinen neuen Lernanlass. Erst die „Varianzerfahrung", die Erfahrung, die vom Bekannten abweicht und nicht einzuordnen ist, erzeugt die nötige „Unruhe" und Erregung, fordert zur Bewältigung und Aufhebung der „Varianz" auf und löst dadurch einen Lernprozess aus. Es müssen neue, übergeordnete Kategorien und Verbindungen geschaffen werden, um das Bekannte mit dem Unbekannten in ein Verhältnis zueinander zu bringen und miteinander zu verbinden. Daraus differenzieren sich neue Denkstrukturen aus, abstrahieren sich neue, kausale Zusammenhänge, bilden sich logische Denkketten und entwikkeln sich erweiterte Schlüsse. So, laut *Ciompi*, entsteht Denken, Abstraktion und Intelligenz (1994). Lernen heißt demzufolge Überwindung von erregenden Störungen der bestehenden Ordnung zugunsten einer erweiterten Integration. Das Neue durchbricht die bekannte und erworbene Systematik des Sachverhaltes, das neuentdeckte Phänomen muss konstruktiv eingebunden werden und verlangt eine neue, übergeordnete und abstraktere Systematik. Wichtig ist dabei, dass die Verwandtschaft und die Nähe des Neuen zum Alten durch Hinweise und Symbolik hinreichend sichtbar gemacht wird, so dass die Entdeckungslust, das Erfolgsversprechen und die Motivation, die kognitiv-affektive Anstrengung auf sich zu nehmen, aufrecht erhalten bleibt. Wenn wir die Entsprechungen im Verhalten von Bezugspersonen zu ihren Säuglingen und Vorschulkindern suchen, so kann festgestellt werden, dass Mütter (und auch Väter) ihre Kinder immer provozieren, anspornen, „foppen" und mit den Grenzen der Frustration und der Lernfähigkeiten der Kinder spielen (*Papousek* 1994, *Dornes* 1997).

Beispiel 1

Erst seit drei Tagen zeigt Klein-Noemi (6 Wochen alt) vage Greifbewegungen nach dem über ihrem Bettchen hängenden Spielzeugfisch. Die Mutter ist ein wenig unsicher: Sind die Berührungen, und das dadurch ausgelöste Klingen im Fischinneren, von Noemi intendiert oder zufällig? Am dritten Tag hängt die Mutter den Fisch akkurat in einer Höhe auf, die von Noemi kaum mehrmals hintereinander nur zufällig erreicht werden kann. Nach einigen deutlichen, etwa zehn Minuten dauernden Koordinationsbemühungen von Noemi, wiederholt sich der Effekt. Die Intention dahinter wird, zu Mutters Freude und Stolz, offensichtlich, was sie mit freudiger Stimme Noemi mitteilt und zu sichtbarer vergnügter Reaktion seitens von Noemi führt. Allerdings ist Noemi so erregt, dass sie danach vor dem Einschlafen lange schreit und schwer zu beruhigen ist.

Beispiel 2

Der Vater von Jonas verkündet seinem ängstlichen, ein wenig wehleidigen, fünf Jahre alten Sohn, ihm das Radfahren ohne Stützrädchen beizubringen. Jonas schreit, protestiert, lehnt ab. Es ist ersichtlich, dass Jonas große Angst davor hat. Nach langem Zureden handelt der Vater mit Jonas aus, dass er heute das Fahrrad von hinten halten würde und erst später würden sie den Versuch machen, ohne Stützräder und ohne väterlichen Halt zu fahren. Der Vater rennt hinterher, bläut Jonas ein, was er alles dann beim nächsten Mal beachten könnte, damit es auch gelänge: dass er geradeaus und in die Ferne schauen müsse, dass das Rad alleine sein Gleichgewicht finden könne, dass das Fahrrad fähig sei, seinem Fahrer mitzuteilen, wann es zu kippen drohe und dass es seine Fahrt alleine zu korrigieren vermöge, wenn man ihm nur ein wenig zuhöre, usw. Irgendwann, als Jonas freier, sicherer und völlig auf das Vorwärtsfahren konzentriert ist, lässt der Vater los. Jonas merkt die selbständige Fahrt eine längere Strecke nicht. Als er es bemerkt und nach hinten schaut, stürzt er prompt zu Boden und verletzt sich leicht an Arm und Knie. Er weint und bezichtigt den Vater, an seinem „Elend" schuldig zu sein. Der Vater nimmt Jonas mit Bestimmtheit und Ernsthaftigkeit zu sich, beteuert, dass ohne Stürze und ein wenig Schmerzen noch keiner Radfahren gelernt hätte. Jonas sei da nicht anders als alle anderen Kinder, wegen so etwas würden größere Kinder, die so toll wie Jonas vorhin schon Radfahren können, sicher nicht mehr zu lange „heulen". Wenn Jonas bereit sei, wie ein großes Kind ein paar kleine Verletzungen hinzunehmen, dann bleibe ja nichts anderes übrig, als ihm ganz groß zu gratulieren, da er heute schon eine längere Strecke seines Könnens bewiesen habe!

Auf dem Weg nach Hause schwankt Jonas immer noch zwischen Schreck und Stolz. Darauf sagt der Vater: „Wir haben zwei Möglichkeiten: Entweder Mutter und Monika (die ältere Schwester) die Schrammen zu zeigen und zu erzählen, was für ein armer Junge du bist. Allerdings wäre dies nur ein ganz kleiner Teil der Wahrheit, denn wie toll du schon gefahren bist, würden wir dann nicht mehr richtig erzählen können. Oder aber wir erzählen zuerst, was du heute schon vollbracht hast und wenn du magst, danach auch über diese Schrammen. Das wäre schon eher die Wahrheit. Wir dürfen auch die Schrammen verheimlichen, sie sind wirklich nicht schlimm, sie könnten unser Geheimnis bleiben". Am Nachmittag desselben Tages fährt Jonas schon selbständig Rad, lässt sich von kleinen Stürzen nicht mehr abhalten.

Bei beiden Beispielen wird es deutlich, wie der Lernzuwachs einer „Affektlogik" folgt. Folgende Merkmale und Qualitäten hat der Lernprozess:

- eine sensorisch-motorische oder kognitive Leistung wird erwartet
- sie beinhaltet eine Überwindung des Bekannten
- eine starke motivationale Erregung („Angstlust" - *Balint* 1956) begleitet sie

- eine positive „Unterstellung" seitens einer Bezugsperson über das zukünftige Gelingen findet statt
- eine „entwicklungsproximale Einstimmung" von Anforderung und Möglichkeit des Entwicklungsschrittes wird berücksichtigt
- eine hinreichende Balance zwischen Aufforderung und Verheißung der Bewältigung durch Eigenwirksamkeit sorgt für eine Motivationsspanne (*Lichtenberg* 1988)
- bei großer Angst und Erregung findet ein „Reframing" statt, eine positive Umdeutung der Angst und eine Unterstellung deren baldiger Überwindung (Beispiel 2).

Bei lerngestörten Kindern findet man oft entmutigte Kinder, bei denen folgende Fixierung der Lernprozesse stattgefunden hat:
- Die sensorisch-motorische oder kognitive Leistung wird oft nicht verstanden oder wahrgenommen, da keine Motivation und Herausforderung verspürt wird, zuzuhören und sich mit der Aufgabe zu identifizieren bzw. sich ihr zu stellen.
- Es findet ein Festklammern an das Bekannte statt.
- Es stellt sich keine zugewandte motivationale Erregung ein, sondern eher Unlust, Widerstand, Wut, Ohnmacht oder Rückzug.
- Ein Idealbild und ein Endziel, die den eigenen Fähigkeiten nicht entsprechen, stehen beim Kind als erwünschtes Resultat vor Augen,
- Die Aufgabe kann nicht in Teilschritten gesehen und ausdifferenziert werden. Es entsteht keine allmähliche Annäherung zum Ziel, dadurch steigt die Versagungsangst.
- Die Angst erzeugt „Angst vor der Angst", sie wird gemieden, es kann keine Relativierung der Angst durch „Reframing" (neue Sinngebung, Umdeutung) als innere kognitiv-affektive Arbeitsstrategie stattfinden.
- Das Geschehen wird nicht als ein solches angesehen, das die eigene Person und die eigene Lebensgeschichte betrifft, betreffen kann oder gar bereichern könnte. Das „episodische Gedächtnis" (*Nelson* 1993) nimmt das Geschehen unspezifisch und flach wahr, es kann sich keine neugierige Erregung bilden. Das Geschehen, das „Narrativ", ist nicht ausgeprägt, verbindet und verdichtet sich nur fragmentarisch, mangelhaft oder gar nicht zu einer erzählwürdigen, erzählbaren Geschichte (vergl. *Quathoff* 1987).
- Die Zweifel und die Unlust des Kindes „stecken an" (Gegenübertragung, „Attunement", Resonanz). Beim Gegenüber tauchen Zweifel über die Fähigkeiten des Kindes auf, die Aufgabe zu lösen. Das erwachsene Gegenüber sucht Erklärungen, „Etiketten" oder „Schuldige" an dem Zustand, oder aber er stellt seine eigene Fähigkeit als Erziehender und Lehrender in Frage, gerät in Ohnmacht und Wut. Ein Zuschreibe- und Stigmatisierungsprozess sind die Folge.

Mit rein kognitiven Schematas kann der Teufelskreis schwer durchbrochen werden. Ein Fokus der Bemühungen Richtung Konstituierung eines „affektlogischen" Rahmens des Lernens wird notwendig sein.

2.2.5 Einige Prinzipien der Lerntherapie und ihre Konkretisierung

In der Folge werde ich einige Prinzipien formulieren, die relevant für die oben erwähnten theoretischen Überlegungen sind. Zu jedem dieser Prinzipien wird ein Fall aufgegriffen, das Vorgehen beschrieben und das jeweilige Prinzip veranschaulicht.

2.2.5.1 *Die Aufgabe, die erwartet wird, muss motivational und affektlogisch als Ansporn in der Beziehung zwischen Therapeut und Kind eingebettet sein.*

Beispiel 3

Tanja, ein elf Jahre altes Mädchen mit Lernstörungen, ist ein Kind aus einer geschiedenen Ehe, bei der die Mutter zwei Jahre zuvor die Familie verlassen hatte. Tanja lebt seit zwei Jahren in einem Heim. Sie vermisst offensichtlich die Familie. Wenn sie von den Besuchen bei ihrem Vater, der im Ausland lebt, zurückkommt, erzählt sie Geschichten, die nicht wahrheitsgetreu sind; wie toll es bei ihrem Vater war, wie reich er sei, welche Freundinnen sie dort hat und was für ein Schlaraffenland sie dort immer erwartet. Die Therapeutin ist verlegen; soll sie die Geschichten unterbinden, als Lüge entlarven, ignorieren? Wie soll sie das Bedürfnis des Mädchens die Geschichten zu erzählen, stoppen und „endlich" zur „eigentlichen" Lerntherapie motivieren? In der Supervisionsgruppe für Lerntherapeutinnen wird besprochen, wie wichtig die phantastische „Nebenrealität" als Kompensation für Tanja ist (*Lempp* 1991), und wie die Kreativität als Lernmotivation bei diesen Geschichten verborgen ist. Die Therapeutin befürchtet jedoch eine Flucht aus der Realität in eine unrealistische Welt. Es wird in der Gruppe als Lösung erarbeitet, dass die Therapeutin für Tanja ein „Märchenheft" errichten soll. Der Titel der Geschichten soll in Richtung „Tinas Reisen nach Spanien" oder „Das Mädchen und ihre Freundinnen im fernen Spanien" zielen. Tanja könnte, da das alleinige Aufschreiben der Geschichte überfordernd wäre, die Geschichten diktieren und dazu Bilder in Comics-Form malen. Die vorgesehenen Lese- und Schreibübungen könnten eine allmähliche Übernahme von Schreib- und Vorlesefunktionen aus dem selbst gestalteten Buch sein.

Drei Monate später erzählt die Therapeutin über den Erfolg des Märchenheftes, wie Tanja die Verfremdung des eigenen Namens in „Tina" sofort annahm, mit welcher Hingabe und Motivation sie das Heft führe. Erstaunt ist die Therapeutin darüber, dass in der Weiterentwicklung der Geschichten Tanja über Frustrationen und Einsamkeit bei den Besuchen beim Vater zu erzählen beginne und dadurch eine Annäherung zur Realität stattfinde, die sie wiederum auf diesem Weg der „Nebenrealität" verarbeite.

2.2.5.2 *Der „Sprung ins Wasser", die Überwindung des Alten muss stattfinden, um das Umklammern aufzulösen.*

Ein Kind kann oft seine Angst nicht von alleine überwinden. Ganz besonders dann nicht, wenn die Angst oder Verzweiflung des Versagens groß geworden sind. Es braucht eine von außen herangetragene „Unterstellung", dass es die gewünschte Handlung bewältigen kann, dass es für sie machbar ist und ganz normal sei. Teilschritte müssen aufgezeigt werden, um ein gewisses Maß an Ohnmachts- und Versagensgefühlen auszuhalten. Eine weitere Hilfe um die bedrohlichen Gefühle auszuhalten, sind die sich wiederholenden Erfahrungen, der Unterstützung durch den Therapeuten sicher zu sein. Ein „entwicklungsproximaler" Plan muss ersichtlich sein und die einzelnen Teilschritte mit dem Kind ausgehandelt werden. Ein therapeutisches Verbünden mit einer, wenn auch sehr „leisen", kindlichen Motivation, zur Probe den Sprung ins Wasser zu wagen, noch an der haltenden Hand des Erwachsenen als „rettendes Netz darunter", ist uner-lässlich.

Beispiel 4

Stefan, verzögert in seiner Lese- und Rechtschreibefähigkeit (3. Klasse), meldet sich nie, um in der Schule an die Tafel zu schreiben. Er träumt beim Unterricht oft vor sich hin. Bei direkten Aufforderungen des Lehrers weigert er sich, nach vorne zu kommen. Zu „gemein", so sein Be-richt, sei die Erinnerung an Situationen in der ersten und zweiten Klasse, an der er Wörter falsch hingeschrieben hätte und Ziel des Spotts der Kinder geworden sei. Die Lehrerin hätte ihn dabei niemals unterstützt. Zwar sei der neue Lehrer netter und bedränge ihn nicht; er wage es trotzdem nicht, an die Tafel zu schreiben. Die Therapeutin fragt Stefan, ob er interessiert daran sei, diese Angst, die ihn stört, zu überwinden, wenn sie ihrerseits ihm verspreche aufzupassen, dass er keine Sachen tun müsse, die ihm peinlich oder unerträglich seien. Ein wenig Mut bräuchte er dabei schon, um die Angst zu überwinden. Doch diesen Mut habe er offensichtlich, da er trotz Scham an der Tafel mit den Kindern in der Pause Fußball spiele und gute Freunde habe und sie zu ge-winnen wisse (dazu muss gesagt werden, dass es oft wechselnde Freunde sind, die wie er schwach in der Schule sind und den Unterricht oft stören). Stefan stimmt ein wenig zaghaft, jedoch ver-wundert und neugierig zu.

Die Therapeutin schlägt darauf Stefan folgenden Plan vor: Zunächst noch andere Funktionen, außer Wörter, die er problemlos an die Tafel schreiben würde, wie Malen, grafische Formen und Zahlen aufzuzählen. Die Therapeutin schlägt Stefan ein Rollenspiel vor. Sie spielt die Lehrerin, Stefan den Schüler an der Tafel. Als erstes wird er aufgefordert, einen Vogel an die Tafel zu malen (was er besonders gut kann). Stefan gewinnt Spaß am Malen und zeichnet eine schöne Szene an die Tafel, in der man Stefan sieht, wie er seinen Wellensittich füttert.

In der Stunde darauf wird eine Liste mit drei „Abteilungen" an der Tafel erstellt, „bombensiche-re" Wörter, unsichere Wörter und falsche Wörter werden unterteilt. Stefan wird aufgefordert, eine kleine Begebenheit mit seinem Wellensittich, über die er zuvor berichtet hatte, aufzuschreiben; bei jedem Wort müsse er sich entscheiden, in welche Spalte es komme. Wenn er unsicher sei, ob das Wort stimme, käme das Wort in die mittlere Spalte. Worte, die seiner Meinung nach ganz sicher falsch sein müssten kämen in die letzte Reihe. Wenn es sich herausstellen sollte, dass sie dennoch richtig seien, müssten sie in die erste Spalte wandern und es müsse eine falsche Version erfunden werden!

bombensicher	unsicher	garantiert falsch
Am		amm
Morgen		morken
gebe		geebe
ich		ish
Koko		Gogoo
Körner		Gorne
und		unt
wechsle		wekslee
das		dahs
Wasser		wahser

Tabelle zu Beispiel 4: „Falsche und bombensichere Wörter", das Spiel von Stefan und der Therapeutin.

Abgemacht sei, die Therapeutin sei für die erste Spalte verantwortlich. Sie habe sie zu überwachen, um sicher zu stellen, dass alle Wörter, die dort geschrieben werden, auch richtig seien. Stefan sei für die letzte Spalte verantwortlich und habe sicher zu stellen, dass nur neu erfundene Wörter, die es nicht gäbe, dort geschrieben würden. Die erste und letzte Spalte müssten immer ausgefüllt sein, die mittlere würde am Schluss leer bleiben. Stefan gewinnt beim Spiel viel Spaß, ganz besonderes Vergnügen macht es ihm, falsche Versionen für richtige Wörter zu „erfinden". Dieses Spiel dauert einige Wochen. Das Spiel wird in einer späteren Phase auf dem Computer wiederholt. Ein gängiges Rechtschreibprogramm (Word 1997) soll anzeigen, ob auch alle Wörter in der „bombensicheren" Spalte unmarkiert, in der „garantiert falschen" Spalte auch alle markiert werden. Dies bereitet Stefan noch mehr Vergnügen und verleitet ihn zur weiteren Produktion und *Überprüfung* von Fehlern. Er bekommt auch Ideen, wie er künftig seine Hausaufgaben allein zuhause auf dem Computer überprüfen könnte.

Am Schluss der sechsten Stunde „unterstellt" die Therapeutin Stefan, dass sie denke, dass das Problem mit dem Aufschreiben an die Tafel in der Schule möglicherweise von alleine verschwunden oder aber kleiner geworden sein müsste, und dass Stefan sehr bald über sich selbst staunen würde, wie er ganz normal wie alle anderen Kinder dabei Fehler riskieren würde. Als „Hausaufgabe" für die Therapie solle er beobachten, an welchen Stellen des Unterrichts er Lust verspüre, Zahlen, grafische Darstellungen oder „bombensichere" Wörter aufzuschreiben und ihr darüber, als ein gemeinsames Geheimnis, berichten. Dazu kommt es nicht – Stefan fängt eines Tages an (etwa nach vier Monaten), sich in der Schule zu melden und an die Tafel zu schreiben, fast so, als ob es für ihn selbstverständlich sei.

2.2.5.3 *Der Angstpegel des Versagens muss durch kleinste Schritte der Progression gelockert und allmählich aufgelöst werden.*

Beispiel 5

Pasqualina ist ein 10 Jahre altes, zweisprachiges und selektiv-mutistisches Mädchen. Sie hat eine Rechtschreibeschwäche und einen mehr oder weniger ausgeprägten Dysgrammatismus. Sie ist kränklich und will oft nicht in die Schule.

Sie weigert sich, in der Schule Diktate zu schreiben und klagt oft über Kopf- und Bauchweh. Sie wird an die in der Schule arbeitende Logopädin verwiesen. Bald zeigt es sich, dass sie auch in der dyadischen Situation des Einzelunterrichts ausser „ja" und „nein" kaum spricht, keinerlei Eigeninitiative zeigt und auf die Aufforderung, etwas im Zimmer zu suchen, was sie interessieren könnte, scheu und verschlossen reagiert.

„Das macht nichts, viele Kinder wissen hier zunächst nicht, womit sie spielen wollen. Das finden wir bald heraus", sagt die Therapeutin. Sie schlägt vor, zunächst eine schön gestaltete Ecke zu bauen, wo beide Geschichten erzählen und vielleicht auch lustige Kasperle-Theaterstücke erfinden und spielen könnten.

„Was könnten wir dafür brauchen?", fragt die Therapeutin und wartet, vermeintlich suchend und nachdenkend ein klein wenig ab. Pasqualinas Augen wandern im Zimmer herum auf der Suche nach geeigneten Gegenständen und halten bei den Türen des verschlossenen Schrankes. „Komm, wir holen alles aus dem Schrank heraus, was wir dazu gebrauchen können" (vergl. „Safe-Place", *Katz-Bernstein* 1996).

Pasqualina ist bereits in einen Prozess des „gemeinsamen Gestaltens" (*Katz-Bernstein* 1992) eingebunden. Gemeinsam bauen sie einen „Safe-Place". Gemeinsam erzählen sie „Lügengeschichten" (ebd. 1992) und haben Spass dabei. Auf diese Weise erfährt Pasqualina zunächst eine Periode der eigenen Wirksamkeit und Kreativität in einer Zweiersituation. Sie fängt an, gesprächiger, gelöster, aktiver und interessierter zu werden. Beim späteren „Geographie-Spiel" schreibt sie Namen von Städten, Ländern, Berufen, Tieren, Esswaren, Pflanzen usw. auf und liest sie vor. In der achten Stunde sagt die Therapeutin:

„So, Pasqualina, du hast so schöne Fortschritte bei mir gemacht. Keiner ausser dir und mir weiss es. Hättest du nicht Lust, dass die Lehrerin und die Schüler in der Schule die Pasqualina kennenlernen, die ich kennenlernen konnte? Ich glaube, die wenigsten wissen, wieviel Spass es macht, mit dieser Pasqualina Geschichten zu erzählen und beim Geographie-Spiel zu schreiben und zu lesen. Die wenigsten wissen, wie fröhlich sie sein kann, so dass man sich richtig auf die Zeit mit ihr freuen kann".

Sie fährt fort: „Ich weiss, die ersten Schritte werden vielleicht nicht so ganz leicht sein. Aber ich habe gesehen, wie mutig du sein kannst."

Pasqualina reagiert zunächst völlig verschüchtert und erstarrt, wie bei der ersten Stunde.

„Siehst du, sicher spürst du jetzt, dass es nicht so ganz leicht sein wird. Vielleicht musst du dich an den Gedanken auch erst gewöhnen. Aber deswegen geben wir nicht auf. Es ist doch noch viel schlimmer, jeden Tag in die Schule gehen zu müssen, ohne dass man Freude hat. Du überlegst dir alles in aller Ruhe zuhause. Für das nächste Mal bringe ich dir einen Plan mit, wie wir es anpakken könnten. Dann kannst du schauen, worum es geht. Erst dann entscheidest du."

Bei der nachfolgenden Stunde bringt die Therapeutin einen Entwurf eines „Desensibilisierungsplans" mit, der das Sprechen und die Beteiligung in der Schule regeln soll. Der Plan wird in Details diskutiert und neu gestaltet. Einige Elemente daraus:

Situationen aufspüren, wo man ein wenig Lust hätte, mitzumachen, und solche, wo überhaupt keine Lust dazu verspürt wird. Die Situationen werden aufgelistet und in den entsprechenden Kästchen ein Kreuz gemacht

O vielleicht ja   O noch unentschieden   O eher nicht

Anpacken der Hausaufgaben: Jede Aufgabe wird zunächst angeschaut, in Teilaufgaben aufgeteilt. darauf   wird entschieden:

Teil 1: O ich kann die Aufgabe alleine lösen   O bei.................. könnte ich Hilfe brauchen, ...könnte mir dabei helfen.

Teil 2 : O ich kann die Aufgabe alleine lösen   O bei.................. könnte ich Hilfe brauchen, ...könnte mir dabei helfen.

usw.

Ausmalmöglichkeiten, Verzierungen und Comics (was sie besonders gut kann und gerne macht) zu den Aufgaben ausdenken und in die Therapiestunde mitbringen. Im Voraus aufschreiben:

O ich habe eine Idee   O für .... brauche ich noch eine Idee

---

Eine Liste von Schulkameradinnen und –kameraden erstellen. Sich ausdenken, ob man sich vorstellen könnte, diese Kameradin oder Kameraden hierher einzuladen. Neben den Namen vermerken.

....O könnte man einladen   O noch nicht einladen
        O eher nicht einladen.

---

usw.

Am Schluss der Stunde fragt die Therapeutin:

„ Machst du mit? Wenn ja, könnten wir das nächste Mal weiter an dem Plan arbeiten. Vielleicht hast du aber schon für das nächste Mal Lust, an der ersten Aufgabe zu arbeiten und eine oder zwei

Situationen dir schon vorzumerken. Wir würden sie hier gemeinsam aufschreiben und du wirst an der richtigen Stelle ein Kreuz aufzeichnen. Das wird „Versuchsphase I" sein. Wir machen im ganzen drei solche, und beim dritten Mal wärest du bereit in der Schule einiges zu versuchen". Beim Weggehen nimmt Pasqualina den auf dem Tisch liegenden Plan wortlos mit.

Der Effekt zeigt sich in der Schule noch bevor die „Versuchsphasen" abgeschlossen sind. Die „Desensibilisierung" hat durch dieses Vorgehen so weit stattgefunden, dass Pasqualina, so berichtet der Lehrer, viel wacher, freundlicher, offener und interessierter sei. Ja, sie fange an mit Banknachbarinnen zu tuscheln, zu kichern und fast den Unterricht zu stören...Der Lehrer gibt (nach Absprache mit der Therapeutin) Pasqualina und einer zweiten Schülerin die Aufgabe, Plakate für neue Verben und Satzstellungen zu entwerfen, und diese durch Verzierungen und Comics zu veranschaulichen.

2.2.5.4 Eine therapeutische Begleitung eines Kindes mit Lernstörungen ist immer als ein „dialogischer Raum" (Herzka et al. 1999) zu verstehen, als eine Gratwanderung zwischen Struktur, Rahmen und Regeln und einem freien Gestaltungsraum, der ständig auszuhandeln ist. (vergl. Katz-Bernstein, 1998)

Dazu eine Sequenz aus einer Supervisionsgruppe.

Beispiel 6

Matthias, 12 Jahre alt, der unter seiner starken Rechtschreibeschwäche leidet und bei Aufsätzen „nie weiss, was man schreiben könnte", lenkt während der Förderstunden immer von der „eigentlichen" Arbeit ab. Das eingangs eingeführte, freie Symbolspiel, wo Mathias im Sandkasten mächtige Schlachten gegen „fremde Lager" führt, die sein eigenes Lager bedrohen, und die er systematisch alle „abknallt", dominiert die Stunde. Das freie Spiel wurde eingeführt, um am Anfang Matthias' Motivation für die Förderstunden zu wecken. Die Therapeutin ist unentschlossen: sie befürchtet, die grosse, sich bereits eingestellte Motivation und Freude an den Förderstunden durch direkte Arbeit am Schulstoff zu zerstören. Überredungen und Abmachungen umgeht Matthias geschickt. Bei der Aufstellung der Therapiesituation in der Supervisionsgruppe stellt sich ein Gefühl der Ohnmacht und des „um den Finger gewickelt zu werden" bei der Therapeutin ein. Ungeduld, Unzufriedenheit und Wut gegen Matthias werden spürbar.

Ich frage die beobachtende Gruppe, was der Therapeutin und Matthias helfen könnte.

„Grenzen"! - „Klare Abmachungen!" -„Entschlossenheit!" kommen die Antworten. Die konkreten Ratschläge, wie die Abmachungen auszusehen hätten, unterbinde ich mit dem Hinweis: - „Wir wissen ja, dass Frau M. (die Therapeutin) eine ausgeprägte Fähigkeit hat, kreative Lösungen zu finden. Durch die Unsicherheit und Ambivalenz, ist ihr diese Fähigkeit temporär abhanden gekommen. Manchmal genügt die Klärung der Gegenübertragung um sie wieder zu gewinnen." Ich wende mich an Frau M.:" Es wäre interessant zu wissen, was jetzt in Ihnen vorgeht". Frau M. sagt darauf:

„Da ist noch etwas. Kürzlich hat der Lehrer gefragt, wie lange Matthias noch die Förderstunden brauche. Er hat mir „durch die Blume" zu verstehen gegeben, dass er von der Förderung noch nichts merke.... Das macht mir Druck".

Ich lasse sie spüren, wie der Druck sich in der Beziehung und Haltung zu Matthias auswirkt. Sie bemerkt, wie der Druck sich gegenüber, dem im Spiel versunkenen, Matthias ausbreitet, wie ungeduldig und ambivalent sie sei. Im Rollenwechsel mit dem imaginären Matthias erfährt die Therapeutin zunächst seine grosse Motivation, in die Stunden zu kommen. Sie merkt aber auch den grossen innerlichen Triumph gegenüber ihrer Unentschlossenheit. Sie merkt, wie ihre Ungeduld ihn dazu verleitet, sie durch ein Ausweichen vor strukturierten Aufgaben zu reizen und einen Widerstand zu leisten.

-„Eigentlich ist aber auch eine Sehnsucht nach Grenzen und Lenkung da, ein Wunsch, jemanden zu haben, der das „Grässliche", den Schulstoff, mit ihm anpackt", sagt sie schliesslich, „Das hätte ich nie vermutet", setzt sie verwundert hinzu.

Sie weiss jetzt genau, dass sie das „Anpacken" mit Matthias ansprechen möchte, und mit ihm Abmachungen und Verhandlungen führen will, wie die Stunde aufgeteilt werde. Sie hätte eine sehr gute Idee, wie sich aus dem Inhalt der gespielten Szenen Aufsätze machen liessen, die eigentlich sehr gute Lerninhalte darstellen würden. Sie müsse jedoch zuallererst mit dem Lehrer sprechen, um mit ihm abzustimmen, erstens, was in der Schule am dringendsten gemacht werden soll, und zweitens, um seinerseits realistischere Erwartungen an die Förderstunden zu erzielen.
Die Motivation und die „Lernhaltung" von Frau M. ist eine andere geworden. Als ich sie nach ihrer Befindlichkeit frage, sagt sie, sie fühle sich ganz motiviert und angeregt, mit Matthias weiter zu arbeiten und sie sei zuversichtlich.

In diesem Beispiel wird ersichtlich, dass oft nicht methodische Ratschläge an sich eine Hilfestellung leisten, sondern das Gewahrwerden der Übertragungen und der Gegenübertragungen, oder in anderen Worten, die Feststellung, welche non-verbale Dynamik sich in der therapeutischen Beziehung abspielt. Erst dann können Ideen entwickelt werden, wie eine solche Dynamik aufgelöst, wie ihr begegnet oder sie beantwortet werden will. Eine nicht erkannte Ambivalenz in der therapeutischen Beziehung, ein Konflikt zwischen der eigenen Intuition und dem Pflichtgefühl, dem unausgesprochenen Auftrag der Eltern oder des Lehrers, kann oft hinderlich für kreative Lösungen und für die Durchführung von vorhandenen, guten Intentionen sein. Sie führen schlussendlich zur Reduktion der Motivation beider Seiten. Das „Aushandeln" zwischen Struktur und freiem Raum beginnt demnach im inneren dialogischen Raum der Therapeutin....
Im Fall von Frau M. konnte sich im „supervisorischen Spiegel" der Gruppe eine ähnliche Dynamik entfalten. Erst als die Gruppe ihre rational-begründeten, an sich guten und richtigen Ratschläge zugunsten eines freien Entscheidungsraumes der Eigenwirksamkeit der Therapeutin zurücknehmen konnte, durfte sich die Wirkung der eigenen „Affektlogik" der Therapeutin ausbreiten. Sie konnte genauer hinschauen und sich in die bestehende Dynamik hineinversetzen und diese, durch die dazugewonnene Reflexionsebene der Supervision, auch erfassen. Dadurch wurde der Fluss der Motivation wieder hergestellt, Teillösungen und Strukturen konnten auftauchen, die zur Auflösung der Blockade und zur Weiterentwicklung der therapeutischen Situation führten. Jetzt war der Weg frei, das „Entweder-oder" des „freien Spiels" versus „ernste Arbeit" durch einen kreativen Kompromiss zu verbinden.

2.2.5.5 Das Geschehen in der Stunde und der Lernstoff muss eine Verbindung mit der eigenen Identität haben, und soll eine Lebensrelevanz haben, die zum Identitätsgefühl des Kindes beiträgt.

Katrin Nelson (1989, 1993) trug zum Verständnis bei, wie Erinnerung, Sprachverständnis und Erzählfähigkeit sich entwickeln und sich zu Narrativen Strukturen verdichten. Viele Kinder mit Lernproblemen weisen Defizite und Entwicklungslücken in dieser Beziehung auf.

Es würde hier zu weit führen, die Entwicklung der Narrativen Strukturen im Detail beleuchten zu wollen, obwohl m. E. dieses Detailwissen für die Förderung und Therapie von Kindern mit Lernstörungen von Bedeutung sein kann. Es wird hier in Kürze skizziert und auf weitere Literatur verwiesen. Aus dyadischen-dialogischen Interaktionen mit Bezugspersonen entstehen innerlich-repräsentierte Dialog- und Kommunikationsstrukturen (*Papousek / Papousek* 1987, *Papousek* 1994, *Stern* 1992). Durch referentiellen Blickkontakt lernt das Kind, seine Aufmerksamkeit auf sich bewegende und klingende Objekte zu focussieren und über sie zu kommunizieren. Dies verstärkt wiederum seine Aufmerksamkeit und sichert eine Konzentrationsspanne, die ihm mit der Zeit ermöglicht, sich wiederholende Handlungsabfolgen innerlich zu repräsentieren. Es entsteht ein **„Generisches Gedächtnis"**, ein Wissen um alltägliche Abfolgen, Begebenheiten und Handlungen. Dieses Wissen gibt dem Kind die Möglichkeit, seinen Alltag zu strukturieren, Zeit und Raumdimensionen zu bilden. Das Wissen organisiert sich zunächst um die eigenen Erlebnisse, ist sozusagen „egozentrisch" angeordnet, es fokussiert sich demnach um ein „Kernselbst". Ein weiterer Schritt der Erinnerungsorganisation gilt dem **„Episodischen Gedächtnis",** der Organisation von ausserordentlichen, herausragenden Ereignissen. Diese Gedächtnisform ist weniger kettenhaft-linear, sondern „kanonisch" angeordnet. Sie setzt voraus, dass generische Strukturen erworben wurden, ansonsten gibt es kein Hintergrundwissen, das erlaubt, das kanonischfokussierte Wissen an einen Realitätsfixpunkt anzubinden. Die Sachwelt kann sich allmählich mit der Personenwelt verbinden, bzw. mehrere Episoden, Sachverhalte und Personen können miteinander in Verbindung gebracht werden. Auf diese zwei Arten von Gedächtnisorganisationsformen stülpt sich, je komplexer die Zeit und Raumstrukturen werden, allmählich das **„Autobiographische Gedächtnis",** das Wissen über sich und seiner Identität (*Nelson* 1989, 1993). Das autobiographische Wissen ist demnach mehr als die Addition der beiden ersten Gedächtnisleistungen. Es ist eine übergeordnete Vorstellung über sich und sein Verhältnis zur Welt und bedarf bereits einer höheren kognitiven Leistung. Es schafft das komplexe Verständnis von abstrakten und symbolischen Zusammenhängen. Diese Fähigkeit bildet die Basis der **„Narrativen Strukturen",** der Fähigkeit, zusammenhängende Ereignisse und Geschichten, um die eigene Person gebündelt, zu erzählen und wiederzugeben (*Quasthoff* 19). Das Verhältnis zur Welt, deren Tiefendimension und Buntheit, wird dadurch stark geprägt. Die Sprach-, Schriftsprach- und Kommunikationsmöglichkeiten tragen bekanntlich ab dem Schulalter für das Lernverhalten, für den Erfolg bei geforderten und erwarteten Leistungen und der daraus resultierenden sozialen Integration, die Hauptverantwortung. Der Erwerb dieser Funktionen ist mit der Fähigkeit gekoppelt, sich selbst aus einer externen Position heraus betrachten zu können (Lempp 1991). Dies wird dann möglich, wenn sich die Interaktionen und deren Resultate minimiert und symbolisiert haben und damit die Wahrscheinlichkeiten der zukünftigen Situationen vorausgedacht und vorweg genommen werden können (*Holodynski* 1999).

Die Lernmotivation hängt immer mit einer Motivation zusammmen, den neuen Lerninhalt mit einem Sinn für die eigene Lebensgeschichte und –biographie zu verbinden. Dort, wo die Motivation fehlt, müssen in Förderung und Therapie zunächst sichtbare und erfahrbare Bezüge gemacht werden. Das „Generische Wissen" kann durch die Struktur der Alltäglichkeit, durch Rituale, Regeln, die räumliche und zeitliche Begebenheiten und Beziehungen erworben werden, sich regeln und verfestigen. „Episodisches Wissen" kann durch Dialoge, Nachfragen und Verbalisierungshilfen, in Form von Adjektiven oder Benennung von begleitenden Gefühlen, entsprechender Mimik oder Gestik, Lachen oder Dramatisieren, strukturiert, organisiert und qualitativ mit der Neugier und Motivation des Kindes verbunden werden. Schliesslich trägt das bewusste Einordnen von Ereignissen in übergeordnete Zusammenhänge dazu bei, das „Autobiographischen Wissen" zu stärken und ihm Konturen zu verleihen (vergl. *Nelson* 1989, *Quasthoff* 1987, *Katz-Bernstein* 1998).Auch das Symbolspiel und der spielerische Umgang mit Rollen und Realitätsebenen (Humor und Paradoxien inklusive!) gehören dazu[3].

In der Lerntherapie soll, ähnlich wie bei sprachgestörten Kindern (*Katz-Bernstein* 1992, 1998), der Bildung von „Narrativen Strukturen" eine besondere Beachtung geschenkt werden. Die Bündelung des Geschehens um die eigene Person, die Organisation der erlebten Stunden in Form von Erzählepisoden, die sich sinnvoll um die eigene Person des Kindes, der Therapeutin oder des Therapeuten gruppiert, das Herholen von aufregenden Ereignissen, die das Kind beschäftigen, sowie das Fruchtbarmachen der kompensierenden „Nebenrealität" (*Lempp* 1991) der Phantasie des Kindes als Lernstoff, sollen hier hervorgehoben werden.

Für diesen Grundsatz braucht es kein neues Fallbeispiel. Alle sechs Beispiele vermögen aufzuzeigen, wie wichtig die narrative Organisation des Selbstbildes für das Lernverhalten und den Lernerfolg ist.

Schon im ersten Beispiel, bindet Noemis Mutter die Fortschritte des Säuglings in ein gemeinsames Sinnverstehen und gibt der neuen Errungenschaft eine kollektive, kommunikative Bedeutung. Ursache, Wirkung und Kausalität werden erwartet, sichtbar gemacht und lösen damit neurologische Verknüpfungen aus.

Jonas Vater, im zweiten Beispiel, deutet die Geschichte der Angst von Jonas um, relativiert sie, aktiviert ein „Reframing" von Angstlähmung in Eigenwirksamkeit und schafft einen gangbaren Weg, der aus der Angst hinausführt.

Beim dritten Beispiel kann man sehen, wie, durch die grosse Diskrepanz zwischen verhinderter Eigenwirksamkeit und Wunschdenken, Tanjas Phantasien den kollektiven Konsens der Realität zu sprengen drohen und als einen „privatlogisches" Narrativ aus einem Kommunikationsrahmen herauszutreten. Nach neuen entwicklungspsychologischen Theorien können solche Vorgänge zum Ursprung psychotischer Zustände werden (vergl. *Lempp* 1991, *Ciompi* 1994). Der Therapeutin gelingt es, der Geschichte einen neuen Rahmen zu geben, die sie einerseits aufwertet und ihr andererseits den Platz zuweist, der sie in einen kollektiven Konsens einbindet, nämlich dort, wo Märchen und Schreibkunst entstehen. Das Heft ist die Konkretisierung und das Ritual, um die privatlogische Realität zu einer kollektiven Realität hinzuführen.

Im vierten Beispiel gelingt es der Therapeutin, Stefans angstbesetzte Geschichte von der bestehenden Realität und deren Einengung, in den Raum der spielerischen Phantasie

---

[3] Über die Rolle des Humors und der Paradoxie für den Spracherwerb und der Sozialisation beim Vorschulkind siehe *Katz-Bernstein* 1998

wegzuführen. Im Spielraum werden neue Möglichkeiten des Umgangs mit der angstbesetzten Realität, erprobt. Erst im dritten Schritt wird die Einbindung an die kollektive Realität neu eingeübt.

Im fünften Beispiel ist es offensichtlich, welche Bedeutung die aktive Erfahrung der Eigenwirksamkeit bei einer Veränderung der bisherigen Rollen und Selbstzuschreibungen zu spielen vermag. Pasqualina wird von einem passiven, reagierenden Mädchen, das sich auf dem Weg zu einem sich fixierenden Muster einer psychosomatischen Bewältigungsstrategie befand, zu einem aktiven, sich und seine Lebensgeschichte mitgestaltenden Mädchen.

Beim letzten, sechsten Beispiel schliesslich, hatte wiederum die Therapeutin die „zündende" Idee, wie aus Sandkastengeschichten Aufsätze und funktionierende Lebensstrukturen entstehen können.....

Gerechterweise muss hier vermerkt werden, dass die hier aufgeführten Beispiele ausgewählte, gelungene Interventionen darstellen. Denen gegenüber stehen auch viele, weniger gelungene Stunden und Therapieeinheiten, Kinder, denen weniger gut geholfen werden konnte, Therapeutinnen und Therapeuten die längere und schwerere Frustrationen tragen und ertragen mussten. Auch diese gehören zu einer ganz normalen Realität einer Lerntherapie.

2.2.6 Ausblick

In diesem Beitrag ging es darum, einige Erkenntnisse der Säuglingsforschung und der Entwicklungspsychologie aufzugreifen und ihre Verbindung mit Lernstrategien aufzuzeigen. Vor allem handelt es sich um den Stellenwert der Motivation, die Verbindung zum Lehrenden, zur Therapeutin und zum Therapeuten, sowie um die Einbettung der Ereignisse und Lerninhalte in einen Sinnzusammenhang. Zu diesem Zweck sind vor allem einige Theorien hervorgehoben worden; die der Affektlogik, von *L. Ciompi* (1994), in Ergänzung zu ihr die Emotionstheorien von *Holodynski / Friedlmeier* (1999), die Theorie der „Narrativen Strukturen von *K. Nelson* (1989, 1993), sowie die neuen Betrachtungen über die Fähigkeit zur Selbstreflexion und Selbstbetrachtung und deren Verlust bei psychotischen Zuständen (*Lempp* 1991).

Ein grosses Anliegen in diesem Beitrag war, die Gedanken und Erkenntnisse nicht nur für theoriefreudige Fachpersonen zugänglich zu gestalten. Durch ganz konkrete Beispiele habe ich mich bemüht, diese Gedanken bis in die Praxis hinein zu verdeutlichen, damit sie auch für Fachpersonen zugänglich werden, die weniger Freude an abstrakten Theorien gewinnen können. Es war mir wichtig, einige Lernstrategien zu verdeutlichen, jedoch vor allem die qualitative Gestaltung der therapeutischen Beziehung hervorzuheben und greifbar zu machen. Denn es scheint mir, dass die Gedanken oft genug in unterschiedlichen Kontexten und Sachverhalten rezipiert werden, die Umsetzung in praktische Zusammenhänge jedoch noch lange nicht erschlossen ist.

Die Beispiele veranschaulichen deutlich, dass es in der Förderung und Therapie neuer Qualitäten und Qualifikationen von Fachpersonen, die sich mit Kindern mit Lernstörungen befassen, bedarf. Es handelt sich um kommunikative und dialogische Fähigkeiten, um die Fähigkeiten der Selbstreflexion. Es bedarf einerseits der Arbeit mit verhaltensmodifikatorischen und desensibilisierenden Lernstrategien, die jedoch andererseits ohne die Verbindung mit qualitativen Merkmalen der Beziehungsgestaltung, der Wahrnehmung von Übertragungen, Gegenübertragungen, therapeutischen Atmosphären und gegenseitigem Austausch und Ausgleich von Erregungszuständen, zu bloßen additiven Mechanismen zu werden drohen, deren Wirkfaktoren nicht zum Tragen kommen können.

2.2.7   Literaturverzeichnis

Antonovsky, A.: Salutogenese. Zur Entmystifizierung der Gesundheit: (DTVG) Tübingen, 1997

Balint, M. : Angstlust und Regression. (Klett), Stuttgart, 1956

Bruner, J.S.: Wie das Kind sprechen lernt. (Huber) Bern, Göttingen, Toronto, 1987

Bruner, J.S. / Lucariello, J.: Monologue as narrative recreation of the world. In: *Nelson, K.* (Hrsg.). Narrative from the crib. (Harvard Univ. Press) Cambridge and London, 73 – 79, 1989

Ciompi, L.: Affektlogik. Über die Struktur der Psyche und ihre Entwicklung. Ein Beitrag zur Schizophrenieforschung.(Klett-Cotta) Stuttgart, 1994

Czogalik, D.: Wirkfaktoren in der Einzelpsychotherapie. In: Tschuschke, V., Czogalik, D. (Hrsg.): Was wirkt in der Psychotherapie? Zur Kontroverse um die Wirkfaktoren. (Springer) Berlin, Heidelberg, New York, Paris, Tokio, Hong Kong. 7 – 20, 1990

Damasio, A.R.: Descartes Irrtum. Fühlen, Denken und das menschliche Gehirn. (dtv) München, 1997

Dornes, M.: Die frühe Kindheit. Entwicklungspsychologie der ersten Lebensjahre. (Fischer) Frankfurt am Main, 1997

Holodynski, M.: Handlungsregulation und Emotionsdifferenzierung. In: Friedlmeier, W. / Holodynski, M.: Emotionale Entwicklung. Funktion, Regulation und soziokultureller Kontext von Emotionen. (Spektrum) Heidelberg, Berlin. 30 – 51, 1999

Holodynski, M. / Friedlmeier, W.: Emotionale Entwicklung und Perspektiven ihrer Erforschung. In: Friedlmeier, W., Holodynski, M.: Emotionale Entwicklung. Funktion, Regulation und soziokultureller Kontext von Emotionen. (Spektrum) Heidelberg, Berlin. 2 – 26, 1999

Katz-Bernstein, N.: Aufbau der Sprach- und Kommunikationsfähigkeit bei redeflussgestörten Kindern. (Edit. SZH) Luzern, 1992

Katz-Bernstein, N.: Die Bedeutung von Kommunikation und Sprache für die Sozialisationsprozesse im Vorschulalter. In: Zollinger, B. (Hrsg.): Kinder im Vorschulalter. Erkenntnisse, Beobachtungen und Ideen zur Welt der Drei- bis Siebenjährigen. (Haupt) Bern, Stuttgart, Wien. 195 – 226, 1998

Katz-Bernstein, N.: Das Konzept des „Safe Place" – ein Beitrag zur Praxeologie integrativer Kinderpsychotherapie. In: Metzmacher, B., Petzold, H., Zaepfel, H. (Hrsg.): Praxis der Integrativen Kindertherapie. Integrative Kindertherapie zwischen Theorie und Praxis, Bd. II (Junfermann) Paderborn S.!, 1996

Katz-Bernstein, N.: Kinderzentrierte Therapie und systemische Therapie – Paradox, Ergänzung oder Substitution? In: Beratung Aktuell, Zeitschrift für Theorie und Praxis der Beratung (Hrsg. R. Sanders) 1. Jhg., 2, 77 – 91, 2000

Lempp, R.: Vom Verlust der Fähigkeit, sich selbst zu betrachten. Eine entwicklungspsychologische Erklärung der Schizophrenie und des Autismus. (Huber) Bern, Göttingen Toronto, 1991

Lichtenberg, J.: Motivational-funktionale Systeme als psychische Strukturen. Forum Psychoanalyse 7, 85 – 97, 1988

Nelson, K. (Hrsg.): Narrative from the crib. (Harvard Univ. Press) Cambridge and London, 1989

Nelson, K.: Ereignisse,Narrationen, Gedächtnis. Was entwickelt sich? In: Petzold, H.: Frühe Schädigungen – späte Folgen? Psychotherapie und Babyforschung. Bd.I, (Junfermann) Paderborn, 1993

Papousek, H. / Papousek, M. : Intuitive parenting: A dialectic counterpart to the infant`s integrative competence. In: Osofsky, J. (Hrsg.): Handbook of Infant Development. (Wiley) New York, 669 – 720, 1987

Papousek, M. : Vom ersten Schrei zum ersten Wort. (Huber) Bern, 1994

Quasthoff, U.M.: Sprachliche Formen des alltäglichen Erzählens:Struktur und Entwicklung.In: *Erzgräber, W., Goetsch, P.* (Hrsg.): Mündliches Erzählen im Alltag, fingiertes mündliches Erzählen in der Literatur. (Narr) Tübingen, 1987

Rosenfield, I.: Das Fremde, das Vertraute und das Vergessene. Anatomie des Bewusstseins.(Fischer) Frankfurt am Main, 1999

Stern, D. : Die Lebenserfahrung des Säuglings. (Klett-Cotta) Stuttgart, 1992

Wygotsky, L.: Denken und Sprechen. (Akademie-Verlag) Berlin, 1964

Zaepfel, H. / Metzmacher, B.: Soziales Sinnverstehen in der Beratung und Therapie von Kindern und Jugendlichen. In: Mromeike, G., Imelmann, M. (Hrsg.): Hilfen für Kinder, Konzepte, und Praxiserfahrungen für Prävention, Beratung und Therapie. (Juvena) Weinheim, München 61 – 82, 1998

Zollinger, B.: Spracherwerbsstörungen. (Haupt) Bern, Stuttgart, Wien, 1988

2.3 Das Problem des Lernens - Sind Lernen und Lebenslust vereinbar?

Arno Gruen

2.3.1 Der Lernende als Angeklagter

Warum ist Lernen so schwierig? Warum muss Bildung eigentlich Kampf und Qual bedeuten? Wer erinnert sich nicht der Plage seiner Kindheit, Schreiben, Lesen und Rechnen lernen zu müssen? Wie ist es möglich, dass Lernen zu einem weltweiten *Problem* geworden ist?

Die *Antworten* die wir aus der Literatur kennen, sprechen von Hemmungen, emotionellen Blockierungen, von neurotischen Regressionen und Fixierungen und vom Widerstand gegen die Forderungen der Realität durch archaische, antisoziale Tendenzen! Das dringendste Anliegen des Menschen sei die Befriedigung seiner Selbstsucht. Man spricht sogar von Mängeln und Grenzen in der Struktur des menschlichen Gehirns.
Wie ein roter Faden zieht sich ein *unausgesprochener Vorwurf* durch dieses Dilemma: Der Grund aller Schwierigkeiten ist der *Lernende selbst*. Und so steht der Mensch als Angeklagter da. Infolge der subtilen Art der Anklage weiss der Mensch nicht, wo er ansetzen müsste, um sich zu wehren. Er bleibt dadurch mit einem intensiven Schuldbewusstsein belastet, er hat den Eindruck, nie genug geleistet zu haben.

Auf diese Weise wird das Lernen mit *Schuldgefühl und Minderwertigkeitsgefühlen* beladen. Und da wundern wir uns, warum Lernen so schwer ist.

2.3.2 Eigener Drang und fremde Forderungen

Eine Katze zum Beispiel lernt in wenigen Wochen selbständig zu sein. Für uns Menschen sieht das ganz anders aus: Die Katze lernt nur das, was für sie *lebensnotwendig* ist. Wir dagegen sind so lange abhängig von unseren Eltern, dass wir nicht mehr *unterscheiden* können, was wir wirklich *wissen müssen* und was man uns *aufdrängt*. Unsere Abhängigkeit ist während unserer Entwicklung so stark, dass das „Lernen für die anderen" zur Basis unseres Lernens schlechthin wird. Und dieses Verhalten bestimmt unsere Lernfähigkeit.

Das Heimtückische dieses Vorgangs besteht darin, dass unsere Eltern und wir in einer Kultur leben, die *Selbstachtung* direkt aus der Fähigkeit bezieht, andere zu *beherrschen* (ökonomisch, politisch, sozial, intellektuell, sexuell usw.). Eltern sind also in der Lage, die Abhängigkeit eines Kindes zur Steigerung ihres eigenen Selbstwertgefühls auszunutzen.

Und da dieses Ausnutzen unbeabsichtigt geschieht, erreicht es auch nicht das Bewusstsein der Eltern und der Gesellschaft, kann also gar nicht wahrgenommen werden. Das führt unvermeidlich dazu, dass sich das Kind *fremden Anforderungen* unterwirft. Wenn aber ein Kind seine eigenen Neigungen unterdrücken muss, verliert das Lernen das Spielerische und wird zur Pflicht. Die Eltern erwarten von ihrem Kind Leistungen. Das Lernen wird dadurch programmiert, zerstückelt und fängt an, auf Wiederholung und Übung ausgerichtet zu sein.

2.3.3   Lernen ohne Absicht

Das ist der grundsätzliche Unterschied zum *spielerischen Lernen*, einer Art des Lernens, bei der man das Wesentliche aufnimmt ohne den Zwang: du musst lernen. Bei diesem *Lernen ohne Absicht* kommen die inneren Prozesse ins Spiel, so ausführlich beschrieben von Gestalt-Psychologen wie Koffka, Kohler, Wertheimer usw.. Seine Hauptmerkmale sind Integration, Spontanität des Lernens und Freude. Dagegen erzeugt Lernen, das auf Leistung ausgerichtet ist, Spannung, Angst und Furcht.

Während das spielerische und lustbetonte Lernen uns das Gefühl der Freiheit gibt, hält uns das andere ständig unter dem *Zwang zu noch perfekterer Leistung* - bestimmt von den dominierenden Eltern, die bewerten und beurteilen. Auf diese Weise wird das Bedürfnis für eine *eine uns beurteilende Macht* aufgebaut. Sogar wenn wir gegen einen Teil dieser Macht rebellieren, bleibt tief in unserem Lernen verankert das Bedürfnis nach einer anerkennenden Autorität. Deshalb suchen wir immer nach einer neuen Macht, die die eben gestürzte ersetzen soll.

2.3.4   Verkrampfung als Symptom

Die Fesseln, die uns damit auferlegt werden, sind grundlegend. Als die Frauenemanzipationsbewegung den Satz prägte *„Unser Körper gehört uns"*, verlangte sie mit Recht, dass Frauen selbst über ihren eigenen Körper bestimmen dürfen. Wenn die Frauen aber dabei nur an die sexuelle Unterdrückung dachten, trafen sie den Kern des Problems nicht. Denn es sind nicht nur Frauen, sondern die ganze Menschheit, die durch die geschilderten Vorgänge *von ihren Körpern getrennt* wurden. Denn wie viele Frauen, Männer oder Kinder bewegen sich z.B. harmonisch, das heisst in voller Übereinstimmung mit ihrem Körper? Mit wenigen Ausnahmen bewegen sich die Menschen der westlichen Kulturen *verkrampft*. Dieser Sachverhalt ist noch nicht allgemein bekannt, die weitverbreiteten Rücken- und Muskelverspannungen werden anderen Ursachen zugeschrieben. Aber die Art, wie wir unsere Körper gebrauchen, macht überzeugend deutlich, dass sie uns fremd sind.

Nikolaas Tinbergen analysierte anlässlich seiner Nobel-Vorlesung 1973 – über die Stress-Krankheiten – unsere *Haltung und Bewegung*. Angeregt wurde er dazu durch die Arbeiten des verstorbenen F.M. Alexander, der an Sprachstörungen gelitten hatte und dadurch fast seine Stimme verloren hätte. In langen, qualvollen Jahren arbeitete dieser an sich, um seine Muskulatur in Haltung und Bewegung zu verbessern. Als er das erreicht hatte, bekam er auch seine Stimme wieder unter seine Kontrolle. Als ihm bewusst geworden war, wie falsch er seinen Körper gebrauchte, beobachtete Alexander, dass sich seine Mitmenschen ebenso fehlerhaft bewegten.

2.3.5 Einfluss fixierter Vorstellungen

Die meisten von uns gehen mit verkrampften Nackenmuskeln, hochgezogenen Schultern und angespannten Gesässmuskeln. Wir sitzen mit verbogenem Rücken, den wir entweder zu weit nach vorn oder nach hinten verlagern. Wir haben *feste Vorstellungen* vom Sitzen, Stehen und Gehen (die Photos in Tinbergens Artikel dokumentieren diesen Zustand; Science 185, 1974) und wollen ihnen entsprechen. Unsere bewussten Vorstellungen von Haltung und Bewegung spiegeln eher einen statischen Begriff des Gleichgewichts wider als dessen eigentliche dynamische Eigenart. Hat man ein *harmonisches Körpergefühl*, dann ist der Übergang von einer Körperhaltung in die andere fliessend, ob es nun Sitzen, Stehen oder Gehen ist. Sobald wir aber versuchen, unsere Bewegungen bewusst zu machen, werden die meisten von uns bemerken, dass wir uns innerlich vorbereiten müssen, um von einer Bewegung in die andere überzugehen.

2.3.6 Fähigkeit zum Umlernen

Was Tinbergen am meisten beeindruckte, als er und seine Familie sich Alexanders Trainingsmethode unterzogen, war, wie schnell sich seine *Körperbeherrschung* verbesserte. Offensichtlich sind wir in der Lage, mit der richtigen Methode die Zwänge unserer Vergangenheit abzuschütteln. Dr. Moshe Feldenkrais, der sich vierzig Jahre lang mit den menschlichen Körperbewegungen befasste (Der Fall Doris), hat ähnliche Beobachtungen über die Lernfähigkeit der Grosshirnrinde gemacht. Offenbar besitzen wir die *Fähigkeit, rasch umzulernen*, und sind deshalb in der Lage, fehlerhafte Bewegungsabläufe durch besser integrierte zu ersetzen, wenn man uns die Gelegenheit gibt, neue Erfahrungen zu machen.

„Falscher Gebrauch mit all seinen psychosomatischen oder somatopsychischen Folgen", sagt Tinbergen, „muss deshalb als Resultat ... eines kulturell bedingten Stresses betrachtet werden." Offensichtlich funktioniert das Gehirn im Sinn einer „korrekten" Vorstellung von Leistung, so formuliert von Holst und Mittelstaedt (Naturwissenschaften, 37, 1950). Wahrscheinlich werden Ergebnisse unserer Körperbewegungen als Bild an das Gehirn zurückgegeben, wo sie mit in der Grosshirnrinde bereitgestellten Erwartungen verglichen werden. Tinbergen, Alexander und Feldenkrais vermuten, dass die *Grundlagen* dieser Erwartungen nicht genetischer, sondern *phänotypischer Art* sind, das heisst, dass sie durch die Natur des früheren Lern- und Sozialisierungsprozesses bestimmt werden.

Dabei handelt es sich nicht etwas um ein falsch gelerntes Bewegungsmuster. Es geht vielmehr darum, dass die durch schädliche Kultureinflüsse bedingte Art zu gehen und zu stehen nur ein *Teil* eines viel *umfassenderen Phänomens* ist: *das Ersetzen des eigenen Willens durch einen fremden.* Die Folgen eines solchen unbewussten Ersetzens sollen im folgenden an Erfahrungen an einer Arbeitstagung veranschaulicht werden.

2.3.7 Schöpfen aus dem Eigenen

Die Tagung über funktionelle Therapie wurde im Kinderzentrum der Münchner Medizinischen Klinik (unter der Leitung von Prof. Hellbrügge und Dr. Pachler) von Feldenkrais abgehalten. In seiner Arbeit über die Bewegungsabläufe kam er schon früh zu der Erkenntnis, dass der *Zwang zur Sozialisierung* sich hemmend und einengend auf unsere Lernfähigkeit auswirkt. Bei der Rehabilitation von Patienten, die an zerebralen Lähmungen, multipler Sklerose und anderen Krankheiten litten, waren das Denken und die falschen Erfahrungen mit unserem Körper oft verantwortlich für die Schwere des Funktionsverlustes. Durch den Sozialisierungsprozess basiert das Denken über unseren Körper auf Anpassung, denn diese verspricht soziale Sicherheit. Diese Art des Denkens führt unvermeidlich zur *Trennung von unserem Körper*. Und diese Trennung, die eine *Spaltung der Gefühle* mit sich bringt, macht es uns unmöglich, unser Ich auf *eigenen Erfahrungen* aufzubauen. Ziel der Arbeitstagung war es, den Teilnehmern eine auf neuen Körpererfahrungen basierende Integration zu vermitteln.

Während er mit einer Gruppe von etwa hundert Spezialisten (Ärzte, Krankenschwestern, Psychologen, Physiotherapeuten und Sportlehrer) eine Anzahl stressfreier Bewegungen einübte, machte er es uns schon am ersten Tag möglich, am Boden sitzend unsere Fähigkeit, uns auf *unserer eigenen Achse* zu drehen, zu erweitern. Mit der damit verbundenen *Befreiung* konnten wir dann mit unseren Augen einen 360-Grad-Radius umfassen. Weil er unserem Gehirn durch die Bewegungen ganz neue Möglichkeiten und Begriffe signalisierte, konnten alte Bewegungsmuster aufgegeben werden. Durch seine genaue Kenntnis des zeitlichen Ablaufs der neuromuskulären Bewegungsfolge von Gliedmassen, Köpfen, Augen, Becken und Schultern gab er uns die Möglichkeit, auf natürliche Weise mit unserm Körper verbunden zu sein. Auf diesem Weg brachte er uns mit unserem Selbst zusammen. Das zeigte uns, dass wir eigentlich auf *abstrakten Vorstellungen vom Tun und vom uns Möglichen* basierten und dass dieser Vorgang uns vom eigenen Selbst getrennt hatte.

2.3.8   Falscher Begriff vom „Lernen"

Im Verlauf dieser dreissig Minuten machte er uns klar, dass unsere Art, mit unserem Körper umzugehen, von der Vorstellung bestimmt war, dass nur „Lernen, das durch *Stress"* bestimmt ist, gültig war. Mit „Streng dich an", „Bemühe dich noch mehr" werden wir angetrieben, mit dem Ergebnis, dass wir eine ganz fundamentale, aber unbewusste Lebenseinstellung lernen: Das, was wir ohne Anstrengung lernen, kann nicht wichtig, nichts wert sein. Dadurch lernen wir nie, das*, was für uns angenehm sein könnte*, als lernenswert zu betrachten, und *wir lernen es nie*. Deshalb wurde uns zum erstenmal klar, *dass wir das Recht haben, uns nach Lust und Laune sogar ungeschickt zu bewegen*. Und daraus kam die erstaunliche Erfahrung, das wir in kürzester Zeit das gleiche leisten konnten wie die Besten von uns.

„Offenbar", so sagt Prof. Pribam, Chef des Neuropsychologischen Laboratoriums der Stanford University, „verändert (Feldenkrais) die Vorgänge im Gehirn selbst." Indem er Muskeln stimuliert und bewegt, *ändert er die Vorstellung* im motorischen Kortex (die Feed-back-Erwartung von v. Holst und Mittelstaedt) und ermöglicht uns so, auf ein wirksameres und bequemeres Bild *„umzuschalten"*. Unser Gehirn spürt die Freiheit des neuen Lernens und beeilt sich, ihm entgegenzukommen.

2.3.9 Kult der Anstrengung

Als ich mich drehte fast um 360 Grad, hörte ich Feldenkrais sagen: „Wenn man Sie immer wieder ermahnt: „Streng dich an", kann man nie herausfinden, was für den Einzelnen von uns bequem und deshalb richtig ist." In diesem Moment sah ich vor meinem inneren Auge 2000 Jahre unserer Zivilisation mit ihrem Kult der *körperlichen Anstrengung im Sport*. Ich dachte an alle meine schrecklichen Turnstunden, an meine Minderwertigkeitsgefühle, die sie hervorriefen. Und ich dachte an das aufgeblähte Selbstbewusstsein derjenigen, die gelobt wurden, weil sie der Autorität gehorchten. In Wirklichkeit ordneten sie sich unter und gaben ihren eigenen Willen auf. Mir fiel ein Artikel im „Zeit"Magazin ein, in dem Michael Tiedt („Qual auf der Matte") seine eigenen Demütigungen in der Turnstunde beschrieb; und er liebte Sport! Es wurde mir klar, dass der von ihm geschilderte Sadismus nur einen Fall unter vielen darstellt, sich der allgemeinen Forderung, sein Selbst zu ergeben, zu unterziehen. Die ausübende Autorität selber hat sich dem auch einmal ergeben müssen. Und dieser Vorgang wiederholt sich Generation für Generation. Diese *Unterwürfigkeit* der Macht gegenüber überlebt alle Regierungsformen, politische und soziale Organisationen und wirkt praktisch wie ein Erbfaktor. Das Schlimmste daran ist, dass wir uns dieser Unterwerfung gar nicht bewusst sind. Beweise unseres gegenwärtigen Ergebens sind die fehlerhafte Körperhaltung und der ungeschickte Gang.

2.3.10 Angst vor der eigenen Freiheit

Das Schlimme daran ist nicht nur, dass wir alle bis zu einem gewissen Grad nach dem Willen anderer leben. Gefährlicher ist noch, dass wir im Moment, da wir sozusagen „ausserhalb" unserer Körper leben, anfangen, die *Freiheit zu fürchten*, die durch die direkte Verbindung mit unseren eigenen Gefühlen erwacht. Wir sehnen uns alle nach Freiheit, sind aber irgendwo an die *Macht* gebunden, von der wir *Anerkennung und Lob* verlangen. Das verurteilt uns zu ewiger Suche nach Anerkennung ausgerechnet bei denjenigen, die unsere Bedürfnisse verneinen. Wir lernten in frühester Kindheit, den Forderungen jener Menschen nachzugeben, von deren „Liebe" wir abhängig sind. Also werden wir *gezwungen* – ohne darüber nachdenken zu können –, *Freisein gleichzusetzen mit Ungehorsam*. Deshalb, ganz automatisch, empfangen wir Freiheit mit Angst und Furcht. Welchen anderen Grund könnten wir sonst haben, dass wir uns in der Gesellschaft derer, die uns ablehnen, wohler fühlen als bei solchen, die uns aufrichtig akzeptieren? Der tiefere Grund von Prousts Beobachtung, wonach der Mensch das Bedürfnis hat, seine Leiden von denen gelindert zu wissen, die ihn zum Leiden gebracht haben, muss hier seine Wurzeln haben.

2.3.11 Missverständnisse

So war es nicht überraschend, dass sich einige Teilnehmer des Kurses nach dem zweiten Tag, trotz dem befreienden Körpergefühl, ablehnend verhielten. Sie waren beleidigt, wenn Feldenkrais neue Übungen vorschlug, und bestanden darauf, dass das ursprüngliche Programm strikt eingehalten wurde. Und in der Diskussion am letzten Tag reagierten sie ablehnend auf die gemachten Erfahrungen. Eine Physiotherapeutin fragte zum Beispiel nach der Reihenfolge der Übungen für ein gehirngeschädigtes, gelähmtes Kind.

Diese Frage stand im völligen Widerspruch zu ihren eigenen Körpererfahrungen im Verlauf der Arbeitstagung. Denn sie hatte nicht gelernt, eine Reihe von Übungen zu machen, sondern die Möglichkeit, ihrem Körper stressfreie Bewegungsabläufe zu geben, woraus sich neue Bewegungsmuster gestalteten. Diese Frage war eine Verneinung ihres eben ganz einheitlich erfahrenen Lernprozesses, dieser „Alles oder Nichts"-Typ des Lernens, wie ihn die Gestaltpsychologie beschreibt und wie ihn Feldenkrais am Beispiel des hirngeschädigten Kindes demonstriert hatte. Die Frau beharrte auf einer aufgezwungenen Lehrform und ihrer Vorstellung vom Lernen als einem bruchstückhaft von aussen kommenden Prozess ohne die inneren Organisationseigenschaften, die das Erlernen von Bewegungen zur eigenen Handlung macht.

2.3.12 Zurückgestaute Lebendigkeit

Sind wir schon so programmhörig, dass allein die *Freiheitserfahrung* körperlicher Bewegung imstande ist, *Unbehagen* auszulösen? Erich Fromm hat in seinem klassischen Buch „Die Furcht vor der Freiheit" darauf hingewiesen, dass Freiheit auf politischer Ebene eine Verantwortung verlangt, die zu tragen die Menschen sich fürchten. Deshalb sei der Faschismus anderen Ideologien überlegen. Aber vielleicht liegt die Furcht, die die Bewährungschance der Freiheit untergräbt, in der Unruhe und Angst der *frühkindlichen Jahre*, in der unsere *Lebendigkeit und Lebenslust* von unseren Eltern als feindlich empfunden wurde? Nur auf diese Weise wird die Lebendigkeit des Kindes zu seinem eigenen Feind. Und dann, wenn wir uns von der Lebendigkeit des anderen (oder der eigenen) bedroht fühlen, steigt unsere Wut auf. Denn es ist die Lebendigkeit selber, die nun unsere Unruhe hervorruft.

2.3.13 Der unerkannte Unterwerfungszwang

Vielleicht sind die Lernschwierigkeiten, von denen wir ausgegangen sind, nicht nur Ausdruck einer pathologischen Erscheinung, sondern der Widerstand gegen den Unterwerfungszwang. Möglicherweise sagen unsere im Lernen und im Leben versagenden Mitmenschen etwas aus über die Welt, in der wir leben, das wir alle hören sollten. Vielleicht können wir uns einiges davon merken, wenn wir Wert darauf legen, unsere Destruktivität in den Griff zu bekommen. Ein Beispiel aus der sogenannten Pathologie mag das anschaulich machen.

Ein Hauptmerkmal jedes neurotischen und schizophrenen Ringens liegt in dem Bestreben, jede *Vorherrschaft* im Leben, die als heuchlerisch, falsch und voller Ungerechtigkeit empfunden wird, aus der Welt zu schaffen. Dieser *Kampf* kann jedoch die *Form der Unterwerfung annehmen,* obwohl das widersprüchlich erscheint. Aus diesem Grund entgeht uns so oft der eigentliche Sinn dieses Kampfes. Ein Patient sagte mir einmal: „Sie können nicht an mich heran, wenn ich so bin, wie Sie es wünschen." Mit ungewöhnlicher Wahrnehmungsfähigkeit konnte er Denken und Wünsche anderer erahnen. Und indem er fremden Wünschen entgegenkam, schützte er sich davor, sich zu bekennen. Er *führte nur aus, was andere von ihm erwarteten*; er selbst war bei seinen Handlungen *nicht beteiligt*. Weil er nie seinen eigenen Willen offenbarte, glaubte er sich *unverletzlich* und fühlte sich „frei". Worauf es hier ankommt – ohne das Selbstzerstörerische dieser Haltung zu mindern –, ist die Aussage dieses Menschen über die Welt, in der wir leben. Und nach den Darlegungen von Tinbergen, Alexander, Feldenkrais und anderen scheinen wir nichts davon zu ahnen, was mit uns geschah. Die meisten von uns passen sich dem Beherrschtwerden an und erkennen deshalb die Quelle ihrer Wut nicht.

2.3.14 Von Versagern lernen

Wir können nicht begreifen, was wir unserem Bedürfnis nach Freiheit angetan haben, wenn wir die *Versager* unter uns nicht beachten. Die Menschen, die versagt haben beim Lesen, beim Schreiben, Zählen, Laufen, Stehen und im Leben. Durch ihr Versagen sind sie paradoxerweise noch in Kontakt mit ihren Bedürfnissen, während wir *„Erfolgreichen"* diesen Kontakt wahrscheinlich verloren haben. Sicher können diese Menschen keinen Gebrauch von dem machen, was sie empfinden. Aber sie können uns helfen, aufzuspüren, auf welche Art wir unsere Bedürfnisse versanden liessen, als wir uns dem *Leistungsdiktat* beugten. Es ist die Angst vor der Entfaltung unserer eigenen Lebendigkeit, die unserer irrationalen Destruktivität zugrunde liegt.

2.4   Familiendynamische Aspekte von Lern- und Leistungsstörungen

Andreas Wille-Brütsch

2.4.1   Einleitung

Die Ursachen und Hintergründe von Lern- und Leistungsstörungen bei Kindern und Jugendlichen sind ausserordentlich vielfältig und meist sehr komplex. Es überlagern sich oft mehrere äthiologische Wurzeln, verstärken sich noch gegenseitig und führen dann zu einem nicht selten diffusen Gesamtbild, das sich als schulisches Versagen zeigt: das Kind kann in der Schule sein Potential nicht entfalten. Häufig sind Spielstörungen vorausgegangen, d.h., schon als Kleinkind konnte es nicht, nicht allein oder nicht altersgemäss spielen. Im folgenden soll nur auf Lern-und Leistungsstörungen eingegangen werden, die trotz normaler oder durchschnittlicher Intelligenz auftreten. Es wird auch nicht gesprochen von genetisch, konstitutionell,
oder hirnorganisch bedingten Störungen. Es geht bei diesen Ausführungen nicht um Schuldzuschreibungen, sondern um den Versuch einer Beschreibung dieser komplexen zwischenmenschlichen Beziehungsabläufe.
Die Aussage von *Specht* (*1977*) hat auch heute noch eine grosse Aktualität, wenn er sagt, dass Kinder und Jugendliche häufig aufgrund seelischer und/oder sozialer Störfaktoren im schulischen Bereich scheitern und dies trotz ausreichender intellektueller Begabung.

2.4.2   Milieufaktoren

Soziale Störfaktoren sehen wir bei Kindern, die unter belastenden Milieuverhältnissen aufwachsen. Das können Kinder sein, die in einer Verwahrlosungssituation zuwenig Anregung, zuwenig Kontakt und Auseinandersetzung im emotionalen wie auch im intellektuellen Bereich erhalten. Aber auch   Kinder, die unter andern erschwerenden Lebenssituationen aufwachsen: zum Beispiel ein Kind, dessen Eltern nicht Deutsch sprechen, das wiederholte Wechsel zwischen den eher verwöhnenden Grosseltern in seinem Ursprungsland und den eher autoritären Eltern in der Schweiz hinter sich hat und jetzt nach mehrjährigem Aufenthalt im Heimatland zur Einschulung plötzlich in die Schweiz geholt wird. Ein solches Kind ist enorm belastet durch die wechselnde Lebenssituation in den verschiedenen Kulturen und Wertsystemen und reagiert verständlicherweise mit Verunsicherung und Angst. Es hat somit einen schwierigen Start, um seine intellektuellen Anlagen voll zur Entfaltung zu bringen.
Erschwerende Milieufaktoren können auch entstehen bei andauernden innerfamiliären Spannungen, z.B. ständigem Streit zwischen den Eltern oder unter den Geschwistern, oder dem gegenteiligen Zustand, eisigem Schweigen und Ablehnung. Auf solche familiendynamischen Faktoren wird später eingegangen. Aber auch das Schulmilieu kann eine wichtige Rolle spielen bei Lern- und Leistungsversagen, z.B.eine schlechte persönliche Beziehung zwischen dem Kind und der Lehrperson (und vice versa), soziale Probleme in der Peergruppe, Schwierigkeiten auf dem Schulweg.

Eine weitere milieubedingte Belastung ist der Erwartungsdruck auf das Schulkind. Allgemein ist der Druck auf die Kinder im Hinblick auf eine möglichst gute Schulbildung stetig gestiegen. Der Schüler ist ständig der Situation ausgesetzt, neuen Stoff lernen zu müssen und er ist ständig mit der Frage konfrontiert, ob er den Anforderungen und Erwartungen wohl genügen kann. Diese Anforderungen kommen einerseits von aussen (Familie, Lehrer, Berufswelt), aber sind auch eigene, im Laufe des Lebens internalisierte Ansprüche an sich selbst. Diese wechselseitige Beeinflussung in Bezug auf das Leistungsverhalten beginnt ja schon lange vor der Einschulung. Die Kinder übernehmen im Laufe der familiären Sozialisation neben allgemeinen Einstellungen und Werthaltungen der Eltern auch solche, die Schule und Ausbildung betreffen. Je grösser nun die Diskrepanz zwischen den elterlichen Erwartungen in bezug auf das Kind und dessen tatsächlichen Leistungsmöglichkeiten, desto grösser wird die Belastung für das Kind (*Knoke 1984*).

Je mehr das Kind in seiner Neugier belassen, unterstützt und ermutigt wird, desto stärker wird seine Selbstsicherheit, Neues anzugehen. Kinder mit einem geringen Selbstwertgefühl können bei Versagen in einen Teufelskreis geraten, in dem sie an ihren eigenen Fähigkeiten zu zweifeln beginnen und immer stärker in die Versagerrolle geraten. Dies ereignet sich v.a., wenn diese Kinder noch entsprechend von Eltern, Lehrern oder Gleichaltrigen negativ bewertet und diskriminiert werden. Darüber hat *Jegge* (*1980*) in seinem Buch "Dummheit ist lernbar" geschrieben. Auf ähnlich Zusammenhänge weist *Bossong* (*1982*) hin mit seiner Theorie der "erlernten Hilflosigkeit". Er zeigt auf, wie eine Person, die ständig erlebt, dass ihre Handlungen und Verhaltensweisen immer wieder Probleme nicht zu beseitigen vermögen, bald grundsätzlich an ihren Möglichkeiten zweifelt, eine Verbesserung ihrer Situation zu erreichen. Im Schulbereich sinkt dadurch die Motivation, sich noch weiter mit diesem Stoff zu befassen und die Fähigkeit, sich überhaupt auf neue Probleme und Fragen einzulassen, nimmt ebenfalls ab.

Vermehrt werden Lern-und Leistungsversagen auch bei Patienten mit schweren Erkrankungen beobachtet. Das können depressive Störungen sein mit Schulschwierigkeiten, Hausaufgabenproblemen, Leistungsdefiziten bis hin zu plötzlichem, unerklärlichem Leistungsabfall. Oder schwere chronische körperliche Erkrankungen, die wiederholte Spitalaufenthalte erfordern und die Kinder sowohl psychisch, wie auch physisch an die Grenze der Belastbarkeit bringen.

2.4.3   Familiendynamische Aspekte

In verschiedenen wissenschaftlichen Untersuchungen in den USA sind Familien mit lerngestörten Kindern eingehend beschrieben worden. Die Ergebnisse können wie folgt zusammengefasst werden:

Störungen bei Kindern mit normaler Intelligenz bleiben oft lange verborgen (*Chesson 1990,Dyson 1996)*. So erhalten diese Kinder lange Zeit wenig Verständnis und Sympathie, gerade wegen der subtilen Natur der Lernstörung (*Gordon 1980*). Wird diese dann erkannt, löst sie in der Familie und bei den Eltern erhöhten Stress aus und erfordert v.a. bei der Mutter einen grossen Einsatz an Zeit und Energie. Kommen zu den Schulschwierigkeiten noch Verhaltensstörungen dazu, reagieren Eltern und Lehrer viel schneller , sind aber auch entsprechend stärker irritiert und ablehnend (*Dyson 1996).*

Wegen unterschiedlichen Betrachtungsweisen können Divergenzen entstehen zwischen den Eltern. Ein häufiges Muster wird sichtbar: Die Mütter reagieren eher ängstlich (*Margalit u. Heiman 1986*) und erkennen das Problem des Kindes, die Väter reagieren eher bagatellisierend. Oft werden diese Mütter von ihren Männern und auch von den beteiligten Fachpersonen als überängstlich und neurotisch bezeichnet. Es kann zu einer zunehmenden Polarisierung kommen zwischen der verständnisvollen und einfühlsamen Mutter und dem strengen, fordernden Vater (*Chesson 1990*).

Zwei Drittel der Eltern finden, dass das Familienleben stark beeinträchtigt wird durch die Lernstörung, indem die Aktivitäten der ganzen Familie auf die spezifischen Bedürfnisse dieses Kindes ausgerichtet und angepasst werden müssen. Dies wird auch als Quelle von elterlichen Spannungen angegeben, wobei sich die Väter mehrheitlich dem Problem durch innere oder äussere Abwesenheit entziehen. So sagt ein Vater: "Ich arbeite lieber bis spät abends im Büro um zu vermeiden, schon um 5 Uhr heimzukommen und in einen Krach zu geraten wegen diesen andauernden leidigen Hausaufgabenstreitereien. So komme ich spät heim, wenn das Kind schon im Bett ist".

Aus diesen Gründen postuliert *Faerstein* (*1981*), dass man, bevor man Familien mit Lernstörungen wirklich helfen könne, genau erkunden müsse, wie sich die Lern- und Leistungsstörung auf das gesamte Umfeld des Kindes auswirken und auch durch diese bedingt sind.

Lern- und Leistungsstörungen lassen sich nicht einfach auf eine spezifische Familienstruktur zurückführen. Es sind ja neben den familiären, stark auch schulische Bedingungen massgebend (Klassenstruktur, die Beziehung zu der Lehrperson, deren Charakterstruktur, die Unterrichtsmethoden, Konflikte zwischen Schule und Elternhaus etc.)

Im folgenden sollen aber einige Familieninteraktionen betrachtet werden, die wir häufig in Familien mit Leistungsstörungen antreffen. Oft ist auch das Leistungsversagen nicht das einzige Symptom, sondern es ist begleitet von verschiedenen Verhaltensauffälligkeiten und/oder psychosomatischen Erkrankungen.

2.4.4 Hierarchieumkehr

Eine häufig zu beobachtende Konstellation in diesen Familien ist die überhöhte Position des Kindes mit schulischem Versagen. Es steht, wie in untenstehender Abbildung gezeigt wird, macht- und einflussmässig über den Eltern. In diesem Beispiel hat das erstgeborene Kind die ihm gemässe Kinderebene verlassen und sich über die Elternebene erhoben. Je positiver und konstruktiver die Beziehung zwischen Vater und Mutter sowohl auf der Paar- wie auf der Elternebene funktioniert, desto weniger wird es zu einer solchen Hierarchieumkehr kommen oder die Eltern können einem solchen Versuch des Kindes gemeinsam widerstehen. Es sind dabei nicht einmalige Episoden gemeint, sondern langfristige Prozesse, welche die Familiendynamik zunehmend beherrschen.

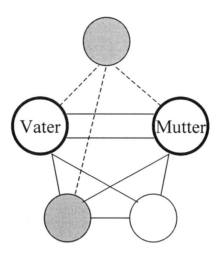

Die Gründe, dass es zu einer Hierarchieverschiebung kommen kann, sind äusserst vielfältig. Es sollen einige, in der Praxis oft gesehene Konstellationen beschrieben werden:

a) Das können Kinder sein, die über das übliche Alter hinaus in einer symbiotischen Entwicklungsphase , meist mit der Mutter, verharren. In einer symbiotischen Beziehung wird unter allen Umständen vermieden und verhindert, was zu einer Loslösung oder Trennung führen könnte. Den Vätern dieser Kinder gelingt es nicht, mit den Kindern eine tragfähige und starke Beziehung aufzubauen und ihnen somit aus der symbiotischen Umklammerung herauszuhelfen. *Buchholz (1986)* zeigt, dass bei dieser Konstellation wesentliche Lern- und Entwicklungsschritte gar nicht erfolgen können. So können sie nicht unabhängig von der Mutter funktionieren, sie kennen ihre Fähigkeiten und Grenzen nicht und sind in ihrer Realitätsorientierung gestört. Ihre Entwicklung zur Selbständigkeit kann soweit gehemmt werden, dass auch selbständiges Denken und Lernen nicht möglich ist.Diese symbiotisch gebundenen Kinder wirken oft bis weit in die Latenzphase und Präpubertät wie Riesenbabys, die eine schrankenlose Anspruchshaltung allen und jedem gegenüber einnehmen.(*Fertsch 1985*)

b) Diese Hierarchieumkehr sehen wir auch bei Kindern, die Versagensängste oder Misserfolgserlebnisse ihrer Eltern übernehmen und in einer Lern-oder Leistungsstörung ausdrücken. *Richter (1972)* beschreibt die symptomneurotische Familie, in der ein Kind zum Symptomträger konstelliert wird. Es entlastet somit die andern in der Familie und stabilisiert das ganze System. Eine andere Sichtweise ist, dass Kinder (oft gerade die feinfühligsten in der Familie) aus "Primärer Liebe" zu den Eltern sich aufopfern, um unerledigte, innerpsychische Prozesse der Eltern auf sich zu nehmen und ans Licht zu bringen (*Wille 1981*). Wenn Eltern eigene Leistungsprobleme verdrängt haben, kann so ein Kind mit seinen Schulschwierigkeiten den Eltern nochmals eine Gelegenheit geben, sich mit ihrer eigenen Vergangenheit auseinanderzusetzen und diese verdrängten Aspekte zu bereinigen.

c) Kinder geraten auch in eine überhöhte Position, wenn sie eine Partnerersatzrolle bei einem Elternteil erfüllen. Dabei kommen sie unweigerlich in Loyalitätskonflikte und geraten in Schuldgefühle. Das sehen wir auch bei Kindern, die in den Streit zwischen den Eltern einbezogen werden. Sie fühlen sich eingeengt und enorm belastet, wenn sie abwechslungsweise einmal vom einen, dann vom andern Elternteil als Verbündete im Machtkampf missbraucht werden Bei der Parentifizierung eines Kindes wird diese Hierarchieumkehr ganz deutlich: wenn ein Elternteil seinen eigenen Vater / Mutter vermisst, kann ein Kind an die Stelle des vermissten Vaters / Mutter nachrücken und so für seinen Elternteil die Elternrolle übernehmen, statt dass es Kind sein kann .

d) Auch Kinder, die wegen jahrelangen, schweren körperlichen Erkrankungen immer wieder im Zentrum der Aufmerksamkeit und Zuwendung gestanden haben können zunehmend Macht und Einfluss in der Familie übernehmen und eine überhöhte Position entwickeln.

Das Ausmass dieser Hierarchieumkehr variiert sehr stark: In die kinder-und jugend-psychiatrischen Sprechstunde kommt eine Familie mit einem 6j. Sohn, der klar dekla-riert, dass er der Chef in der Familie sei. Niemand wagt ihm zu widersprechen, weil er sonst alle mit seinem schrillen Geschrei nerven würde. Ein anderes Beispiel: Ein 12j. Knabe wird vorgestellt, der seine Mutter mit den unflätigsten sexuellen Schimpfwörtern betitelt und ihr sogar mit Schlägen droht, wenn sie ihm nicht bei seinen Hausaufgaben helfen will. Der Vater sitzt daneben und interveniert nicht.
Daneben gibt es Kinder, die mit eher subtilen Mitteln Macht und Kontrolle über ihre Eltern erlangen: Sie schmeicheln sich ein mit Zärtlichkeiten, oder sie beherrschen die Eltern mit endlosen Diskussionen und Argumentationen oder sie spielen ihre Eltern gezielt in erzieherischen Belangen gegeneinander aus. Häufig wird die Macht zusätzlich mit frechem, aggressivem Verhalten und Ungehorsam ganz klar zum Ausdruck ge-bracht.
Immer wieder kann beobachtet werden, dass Kinder durch diese hierarchische Überhö-hung massiv überfordert sind: sie geniessen einerseits diese Macht, leiden aber anderer-seits unter schweren Schuldgefühlen den Eltern gegenüber. Es ist ihnen meist bewusst, dass ihnen diese überhöhte Position nicht zustehen würde. Sie geraten in Grössenphan-tasien und sind gleichzeitig sehr verunsichert und verängstigt und zeigen oft stark re-gressive Züge. Dieser oben erwähnte 12j. Knabe wollte jeden Abend von der Mutter zu Bett gebracht werden und konnte ohne ein langes Einschlafritual gar keine Ruhe finden. Dies ist verständlich, weil dieses Kind wie ein kleiner Tyrann auf einem hohen Thron sitzt und dauernd befürchtet, herunterzufallen oder gestürzt zu werden. Um seine expo-nierte Position zu halten, benötigt es enorm viel Kraft und Aufmerksamkeit. Es fühlt sich gezwungen, die Beziehungsfäden dauernd unter Kontrolle zu halten, will immer über alles informiert sein, mischt sich in die Angelegenheiten der Eltern ein und ist durch diese Situation restlos überfordert. Dadurch wird viel Energie gebunden, die das Kind für altersgemässe Beschäftigung und für die Schule benötigen würde. *Buchholz* (*1986*) betrachtet eine solche psychische Konstellation als "erstrangige Quelle von Lernbehinderung". Grössenphantasien scheinen überhaupt eine zentrale Antithese zum Vorgang des Lernens darzustellen. "Wenn die Grössenphantasien dem eigenen Selbst

eine gottähnliche Allmacht zuspricht, muss die Konfrontation mit Lernsituationen, in denen sich die reale Unvollkommenheit und Lernbedürftigkeit herausstellt, gemieden werden."

Fallbeispiel 1

Der 10j. Knabe Felix wird von den Eltern zur Behandlung angemeldet auf Rat des Schulpsychologischen Dienstes wegen massivem Schulversagen. Er ist als Einzelkind aufgewachsen, die Tochter aus erster Ehe der Mutter ist schon lange erwachsen und lebt nicht mehr Zuhaus.

Als Felix 5 jährig war, erlitt der Vater einen schweren Arbeitsunfall, in dessen Folge ihm beide Arme amputiert werden mussten. Der Vater war daraufhin ganz auf die Pflege durch seine Frau angewiesen. Später konnte er dank zwei Prothesen wieder eine gewisse Selbständigkeit erlangen. Die Mutter war durch die ständige Pflege und Unterstützungsaufgabe stark überfordert. Es kam zunehmend zu einer inneren Entfremdung zwischen dem Paar, was sich teils in aggressiven, vorwurfsvollen Streitigkeiten, teils in tagelangem dumpfem Schweigen äusserte.

Felix war schon bei der Einschulung als ängstlich und unsicher aufgefallen. Es zeigten sich bald Konzentrationsstörungen. Die Leistungen, v.a. im Rechnen wurden ungenügend. Sozial fiel Felix durch seine unnachgiebige Haltung auf. Wenn es nicht nach seinem Kopf ging, reagierte er mit Wutausbrüchen und körperlicher Gewalt. Zuhause hielt er sich eng an die Mutter und mied den Vater. Mutter und Sohn verbrachten auch die Freizeit oft miteinander und unternahmen Ausflüge, während der Vater daheim blieb. Die Beziehung zwischen Felix und Mutter wurde aber immer dann schwierig, wenn die Mutter Strukturen setzen wollte, gewisse erzieherische Forderungen stellte. Felix gehorchte einfach nicht und hielt sich nicht an Regeln. Er war nicht bereit, seine Hausaufgaben zu machen oder erledigte sie so schlecht, dass sie nicht lesbar waren. Wenn die Mutter den Druck erhöhte, brach Felix in Wut aus und zerstörte Gegenstände in seinem Zimmer, später auch Sachen der Mutter. Daneben zeigte Felix grosse Ängste, Einschlafstörungen, Unselbständigkeit. Er wollte von der Mutter noch gewaschen werden und liess sich umsorgen wie ein Kleinkind.

Der Vater reagierte auf diese verwöhnende Haltung mit massiven Vorwürfen an seine Frau und erzieherischer Strenge gegenüber Felix, die er aber nicht durchsetzen konnte. Als die Leistungen in der Schule schlechter und die sozialen Kontaktprobleme stärker wurden und Felix beim Stehlen in der Garderobe erwischt wurde, waren die Eltern schliesslich mit einer Abklärung beim Schulpsychologischen Dienst einverstanden. Die Testabklärung ergab folgende Befunde: Durchschnittliche Intelligenz, starke existentielle Ängste, geringes Selbstwertgefühl. Felix klagte über Angst- und Bedrohungsträume. In den Satzergänzungen fiel auf :"Es stört mich, dass ich Aufgaben machen muss." "Der Vater schimpft immer." "Verheiratet sein ist blöd." " Wenn nur der Vater nie mehr heimkäme." "Manchmal habe ich schon gedacht, die Welt gehe unter."

Aufgrund der Abklärung überwies die Schulpsychologin die Familie zu einer Therapie. Ziel war, die Hierarchie in der Familie wieder herzustellen, die Beziehung zwischen den Eltern zu verbessern, die Eltern in erzieherischen Belangen zu einer gemeinsamen Haltung zu verhelfen und eine Verbesserung des Kontaktes zwischen Felix und dem Vater zu ermöglichen. Dies benötigte eine Reihe von Familien- und Elterngesprächen und war in Teilbereichen erfolgreich. So verbesserte sich im Laufe der Behandlung das Verhalten, sowohl in der Schule, wie Zuhause. Felix machte seine Hausaufgaben, anfangs mit Unterstützung, dann allein, zur Zufriedenheit des Lehrers. Die Konzentrationsstörungen gingen zurück und das Interesse am Schulstoff stieg. Da im rechnerischen Bereich grosse Lücken festgestellt wurden, erhielt Felix spezielle Nachhilfestunden. Die Beziehung zum Vater blieb weiterhin schwierig und gespannt. Felix löste sich mehr und mehr von der Mutter und fand Anschluss bei Gleichaltrigen in einer Sportgruppe.

Fallbeispiel 2
Urs ist 11jährig, das erste von drei Kindern einer Akademikerfamilie. Trotz überdurchschnittlicher Intelligenz sind die Noten in der 5. Klasse zunehmend gesunken. Der Lehrer beklagt sich über mangelndes Interesse, Unaufmerksamkeit, Träumereien.
In der ersten Familiensitzung zeigt sich folgendes Bild: Urs ist nach langer Kinderlosigkeit heiss ersehnt worden und von den Eltern und Grosseltern väterlicherseits als Stammhalter und kleiner Prinz stark verwöhnt worden. Der Vater, beruflich sehr engagiert, hat sich wenig an der Erziehung beteiligt und verhielt sich eher gewährend und verwöhnend, während die Mutter erzieherisch eher streng und fordernd war.
Urs war 8jährig, als sein jüngster Bruder zur Welt kam, der wegen seiner Frühgeburt sehr viel Aufmerksamkeit und Zuwendung benötigte. Urs wurde zunehmend aggressiv im Verhalten gegenüber seiner Mutter, verweigerte die Mithilfe im Haushalt und zog sich immer mehr zurück in sein Zimmer. Bei Konfrontationen mit der Mutter explodierte er, schrie sie an und liess seinen Zorn an seiner Zimmereinrichtung aus. Dieses Verhalten wurde im Laufe der Jahre extremer: Die Wutausbrüche traten fast jeden zweiten Tag auf. Die schulischen Leistungen nahmen ab. Er begann die Mutter zu beschimpfen und beleidigte sie mit sexuellen Schimpfwörtern. Die Mutter suchte Unterstützung bei ihrem Mann, wurde von ihm aber beschuldigt, zu streng und autoritär zu sein. Diese Meinung vertraten auch die Grosseltern väterlicherseits, die sich stark in die Erziehung von Urs einmischten und den Knaben gegen seine Mutter aufhetzten. Urs selbst war es offensichtlich unwohl in dieser Situation: Er litt gehäuft an diffusen Kopf- und Bauchschmerzen, was viele Schulabsenzen zur Folge hatte. Erst als Urs seine Mutter zu schlagen begann und ihr drohte, er werde ihr Geld stehlen, reagierte der Vater und war mit einer Beratung einverstanden.
In der ersten Familiensitzung wurden die Beziehungs- und Hierarchieverhältnisse analysiert und aufgezeichnet. Es zeigte sich für alle deutlich und einsichtig, dass Urs eine ihm nicht angemessene Position in der Familie einnahm, indem er sich über die Eltern, und v.a. über die Mutter erhoben hatte. Auch Urs selbst konnte dies sehen, dazu stehen und aus seiner Sicht kommentieren. In Anwesenheit der Kinder wurde mit den Eltern eine Strategie ausgearbeitet, wie sie gemeinsam Urs wieder auf seinen Platz auf der Kinderebene zurückbringen könnten. Die Eltern einigten sich auf klare Regeln und erzieherische Forderungen, die der Knabe einhalten müsse. Es wurde ein Protokoll erstellt, in dem die Eltern täglich das Verhalten von Urs schriftlich mit einem Punktesystem bewerten mussten. Die Eltern wurden gestützt und beraten, wie sie bei Schwierigkeiten oder Widerstand vorgehen konnten. Während Urs zu Beginn des Gesprächs unruhig und abweisend war, wurde er im Laufe der Zeit zunehmend gelöster, offener und erzählte von sich aus, dass er sich wegen seines Verhaltens oft Selbstvorwürfe mache,

abends herumgrüble und nicht einschlafen könne. Er wirkte entlastet, als besprochen wurde, dass die Ordnung in der Familie wiederhergestellt werden soll.

Zwei Wochen später schickten die Eltern das Protokoll: Das Verhalten von Urs hatte sich schlagartig gebessert. Der Vater schrieb dazu: "Seit der Sitzung mit einem anschliessenden Machtkampf mit Urs haben wir ein verändertes Kind Zuhause, das sich in seiner ihm zustehenden Rangordnung und Rolle immer wohler zu fühlen scheint. Es ist mir klar geworden, dass ich mich viel stärker in die Erziehung von Urs einbringen kann und will, mit einer klaren Unterstützung meiner Ehefrau." Es blieb bei dieser einen Familiensitzung. Telefonische Nachfragen zeigten, dass diese positive Veränderung anhielt und dass sich das Lern- und Leistungsverhalten markant besserte. Zwei Jahre später meldeten sich die Eltern nochmals und berichteten sehr glücklich, dass Urs jetzt das Gymnasium besuche und sein Verhalten daheim und in der Schule unauffällig sei.

2.4.5   Schlussfolgerungen

Es hat sich in der Praxis bewährt, bei Kindern mit Schulversagen, die familiendynamischen Zusammenhänge genau zu erfragen und dabei speziell auf die hierarchischen Verhältnisse zu achten.

Wir sehen, dass der Rückgang traditioneller Leitbilder die Eltern oft verunsichert. Sie können sich in der Erziehung weniger an klare Leitlinien halten und müssen selbst einen Weg finden, wieviel Anleitung und Steuerung sie ihren Kindern angedeihen lassen und wieviel Freiheit und Selbstbestimmung sie gewähren wollen. Das erfordert von Vater und Mutter eine intensive Auseinandersetzung mit diesen Themen. Dabei spielen eigene erzieherische Erfahrungen als Kind eine wichtige Rolle und gegenseitige Projektionen der Eltern können die Suche nach einer gemeinsamen erzieherischen Leitlinie erschweren.

Es scheint sinnvoll, in einer ersten Sitzung mit der ganzen Familie ein neues Leitbild zu erarbeiten, das beide Eltern befürworten und unterstützen können, dass nämlich eine sinnvolle und angemessene Hierarchie in der Familie notwendig ist. Dann können die Eltern beraten werden, wie sie sich in einer klaren, kongruenten und realitätsgerechten Haltung mit Anleitung, Forderungen und Grenzen gegenüber den Kindern behaupten können. Oft kann mit einfachen unspezifischen Interventionen eine bestehende Hierarchieumkehr behoben werden: Einerseits mit dem offenen Ansprechen und Aufdecken der überhöhten Position des Kindes - andererseits mit der Aufgabe der Protokollführung über das Verhalten. Indem die Eltern das Verhalten des Kindes beurteilen und aufzeichnen, machen sie bereits einen ersten Schritt im Hinblick auf die Wiederherstellung der Hierarchie. Falls diese Massnahmen nicht zum erwünschten Ziel führen, müssen spezifische familientherapeutische Interventionen eingesetzt werden, die dann ganz auf die jeweilige Familie ausgerichtet sind.

2.4.6   Zusammenfassung

Es zeigt sich, dass Kinder und Jugendliche häufig aufgrund seelischer oder sozialer Störfaktoren im schulischen Bereich scheitern, trotz ausreichender intellektueller Begabung. Neben milieubedingten Gründen können individuelle innerpsychische Konflikte, aber auch familiendynamische Konstellationen ausschlaggebend sein für die Lern- und

Leistungsstörungen.Es kann sich mit der Zeit eine an dauernden Misserfolgen orientierte Demotivation entwickeln, die sich auf weite Leistungsbereiche ausdehnen und zum Absinken von allgemeinen Fähigkeiten führen kann.

2.4.7   Literaturverzeichnis

Buchholz, *M.B.*: Psychoanalytische und familiendynamische Aspekte der Lernbehinderung. Psyche-Stuttg. 40(3) 263 – 278, 1986

Bossong, B.: Lernmotivation und psychische Belastung. In: Berndt,J., Busch, DW., Schönwälder,H.G. (Hrsg). Schularbeit. Braunschweig. Westermann, 1982

Chesson,R. / McKay,Ch. / Stephenson,E.: Motor/learning difficulties and the family. Child:care, health and development, 16, 123 - 138, 1990

Dyson, L.L.: The Experiences of Families of Children with Learning Disabilities. J.-Learn.-Disabil. 29 (3) 280 – 286, 1996

Faerstein, L.M.: Stress and coping in families of learning disabled children, a literature view. J.-Learn-Disabil. 14 (7), 420 – 423, 1981

Gordon,N. / McKinlay,G.:Who are clumsy children. In : Helping Clumsy Children, eds N. Gordon. Churchill Livingstone, Edingburgh, 1980

Jegge, J.: Dummheit ist lernbar. Bern Kösel, 1980

Knoke, H.: Familiäre Bedingungen bei Konzentrations- und Leistungsstörungen. Prax. Kinderpsychol. Kinderpsychiat. 33, 234 - 238, 1984

Margalit, M. Heiman, T.: Family climate and anxiety in families with learning disable boys. J. American Academy of Child Psychiatry. 25, 841 846, 1986

Richter, H.E.: Patient Familie. Reinbek, 1972

Specht, F.: Beanspruchung von Schülern. bmbw Werkstattberichte, Bonn, Bundesministerium für Bildung und Wissenschaft, 1977

Wille, A.: Psychosomatische Krankheiten bei Kindern: Ein familientherapeutischer Ansatz. Familiendynamik, Klett-Cotta, Stuttgart, 6, 59 – 69, 1981

2.5 Psychoanalytische und familiendynamische Aspekte der Lernbehinderung

Michael B. Buchholz

Übersicht: Lernbehinderungen sind nicht isoliert als kognitive Teilleistungsschwäche zu betrachten, sondern sind immer auch Resultat der affektiven Dynamik in der familiären Beziehungsstruktur. Anhand von Beispielen aus seiner familientherapeutischen Praxis macht der Autor auf den Zusammenhang von Individuation, Körpererleben und Lernfähigkeit aufmerksam.

2.5.1 Einleitung

Mich hat es immer wieder beeindruckt, wenn Kinder, die wegen schlechter Schulleistungen in die Beratungsstelle gebracht wurden, nach einer Phase der Kontaktaufnahme begannen, mir ihre Störungen zu erläutern. Sie sagten dann etwa, sie müssten jeden Morgen Tabletten, »Hirnpillen« nehmen, weil sie »irgendwie nicht richtig im Kopf« seien, oder sie erklärten einfach: »Ich bin eben dumm«. Das gab mir zu denken. Es erinnerte mich an das Paradox des Parménides, der einen Kreter sagen lässt, dass alle Kreter lügen. Wenn das logisch stimmt, muss diese Aussage, dass alle - also auch dieser - Kreter lügen, wahr sein, wenn sie falsch ist, und falsch sein, wenn sie wahr ist. Kann also angesichts dieses logischen Widerspruchs ein »Dummer« von sich sagen, daß er dumm ist? Oder gilt es auch hier, die Lüge in der Wahrheit dieser Selbstaussage herauszuhören?

Bei einer genetischen psychoanalytischen Betrachtungsweise lässt sich ein solches Paradox z.B. hinsichtlich der »Dummheit«, die heute »modern« auch als Lernbehinderung bezeichnet wird, relativ schnell auflösen. Erkennbar wird nämlich eine Art von Selbstzuschreibung, die offenbar auf einer ganzen Reihe von entmutigenden Erfahrungen basiert[4]. Bevor Kinder sich selbst als »dumm« bezeichnen, ist ihnen zuvor oft der entsprechende Vorwurf gemacht worden. Die Selbst-Aussage erweist sich somit als eine verinnerlichte Fremdzuschreibung, die in einem paradoxen und lähmenden Verhältnis zu sich selber steht.

Beobachten wir solche Kinder, so fällt an ihnen in aller Regel nicht allein die Lernbehinderung auf. Sie zeigen nicht selten ein »dissoziales Syndrom«, stehlen, lügen, streunen allein herum; nach zaghaftem anfänglichem Bemühen geben sie oft das Interesse an freundschaftlichen Beziehungen zu anderen Kindern wieder auf; ihren Aktivitäten gehen sie in der Regel in grosser Einsamkeit oder in übergrosser Anhänglichkeit an nur einen speziellen Freund nach, von dem sie sich schnell enttäuschen und kränken lassen. Einsamkeit und übergrosses Zärtlichkeitsbedürfnis sind oft gekoppelt an Symptome wie Zwanghaftigkeit, Fresssucht, grosse Angst vor Dunkelheit, Einnässen usw.

---

[4] In diesem Sinne ist auch die These von Jürg Jegge (1980) zu verstehen:» Dummheit ist lernbar«. Sein Buch hat mich angeregt.

Die Lernbehinderung ist so stets eingebettet in ein äusserst variables Muster von mit ihr zusammen auftretenden anderen Störungen. Es ist müssig, darüber zu streiten, ob solche Störungen Folge des mit der Behinderung einhergehenden Misserfolges sind, also auf die Behinderung »aufgepfropft« sind (wie die Psychiater sagen), oder ob die anderen Symptomatiken die Lernbehinderung bedingen. Das gemeinsame Auftreten von kognitiven mit affektiven Problemen deutet auf die Notwendigkeit hin, einen einheitlichen Zugang zur Untersuchung solcher Kinder zu entwickeln, der gerade die Wechselwirkung zwischen affektiver und kognitiver Entwicklung erschliesst. Psychoanalyse und Piagets genetische Epistemologie können bei dieser Betrachtungsweise in fruchtbare Beziehung gebracht werden. Ich lege hier den Schwerpunkt auf die affektive Entwicklung.

Wer ein lernbehindertes Kind »fördern« will, muss verstehen, welche Bedeutung es seiner eigenen Behinderung beimisst. Mit der Frage nach der persönlichen Bedeutung einer Behinderung wird dem Behinderten eine eigenständige Lebensgeschichte und der Status eines autonomen Subjekts zugestanden, eines Subjekts, das seiner Auseinandersetzung mit der »Welt« auf dem Weg der Wunscherfüllung und symbolischen Aneignung Bedeutung zu verleihen sucht. Eine Diagnostik, die nicht lediglich auslesen, sondern fördern will, hat dies zu berücksichtigen. Maud Mannoni schreibt, »daß die Tragödie dieser Kinder (gemeint sind Sonderschüler; M. B. B.) gerade darin besteht, dass sie nie als Subjekt ihrer Wünsche behandelt werden« (1972, S.103). Eine pädagogische Theorie darf diesen Fehler in der Förderung und Behandlung solcher Kinder methodisch nicht wiederholen.

Im folgenden werde ich zunächst darauf eingehen, wie sich innerhalb der Psychoanalyse die Ansichten hinsichtlich der Lernbehinderung bzw. »Dummheit« verändert und erweitert haben. Anschliessend werde ich anhand von Beobachtungen in Familien mit lernbehinderten Kindern eigene Gedanken zum Lernen und zur Lernbehinderung zu formulieren und systematisieren versuchen.

2.5.2   Zur Psychoanalyse der Lernbehinderung

2.5.2.1   Frühe Ansätze

Auf der Suche nach Motiven für Lernbehinderung kam man in den frühen Ansätzen der Psychoanalyse zu folgender Schlussfolgerung: Auffallend war, dass der (angeblich) »Dumme« etwas verweigerte, nicht lernen »wollte«, so dass sich hier ein Protest-Motiv lokalisieren ließ, das gut mit dem der analen Phase zuzurechnenden Trotz in Verbindung gebracht werden konnte. Die trotzige Verweigerung der Aneignung bestimmter Kulturtechniken mündet in eine gestörte Form der Selbstbehauptung - als Selbstbeschädigung -, deren Ursprung in der Auseinandersetzung mit den Eltern liegt. Später wurden auch Prüfungsängste als Angst vor der Rivalität mit einem Stärkeren, zu dem eine Vater-Übertragung bestand, gedeutet.

Lernstoff aufzunehmen, liess sich aber auch verstehen als eine orale Modalität, auf die das Kind regrediert war. So wurde z. B. immer wieder beobachtet, dass Kinder dann mit ihren Lernschwierigkeiten begannen, wenn ein Geschwisterchen geboren wurde. Zulliger (1951) berichtet von einem 11jährigen Mädchen, dessen gute Schulleistungen am

Ende ihres neunten Lebensjahres rapide abfielen, als ein weiteres Kind in der Familie auf die Welt kam. Zudem entwickelte es eine immense Fresssucht. Es stellte sich heraus, dass das Mädchen mit der Frage beschäftigt war, wie das Kind in den Bauch der Mutter gekommen ist, und sich diese Frage mit der Annahme beantwortet hatte, das käme vom Essen. Nun wollte es sich das auch antun und seine Neugier war so sehr damit befasst, dass es nicht lernen konnte - jedenfalls nicht das, was es sollte. Lernen, eine Antwort auf eine ungestillte Frage finden, wollte es ja.

Landauer (1926) formulierte schon früh im Anschluss an Freud[5], dass es einen Zusammenhang gebe zwischen der Unterdrückung der frühkindlichen Sexualneugier und späteren Lernhemmungen. Kinder, die keine Antworten auf ihre Fragen erhalten, hören irgendwann zu fragen auf, werden dumm, so etwa lautete seine These. Solche »Fragen« galten als triebgesteuert und spiegelten die Auseinandersetzungen des Kindes mit einer damals eher triebfeindlichen Umwelt wieder. Beachtenswert scheint mir dabei, dass die Kinder psychosexuellen Entwicklungsstadien entsprechende naive Theorien ausbilden, wie die obengenannte Geburts- und Befruchtungstheorie, die sich als kognitive Deutungsversuche von Umwelterfahrungen interpretieren lassen. Nach dieser Auffassung entstehen Lernstörungen dann, wenn ein Kind an solche „Theorien" fixiert bleibt.[6]

Ebenfalls wies die Psychoanalyse schon früh darauf hin, dass die Identifizierung mit dem »Lehrenden«, d.h. also auch mit Vater oder Mutter, in den Kontext der Theorien über den Lernprozess gehört. Damit wurde unterstrichen, dass Lernen immer im Rahmen einer Beziehung stattfindet, die Lernprozesse fördert oder behindert. Falls es sich nicht um die primären Bezugspersonen handelt, sondern z.B. um Lehrer, ist eine positive Übertragung zu ihnen natürlich förderlich. In einer solchen Perspektive ist die Schule ein Raum, in dem sich der »Familienroman« wiederholt inclusive des Geschwisterneides oder etwa der Phantasie, eine bevorzugte Position beim Lehrer einzunehmen. Sensible Grundschullehrer wissen davon zu berichten und auch von der Eifersucht der Eltern auf sie.

2.5.2.2 *Lernen und die Genese des Ich*

Eine Beobachtung sei hier vorangestellt: Objektverluste und die ihr nachfolgende Trauer können ebenfalls zu einem Abzug der Aufmerksamkeitsbesetzung von der Umwelt führen, so dass gravierende Lernbehinderungen die Folge sind. Hier ist die Lernbehinderung ganz offensichtlich nur das oberflächlichste Symptom eines tief aus den Fugen geratenen seelischen Gleichgewichts. Die Auswirkungen solcher Trauer hängen aller Wahrscheinlichkeit nach ab von der Art der vorhergehenden Beziehung zu der jetzt

---

[5] Bemerkungen Freuds zum Zusammenhang von Lernen und Verdrängung finden sich in GW VII, S.61 f.: Lernen unterstützt - eifrig - die Verdrängung. In seiner Schrift über Leonardo (GW VIII, 5.5. 146 f.) formuliert er die Hemmung der Wissbegier als Folge der Unterdrückung frühkindlicher Sexualneugier; ähnliche Gedanken lassen sich auch im »Wolfsmann' (GW VIII, S.102) finden. Die Hemmung der Kritik an Zumutungen religiöser Glaubensforderungen haben nach Freud ebenfalls eine affektive Quelle (vgl. GW XV, S.183 und GW X, S.4l).

[6] Auch Melanie Kleins erster veröffentlichter Fall (1909) drehte sich um »die Einflüsse der Sexual-Aufklärung und des Nachlassens der Autorität auf die intellektuelle Entwicklung des Kindes« (zit. nach Riesenberg, 1982).

fehlenden Person, den Verarbeitungsmöglichkeiten des Kindes, den Reaktionen und Hilfsangeboten seiner Umwelt. Statistiken über Lernstörungen bei Kindern geschiedener Eltern beispielsweise belegen, dass Kinder hier auch im kognitiven Bereich traumatisiert reagieren. Auch dies belegt erneut den engen Zusammenhang zwischen affektiver Störung und kognitiver Behinderung (vgl. Biermann und Biermann, 1978; Framo, 1980; Stober, 1980).

Solche frühen psychoanalytischen Gedanken zum Lernen und dessen Störungen - die psychosexuelle Genese der Dummheit, Neugier und deren Hemmungen, Trauerreaktionen, Identifizierung - standen noch ganz im Rahmen der Triebpsychologie und setzen ein intaktes, d.h. lernfähiges Ich als Ort der Lernprozesse voraus. Behinderungen entstehen nach dieser älteren, aber keineswegs überholten Auffassung aus Konflikten des Ichs mit seiner Umwelt, mit verinnerlichten Forderungen der Umwelt (Über-Ich) oder mit seinen Trieben. Lernbehinderungen haben den Stellenwert von neurotischen Symptomen, sind wie diese strukturiert und Folge von Verdrängung oder Hemmung und Regression. Eine nach dem unbewussten Konflikt fahndende Diagnostik hätte hier zu lokalisieren, wer der Kontrahent des Ichs ist.

Der Begriff der »konfliktfreien Ichsphäre« bzw. der »Neutralisierung« (Hartmann, 1939), der dem der Sublimierung verwandt ist, beleuchtet ebenfalls das Zusammenspiel kognitiver und affektiver Faktoren. Nahezu alle motorischen, sensorischen und kognitiven Funktionen wie Gehen, Sehen, Sprechen und Denken sind mit libidinösen oder aggressiven Affektregungen verbunden, die erst allmählich »neutralisiert« werden, wodurch die Funktion konfliktfreier ablaufen kann. Allerdings ist eine Rekonfliktualisierung immer wieder möglich. Strittig ist in der Ich-Psychologie lediglich die Frage, ob solche konfliktfreien Ich-Sphären primär sind.

Je stärker die Ich-Psychologie nach den Bedingungen der Genese des Ichs fragte und darin von der Objektbeziehungstheorie (vgl. Friedmann, 1975; Kanzer, 1979) unterstützt wurde, um so deutlicher wurde: das Ich ist selber ein Ergebnis von Lernprozessen; allerdings von anders gearteten, früheren, in denen es noch kein eindeutig ausweisbares Subjekt dieser Prozesse gibt. Es ist sozusagen nicht ganz klar, wer da eigentlich lernt: ist es das Baby, das doch andererseits nur in Verbindung mit der Mutter existiert, wie Winnicott (1974) meint? Ist es der kindliche »Organismus« im biologischen Sinn (vgl. Paulsen, 1977)?

Offenbar haben wir es hier mit einem Wechselwirkungsprozess zu tun: das Ich ist Ort der Lernprozesse, wird aber selber durch das Lernen erst konstituiert. Lernen und Individuation müssen in einem Kontext gesehen werden. Hier gibt es interessante Parallelen zwischen der Psychoanalyse und Piagets genetischer Epistemologie. Für die ersten 1 ½ Lebensjahre wird in beiden Theorieansätzen auf nahezu identische Beobachtungen hingewiesen. Für beide ist Entwicklung nicht ein linear verlaufender Prozess. Die Aufgabe und der Neuerwerb von Anpassung an Umwelterfordernisse reorganisiert psychische Strukturen, die in kritischen Knotenpunkten »kulminieren«, die Spitz als »Organisatoren« beschrieben hat. Piaget beschreibt für die kognitive Ebene das Wechselspiel der Assimilation und Akkommodation. Beiden Auffassungen ist die Annahme gemeinsam, Entwicklung treibe auf immer neue Gleichgewichtszustände hin. Man kann hinzufügen: was die Entwicklung antreibt, sind spezifische Ungleichgewichtszustände, die nach einer Lösung auf höherer Stufe verlangen. Die Psychoanalyse hat diese Modellvorstellung - nämlich Entwicklung als Abfolge von Ungleichgewichts-Gleichgewichtszuständen zu verstehen - ihrem Konzept der psychosexuellen Entwicklung zugrunde gelegt. Diese Entwicklung findet ihren vorläufigen Abschluss mit der ödipalen Entwicklung um das 5. und 6. Lebensjahr, während die kognitive Entwicklung weiterläuft und mit dem Erreichen des Stadiums der formalen Denkoperationen um das 11. und 12. Lebensjahr ihren Höhepunkt erreicht. Erst mit dem Eintritt in die Latenzphase scheint es also zu einer charakteristischen Verschiebung zwischen kognitiver und affektiver Entwicklung zu kommen (Ciompi, 1982), so dass man annehmen kann, dass Fortschritte auf der einen Ebene solche auf der anderen ermöglichen und umgekehrt. Bleiben wir noch bei der frühen Entwicklung. Allen Versuchen; diese sehr frühen Stadien der menschlichen Entwicklung zu konzeptualisieren, haftet notwendigerweise etwas sehr Spekulatives an. Selbst die durch direkte Kinderbeobachtungen aufgestellten Hypothesen müssen an irgendeinem Punkte vage werden oder anderen Hypothesen in direkter oder indirekter Form widersprechen. Meines Erachtens handelt es sich hier um eine prinzipielle Schwierigkeit, die vielleicht nicht aufhebbar ist: wir sind gezwungen, mit Sprache einen Lebensabschnitt zu verstehen, in dem Sprache sich überhaupt erst im Individuum entwickelt. Erfahrungen dieser Zeit können aus diesem Grund nur annäherungsweise in Sprache ausgedrückt werden.

Trotzdem lässt sich skizzieren, in welcher Weise ein - im reifen Sinne - lernfähiges Ich sich entwickelt, d.h. sich selbst durch der Ich-Bildung vorgelagerte Lernprozesse konstituiert. Mit einer solchen Skizze der Entstehung des Ichs könnte die These von der Einheitlichkeit des Seelischen untermauert werden: Affekte - als zentraler Gegenstand der Psychoanalyse - und kognitive Funktionen - als zentraler Gegenstand der genetischen Epistemologie Piagets - verweisen stets aufeinander. Nach psychoanalytischer Annahme ist ihre Aufspaltung Ergebnis eines im ersten Lebensjahr einsetzenden Differenzierungsprozesses zwischen Primär- und Sekundärprozess. Eine solche Differenzierung steht im Wechselspiel zwischen kindlicher Triebnatur und mütterlichem Verhalten. Die unvermeidlichen Versagungen (anwesende Mutter/abwesende Mutter), d.h. »Ungleichgewichtszustände«, lassen Vorläufer von Objektbeziehungen entstehen, in denen die lustvolle Besetzung des (Partial-) Objektes - da es triebbefriedigend ist - mit der lustvollen Besetzung des eigenen Selbst einhergeht. Es entsteht dann, wenn die lustvolle Befriedigung durch die abwesende Mutter ausbleibt, die erste Lernerfahrung: die einer fundamentalen Kategorienbildung zwischen dem Selbst und der Umwelt. Diese muss ausgebaut werden, soll weiteres Lernen möglich sein. Mahler (1978) beschreibt diesen Prozess als Loslösung und Individuation. Allerdings bleibt lange noch das Verständnis der Umwelt ans »Körperschema« gekoppelt: Umweltereignisse werden gemäss den am eigenen Körper gemachten Erfahrungen ausgedeutet. Hier, im gestörten Körperschema, könnte ein Grund für schwere Formen der Legasthenie zu suchen sein. Deren festgestellte Raum-Lage-Labilität z. B. bezieht sich zunächst auf die Lage des eigenen Körpers im Raum. Unsicherheiten hier deuten auf eine mangelnde narzisstische Besetzung des eigenen Körpers hin - solche Kinder sind oft nicht in der Lage, einen ganzen Menschen zu zeichnen - was sich später in einer allgemeineren Desorientierung im Raum fortsetzt. Diese Überlegung wird durch Untersuchungen bestätigt: Gygax (1969) z.B. berichtet, daß ein einjähriges, rhythmisches Training mit den rechtschreibschwachen Kindern den gleichen Erfolg hatte wie bei einer Kontrollgruppe mit dem üblichen

Funktionstraining (zit. nach McLeod, 1976).

Die Akkommodation von Welterfahrung ans Körperschema ist bereits ein Ausdruck dafür, dass Erfahrungen gemacht werden. Erfahrungen aber lassen sich erst dann machen, wenn Selbst und Objekt bereits getrennt sind; das bedeutet, dass die erfahrenen oder die erkannten Dinge in ein bestimmtes Verhältnis zu sich selbst gesetzt werden können, etwa, indem das Kind alles in den Mund nimmt, um es zu begreifen. Dies geschieht hier noch in egozentrischer Weise (Piaget): das Kind sieht die Welt wie sich selbst, die Bedeutungsschemata entsprechen dem Körperschema.

In Gang gesetzt wird diese Entwicklung durch eine Frustration: die Befriedigung durch die Mutter ist nicht ständig verfügbar. Statt dessen kann das Kind beginnen, die Befriedigung zu halluzinieren, die »halluzinatorische Wunscherfüllung« (Freud) ist ein Vorläufer späterer Symbolbildung. Dies wäre ein zweiter wesentlicher Lernschritt, der mit einem dritten einhergeht: das Kleinkind muss zwischen Halluzination und Wahrnehmung unterscheiden lernen, d.h. es bedarf der Herausbildung einer Urteilsfunktion in bezug auf die Realität. Freud nannte dies bekanntlich Realitätsprüfung.

Gehen wir davon aus, dass die Herausbildung von Symbolen und ihrer Vorläufer, der halluzinatorischen Wunscherfüllung, ein Ergebnis des eingeleiteten Trennungsprozesses zwischen Mutter und Kind ist, so lässt sich folgern, dass die Symbolbildung sowohl Ausdruck der sich auflösenden Einheit mit der Mutter ist als auch an deren Stelle tritt. Das Kind kann sich symbolisch - halluzinatorisch - selbst befriedigend bemuttern.

Drei Arten von Lernprozessen und ihrer Störungen lassen sich so festhalten:

a) Die Kategorienbildung zwischen dem Körperselbst und der Umwelt:
Was nicht eindeutig dem Körper oder der Umwelt zugeordnet werden kann wie z.B. die Ausscheidungen, bleibt gewissermassen »zwischen« den Kategorien und wird im Laufe der Entwicklung mit einem Tabu belegt; Ausnahmen sind die Tränen. Kinder, denen diese fundamentale Zuordnung (Kategorienbildung) nicht gelingt, bleiben symbiotisch mit der Mutter verstrickt (»fusioniert«); sie können keine Erfahrungen machen, d.h. sich am »Anderen« erleben. Sie entwickeln das, was E. Buxbaum (1969) eine »allumfassende Lernstörung« nennt. Ein derart verstricktes Kind kann aber auch keine Aufmerksamkeitsbesetzung entwickeln, weil dies Elemente einer Aktivität enthalten würde, die die kindliche Gestalt zu prägnant sich konturieren liesse. Die damit verbundene Abhebung vom mütterlichen »Grund«, d.h. also Individuation, löst zuviel Angst aus. (Vergleiche dazu die Familienuntersuchungen von Wynne, 1965). Theodor Lidz (1971, 1976) beschreibt mit dem Begriff der »egozentrischen Überinklusivität«, dass es sich hier um eine Fehlentwicklung der Kategorienbildung handelt, die darin gipfelt, dass solche Kinder alles auf sich beziehen müssen. Sie bleiben im ungeschiedenen Zustand der Nicht-Trennung von Selbst und Objekt.

b) Der Symbolbildungsprozess [7] :
Der Wechsel zwischen befriedigender anwesender Mutter und deren Abwesenheit schafft einen präverbalen Dialog zwischen beiden Partnern, der einen ersten vorläufigen

---

[7] Zum Zusammenhang von Symbolbildung und Selbstkonstitution vgl. Speidel (1978).

Höhepunkt in der Feststellung findet, dass die Mutter nicht immer »da« ist. Dieser Wechsel erzwingt sozusagen die Entwicklung. Die Fortsetzung der symbiotischen Einheit von Mutter und Kind - so wie Grunberger sie annimmt für den bedürfnis- und spannungslosen Zustand des primären Narzissmus - könnte nicht zur »psychischen Geburt des Menschen« (Mahler) führen. Kinder, die hier symbiotisch gebunden bleiben, werden mutistisch, sprachlos. Nach dieser Auffassung setzt der Symbolisierungsprozeß ein als »halluzinatorische Wunscherfüllung«, als »Vorstellung«, die durch den Wegfall des befriedigenden Objektes erzwungen wird. Er beginnt mit der Bildung oppositioneller Phoneme (»fort« und »da«) aus einem Mangelerlebnis und führt über die Prozesse der Assimilation sensomotorischer Schemata (z. B. etwas im Auge behalten, nach etwas greifen, Suchbewegungen, Hindernisse aus dem Weg räumen) zum verinnerlichten Handeln. Die Aussenwelt wird innerlich nachgeahmt und damit unabhängig von der Wahrnehmung.

Die Mutter-Kind-Beziehung liefert für beide Lernvorgänge, die Kategorien- und Symbolbildung, das Modell des Dialogs mit lebendigen Objekten. Gestört werden solche Prozesse dann, wenn die Wechselseitigkeit des Dialoges das Kind einseitig an die Wünsche der Mutter bindet; das Kind existiert in diesen Bereichen nur als Realisierung der mütterlichen Phantasie und bleibt an die Imago einer als allmächtig erlebten Mutter fixiert. Mannoni (1972) sagt, daß das Kind die »Hohlform« des mütterlichen Wunsches darstellt. Sind die Störungen gering, gelingt mit der Abgrenzung von der Mutter der Aufbau einer inneren, symbolischen Welt.

c) Die Realitätsprüfung:

Damit ist ein dritter Prozess gemeint, der das Kind befähigt, zwischen dem Symbol und dem Objekt zu unterscheiden. Hierbei handelt es sich offenbar um ein Lernen bereits auf höherer Stufe, das die vorangegangenen Prozesse voraussetzt. Gewisse affektive Bedingungen sind hier zu nennen: z. B. die Fähigkeit des Kindes, Befriedigungen aufschieben zu können, die es nur erwirbt, wenn es zuvor genügend »Sicherheit« (Sandler, 1960) in der Beziehung zur Mutter erfahren hat, aber auch die Fähigkeit zur lustvollen Illusionsbildung, die aus dem Umgang mit den Übergangsobjekten Winnicott, 1969) erwächst. Hier liegt eine der Quellen der Kreativität und damit auch der Fördermöglichkeiten behinderter Kinder. Die Modifikation des Lustprinzips zum Realitätsprinzip, wie es die Psychoanalyse beschreibt, setzt solche basale Sicherheit in der Beziehung voraus. Die Verinnerlichung des Handelns (Freud spricht vom »Denken als Probehandeln«) über die Stadien des anschaulichen Denkens und der konkreten Denkoperationen kann fortschreiten, wenn von seiten der affektiven Entwicklung ein gleichgerichteter Prozess gelingt: die Umwandlung der an der Triebbefriedigung orientierten Objektliebe in reifere Formen der Identifizierung. Solche Formen der selektiven Identifikation setzen die gelungene Loslösung und Erreichung der Objektkonstanz voraus. Identifizierung wird dann zum Ausgangspunkt weitreichender, »sachorientierter« Lernprozesse. Mit der Identifizierung bildet sich dann auch ein neues, Lernen förderndes Motivations-System heraus: das der Ideale. Störungen der Lernfähigkeit ergeben sich, wenn das Ideal zu hoch gesetzt, als kalt und feindlich empfunden wird oder in sich selbst widersprüchlich ist (vgl. Sandler et al., 1963).

Ich möchte noch eine Quelle möglicher Lernbehinderungen nennen. Die Trennung des

Kindes von der Mutter - und wir müssen ja stets das Zusammenspiel beider im Auge behalten - gipfelt in einem Konflikt beider, wenn die kindliche Aktivität mit der mütterlichen Verbotsgeste beantwortet wird. Die Übernahme des mütterlichen »Nein« setzt die Wahrnehmung eines vom Selbst getrennten Objektes voraus, zu dem eine Beziehung besteht, die sich als »Dialog« (Spitz, 1976) bezeichnen lässt. Die Übernahme des »Nein« soll die drohende Gefahr des Liebes-oder Objektverlustes vermeiden; indem das Kind sich dem libidinösen Objekt angleicht, erwirbt es eine neue Urteilsfunktion: die Verneinung. Damit allerdings wird ein anderes psychisches System gestört: das Grössen-Selbst, mit dessen Aufbau das Kind sich die Illusion der Omnipotenz und Vollkommenheit zu erhalten suchte. Ein zu striktes »Nein« kann dazu führen, dass das Grössen-Selbst und das reale Selbst nicht miteinander integriert werden, sondern abgespalten nebeneinander existieren. Eine solche psychische Konstellation wird zu einer erstrangigen Quelle von Lernbehinderungen: Nicht nur, dass unbewusste Grössenphantasien von bewussten Gefühlen der Minderwertigkeit, rascher Entmutigung und ebenso rasch nachlassender Motivation begleitet werden (Kohut, 1973). Grössenphantasien scheinen überhaupt eine zentrale Anti-These zum Vorgang des Lernens darzustellen. Wer lernen muss, gibt damit zu, dass er noch nicht alles weiss. Wenn die Grössenphantasie jedoch dem eigenen Selbst eine gottähnliche Allmacht zuspricht, muss die Konfrontation mit Lernsituationen, in denen sich die reale Unvollkommenheit und d.h. Lernbedürftigkeit herausstellt, gemieden werden.

Auch hier lässt sich eine Parallele zwischen affektiver und kognitiver Entwicklung konstruieren. Die Grössenphantasie stellt dabei einen unbewussten Teil der Psyche dar, die die allgemeine kognitive Entwicklungsschematik in Richtung auf »Dezentrierung« nicht mitgemacht hat. Piaget geht ebenso wie die Psychoanalyse von einem Zustand aus, in dem noch nicht zwischen dem Ich und der Umwelt unterschieden wird und beschreibt einen Entwicklungsübergang zu einem System des Austausches zwischen einem differenzierten Ich und Personen oder Dingen. Am Ende dieser Entwicklung findet sich die Konstruktion eines objektiven und dezentrierten Universums mit dem gleichzeitigen Aufbau eines differenzierten Ich. Die Psychoanalyse kann hier mit dem Hinweis auf mögliche Fixierungen an Grössenphantasien eine affektive Störquelle kognitiver Entwicklung benennen.

Für eine psychoanalytische, dialogische Diagnostik von Lernbehinderungen lassen sich aus einem solchen Zugang gewisse Folgerungen ableiten:

a) Lernbehinderungen liegt eine subjektiv verständliche Biographie zugrunde. Für die Diagnose des psychischen »Ortes« der Störung ist deshalb eine gründliche Anamnese-Erhebung, die die gesamte Entwicklung des Kindes einbezieht, erforderlich. Die Anamnese sollte auch die Entwicklung vor Eintritt der Behinderung erfassen und möglichst umfassend die Umstände des zeitlichen Auftretens ermitteln.

b) Lernbehinderungen lassen sich nur begrenzt nach äusserlichen Kriterien, die das Leistungsniveau z.B. erfassen, einordnen. Das Dilemma der Legasthenie-Forschung zeigt dies in aller Deutlichkeit. Lernstörungen lassen spätestens dann einen lebensgeschichtlich verstehbaren Sinn erkennen, wenn die Störung mit dem bewussten und unbewussten Erleben des Kindes in Beziehung gesetzt werden kann. Für deren Exploration sind Materialien wie Spiel, Malen oder bei älteren Kindern das Angebot eines Gespräches sinnvoll und notwendig. Selbst bei Kindern mit nachweislich organischer Behinderung ist nach deren Bedeutung im lebensgeschichtlichen Kontext zu fragen.

c) Eine so verstandene Diagnostik muss sich an individualisierten Entwicklungsverläufen orientieren. Ihre Aufgabe ist nicht allein die Erhebung von »Daten«, sondern deren Integration zu einer »stimmigen Gestalt«. Ein Beispiel: Sowohl bei der diagnostischen Untersuchung als auch bei der Förderung von legasthenischen Kindern mit Übungsmaterial tritt häufig eine kaum zu überwindende Langeweile und Müdigkeit auf. Die genauere Untersuchung ergibt dann, dass diese Kinder von sich aus nicht in der Lage sind, diese Gefühle zu überwinden; auf entsprechende Angebote des Untersuchungsleiters vermögen sie jedoch zu reagieren. Sie können zwar von sich aus z. B. den Untersucher nicht anlächeln, reagieren aber auf ein Lächeln. Wenn eine solche Interaktion gelingt, verschwindet das Gefühl der Langeweile sofort; die Langeweile selber ist ein Interaktionsphänomen. Häufig stellt sich dann heraus, dass den Müttern solcher Kinder in deren frühen Entwicklungsphasen genau dieses befriedigende Zusammenspiel nicht gelang, da sie sich z. B. auf Grund von Trauerfällen dem Kind nicht genügend zuwenden konnten.

d) Ebenso wichtig ist aber auch die Untersuchung des aktuellen Lern-Kontextes, d.h. die Untersuchung der schulischen Situation, die Art der Hausaufgabenanfertigung, die Situation des Kindes in seiner Familie: Wird es angeregt? Werden seine Grössenphantasien unbewusst verstärkt? Zu diesem Punkt möchte ich von Erfahrungen aus meiner familientherapeutischen Praxis berichten.

2.5.3 Familien mit lernbehinderten Kindern

Zunächst einige Beobachtungen:

Ein 7jähriges Mädchen sitzt stundenlang an seinen Hausaufgaben, die es erst am Abend machen muss - mit dem Vater zusammen, da auch die Mutter tagsüber arbeitet. Die familientherapeutischen Gespräche ergeben, dass das Mädchen sich nicht nur seine ödipalen Wünsche erfüllt, sondern auch gegen intensive Trennungsängste von den Eltern ankämpft. Es hatte entdeckt, dass es die Eltern mit Jammern über die schweren Hausaufgaben vom abendlichen Weggehen abhalten konnte.

Ein 11jähriger Junge kann einfach nicht lesen und schreiben trotz intensiver, mehrjähriger Einzelförderung. Die familientherapeutische Exploration ergibt, dass es auf dem Höhepunkt der ödipalen Entwicklung eine Auseinandersetzung mit dem Vater gab, in der er den Vater als brutal und verständnislos empfand. So war er brav, gefügig und ängstlich geworden, wusste allerdings, wie wichtig es dem Vater war, dass er später einmal die Buchhandlung übernehmen sollte. Nun, da er ja nicht lesen konnte, würde daraus wohl nichts werden, was den Vater masslos kränkte und wodurch sich der Junge am Vater rächte.

Beide Beispiele verdeutlichen die familientherapeutische Erfahrung, dass Symptome innerhalb des Familiensystems als Beziehungsregulativ dienen. Sie ermöglichen die Kontrolle der Beziehung, aber in einer Weise, dass der Symptomträger gleichzeitig die Verantwortung dafür ablehnen kann: er will ja lesen lernen, aber leider, da ist ja die Behinderung . . .

Eine Förderung muss hier auf dem Hintergrund einer Diagnose des familiären Beziehungssystems geschehen und natürlich vor allem die aggressive Hemmung zu beseitigen suchen. Ein reines Funktionstraining würde ein solches Kind nur noch stärker in die familiäre Neurose verstricken, was besonders gut an stark leistungsorientierten Familien zu beobachten ist. Die Schulleistung des Kindes wird zum zentralen Thema eines zerstrittenen Ehepaares. Das Kind erreicht hier zweierlei: einerseits behauptet es sich selbst in der einzig möglichen Form der Verweigerung, andererseits einigt es die Eltern.

An Familien der sogenannten Unterschicht lässt sich beobachten, dass Eltern oft bewusst verhindern, dass ihre Kinder aufsteigen. Wenn der Vater nur Hilfsarbeiter ist, warum soll es das Kind besser haben? Das trifft aber auch für Mittelschichtfamilien zu. In einer Familie begann die Schulproblematik des Jungen, als dieser mit guten Noten in die 5. Klasse versetzt wurde und so abfiel, dass er nicht in die 6. Klasse versetzt werden sollte. Hier stellte sich heraus, dass der Vater im gleichen Alter war, als er wegen kriegsbedingter Wirrnisse evakuiert wurde und nur noch äusserst sporadisch die Schule besuchen konnte. Er hatte von daher ein Gefühl behalten, eigentlich nie über die 5. Klasse hinausgekommen zu sein.

.Es scheint, daß solche Familien die Erfahrungsextensität ihrer Mitglieder festlegen. Wer über gewisse enggezogene Grenzen sich hinausbewegt, verletzt ein Tabu (den Vater zu übertrumpfen) oder wird als familienilloyal angesehen. Zu dieser Festlegung der erfahrungsextensiven Grenze gehören auch die sogenannten Schulverweigerer. Regelmässig stellt sich hier heraus, dass es die Mütter sind, die ihren Kindern eine Trennung und die Eroberung neuer Erfahrungsdimensionen nicht gestatten können. Aber auch die Erfahrungsintensität wird familiär festgelegt. Als aussenstehender Beobachter ist man oft zutiefst erschrocken über das, worüber in manchen Familien nicht gesprochen wird, obwohl es sich um für jedermann sichtbare Dinge handelt. Sei es, dass der Tod der Grossmutter verleugnet wird, sei es, dass die beginnende Monatsblutung der ältesten Tochter nicht dazu führt, dass sie den Umständen entsprechend erwachsener behandelt wird. Auch offensichtlich schwer gestörte Ehebeziehungen werden als harmonisch dargestellt. Dies führt bei den Kindern in der Regel zu kognitiver Desorientierung und emotionaler Vereinsamung. Die Sprache als Mitteilungsorgan innerer Befindlichkeit kann nicht mehr genutzt werden, da die Gefühle selbst nicht mehr angesprochen werden dürfen. Die familiären Interaktionsformen sind mit Bedeutungen überfrachtet, ohne dass diese jedoch ausgesprochen werden könnten, zwischen Sprache und Interaktion ist ein Bruch entstanden (vgl. Lorenzer, 1970 und 1974). Auf dem »Forum der Familienöffentlichkeit« (vgl. Buchholz, 1982) können die zentralen Familienthemen nicht mehr besprochen werden. Sie würden - so jedenfalls die Angst der Familienmitglieder - unerträgliche Konflikte heraufbeschwören. Es ist interessant, daß der zentrale familiäre Abwehrmechanismus der Verleugnung nicht eindeutig dem affektiven oder kognitiven Bereich zugerechnet werden kann, sondern beide umgreift. Sinnliche Erfahrungen können nicht integriert und zum Aufbau der kognitiven Entwicklung genutzt werden. Der Beziehungsstil in solchen Familien ist von emotionaler Enge, Rigidität der Deutungsmuster und einer auffallenden Stereotypie der kommunikativen Verläufe gekennzeichnet.

In einer anderen Familie habe ich ein solches Durcheinander der formalen Verwandtschaftsstruktur erlebt, dass ich die Lernstörungen des jüngsten, siebenjährigen Mädchens bestens verstand: ich war selber dumm. Ich brauchte einige Stunden, um zu verstehen, wer wessen Eltern, Schwager, Cousinen, Grossmutter, Stiefvater, Tochter etc. sei, da mehrfach geheiratet und geschieden worden war. Hier wurde mir klar, dass eine überschaubare, familiäre Struktur offenbar eine der Bedingungen für eine normale kognitive Entwicklung ist. Nach der Lösung aus der Symbiose braucht das Kind in der Triangulierung offenbar ein eindeutiges 3. Objekt, um auch kognitiv den Schritt in eine dritte, »objektive« Dimension machen zu können. Die Verstrickung in solche familiären Netze deutet auf geringe Freiheitsgrade sowohl im Denken als auch in der Individuation hin.

Ein letztes, wie ich finde, erschütterndes Beispiel: Ein neunjähriger Junge ist der Nachzügler in seiner Familie, zwei ältere Schwestern sind am Ende des Studiums bereits angelangt. Er soll wegen schlechter Schulleistungen in die Sonderschule überwechseln. Das Gespräch mit den Eltern ergibt: sowohl der Vater als auch die Mutter sind beide körperlich behindert. Sie wollten kein weiteres Kind. Die Mutter hatte immer grossen Streit mit ihrer Mutter, und als diese starb, empfand sie trotz schwerer Schuldgefühle grosse Erleichterung. Dieses Gefühl der Erleichterung war so gross, dass sie noch in der gleichen Nacht ihren Mann verführte (beide hatten seit langer Zeit keinen sexuellen Kontakt mehr). Das Ergebnis war die Geburt dieses Jungen. Er war in der unbewussten Phantasie der Eltern ein Produkt äusserst sündiger Lust und musste fortan auf dem »Familienaltar« der verstorbenen Grossmutter geopfert werden. Seine Opferrolle bestand darin, dass er nicht »sein« durfte. Jede seiner Äusserungen war von Anbeginn an massiv unterdrückt worden. Seine emotionale Leblosigkeit liess die Mutter erneut Schuld empfinden, so dass er in dem fundamentalen Beziehungsparadox »Sei! - Sei nicht!« gefangen war. Er gehörte zu jenen Kindern, von denen Mannoni sagt, dass sie nicht selber sprechen, sondern dass sie »gesprochen werden«.

Als Ergebnis meiner Ausführungen lässt sich festhalten: Lernbehinderungen können nicht isoliert gesehen werden als kognitive Teilleistungsschwäche, sondern sind gleichzeitig Resultat der affektiven Dynamik in der familiären Beziehungsstruktur. Aus familiendynamischer Sicht bleibt auf diesem Gebiet noch viel zu erforschen.[8] Auf der Suche nach der Möglichkeit des Dialogs mit dem lernbehinderten Kind könnte an die Stelle eines »Cogito ergo sum« ein »Respondeo ergo sum« treten.

2.5.4   Literaturverzeichnis

Biermann, G. / Biermann, R.: Scheidungskinder. Prax. Kinderpsychol. u. Kinderpsychiat., 27, 221-234, 1978

Buchholz, M.: Kinder in der Familientherapie. Sozialmagazin 1980, 5. Heft, 42-47, 1980

Buchholz, M.: Psychoanalytische Methode und Familientherapie. Frankfurt Verlag der psychologischen Fachbuchhandlung), 1982

---

[8] Arbeiten zur familiendynamischen Ätiologie von Lernbehinderungen gibt es nur wenige; auf anderem Gebiet ist die familiendynamisch orientierte Forschung weiter vorangeschritten; vgl. zur Psychosomatik die Arbeit von Overbeck und Gverbeck (1979).

Buxbaum, E.: Die Rolle der Eltern in der Ätiologie der Lernstörungen. Ein Beitrag zum Problem der symbiotischen Mutter-Kind-Beziehung. In: G. Biermann (Hg.): Handbuch der Kinderpsychotherapie, München (Ernst-Reinhardt), 1969

Ciompi, L.: Über Affektlogik. Auf der Grundlage von Psychoanalyse und genetischer, Epistemologie. Psyche, 36, 226-266, 1982

Framo, J. L.: Scheidung der Eltern - Zerreissprobe für die Kinder. Familiendynamik, 5, 204-228, 1980

Freud, S.: Der Wahn und die Träume in W. Jensens >Gradiva<. G. W. VII, 31-125, 1907

Freud, S.: Eine Kindheitserinnerung des Leonardo da Vinci, G. W. VIII, 127-211, 1910

Freud, S.: Aus der Geschichte einer infantilen Neurose. G. W. XII, 27-157, 1918

Freud, S.: Neue Folge der Vorlesungen zur Einführung in die Psychoanalyse. G. W. XV, 1932

Friedman, L. J.: Current psychoanalytic object relations theory and its clinical implications. Int. J. Psycho-Anal., 56, 137-146, 1975

Grüttner, T.: Legasthenie ist ein Notsignal. Reinbek (Rowohlt), 1980

Jegge, J.: Dummheit ist lernbar. Bern (Kösel), 1980

Kanzer, M.: Object Relations Theory: An Introduction. J. Am. Psa. Ass. 27, 313-325, 1979

Kohut, H.: Narzissmus. Frankfurt (Suhrkamp), 1973

Landauer, K.: Zur psychosexuellen Genese der Dummheit. Psyche (1970) 24, 463-484, 1926

Lidz, T.: Familie und psychosoziale Entwicklung. Frankfurt (S. Fischer), 1971

Lidz, T.: Der gefährdete Mensch. Frankfurt (S. Fischer), 1976

Lorenzer, A.: Sprachzerstörung und Rekonstruktion. Frankfurt (Suhrkamp), 1970

Lorenzer, A.: Die Wahrheit der psychoanalytischen Erkenntnis. Frankfurt (Suhrkamp), 1974

Mahler, M. / Pine, F. / Bergman, A.: Die psychische Geburt des Menschen. Frankfurt (S. Fischer) 1978.

Mannoni, M.: Das zurückgebliebene Kind und seine Mutter. Olten (Walter), 1972

McLeod, N.: Psychotherapie des lese-rechtschreibschwachen Kindes. In: G. Biermann, Handbuch der Kinderpsychotherapie. München/Basel (Ernst Reinhardt), 1976

Overbeck, G. / Overbeck, A.: Familiendynamische Perspektiven in der Untersuchung psychosomatischer Krankheiten. Prax. Kinderpsychol. u. Kinderpsychiatr., 28, 1-6, 1979

Paulsen, S.: Lernstörungen bei Kindern. Frankfurt (Campus), 1977

Riesenberg, R.: Das Werk von Melanie Klein. In: D. Eicke (Hg.): Tiefenpsychologie Bd. 3: Die Nachfolger Freuds. Weinheim/Basel (Beltz), 1982

Sandler, J.: Sicherheitsgefühl und Wahrnehmung. Psyche, 15, 124-131.

Sandler, J.: A. Holder und D. Meers (1963): The Ego Ideal and the Ideal Self. Psa. Study Child, 18, 139-158, 1960

Speidel, H.: Über den Symbolbegriff in der Psychoanalyse. Psyche, 32, 289-328, 1978

Stober, B.: Kinder aus geschiedenen Ehen. Zs. f. Kinder-Jugendpsychiat., 8, 79-92, 1980

Winnicott, D. W.: Reifungsprozess und fördernde Umwelt. München (Kindler) 1974.

Wynne, L. C. / Singer. M. T.: Denkstörung und Familienbeziehung bei Schizophrenen. Teil I, Eine Forschungsstrategie; Teil II, Eine Klassifizierung von Denkformen. Psyche, *19,* 82-95 und 96-108, 1963

Zulliger, H.: Schwierige Kinder. Bern (Huber), 1951

2.6 Das Hinausbegleiten aus der Sackgasse - Lerntherapie aus dem Blickwinkel des „Schulpsychologischen Dienstes"

Werner Heiz

Schülerberatung und heilpädagogische Fördermassnahmen, wie sie seit Jahren angeboten werden, haben im letzten Jahrzehnt durch die von Armin Metzger begründete Lerntherapie eine wichtige Ergänzung erfahren. Die sich mehr und mehr verbreitende ganzheitliche und prozessorientierte Therapie konzentriert sich gleichzeitig auf die Lern- und auf die Persönlichkeitsentwicklung. Die Ausbildung wird am Institut für Lerntherapie in Schaffhausen seit 1992 angeboten. Eine psychologische oder pädagogische Grundausbildung bedeutet für das Erlernen der komplexen Therapieform sinnvolles Fundament. Ich beginne mit einigen Gedanken zum theoretischen Hintergrund und zu gesellschaftlichen Entwicklungen.

2.6.1 Die Schule im gesellschaftlichen Wandel

Das 20. Jahrhundert wird das «Jahrhundert des Kindes» genannt. In der Tat wurde das Kind bis weit ins 19. Jahrhundert nicht als solches behandelt und angesehen, sondern oft als kleines Erwachsenes oder als quantité négligeable. Kinderarbeit der härtesten Art war üblich, ausser in der höchsten feudalen, später der bürgerlichen Schicht, wo Schulung Pflicht und Privileg war. In der Schweiz brachten um 1870 die ersten Schulgesetze durch die allgemeine Schulpflicht Schutz vor Überforderung und Ausnützung. Die Kinder aus den sozial tiefer gestellten Familien wurden damit von Fabrikarbeit, Arbeit an Textilmaschinen, Arbeit in der Landwirtschaft in die Schule hinweggeholt (was nicht ohne Widerstand vor sich ging).
Die Resultate für das Kind unserer Zeit sind teilweise negativ: Die Schule wird von ihm als künstliche Welt erlebt, wo nur Noten zählen; es erhält selten realen Gegenwert seiner Leistungen und auch die Auswirkungen seines Tuns sind nur dann sichtbar und spürbar, wenn methodisch und didaktisch geschickt und dabei emotionell engagiert unterrichtet wird.

Die Schule ist eine **Insel** mitten in einer auf Effizienz und materiellen Gewinn ausgerichteten Welt. Dieses Inseldasein hat auch negative Folgen: Kinder erleben die andauernde Möglichkeitsform, das Laborhafte als langweilig und irreal; gerade intelligente Kinder zeigen mit andauernder Schulzeit Mühe, all die Wenn-dann-würde-Aufgaben zu verstehen und zu überstehen.

Wenn ein Kind in einem «einfachen» Stamm eine Arbeit tut - es schliesst eine Tür, macht Feldarbeit, bringt ein erlegtes Kleintier - dann kann es etwas tun für seine Gruppe, ist und fühlt sich nützlich und freut sich daran.

In unserer Schule sind alle Leistungen auf ein abstraktes Berufsziel ausgerichtet, auch wenn sie benotet werden und sich auf «Etappenziele» beziehen. Die abstrakte Leistung eines guten Diktats bringt den Eltern real wenig. Es besteht die Gefahr, dass durch Vermittlung der Schule Berufswelt und Elternhaus systematisch voneinander getrennt werden.

Deshalb glauben viele Kinder nicht, wenn ihnen gesagt wird:

> Nicht für die Schule; fürs Leben lernen wir.
> Nicht für den Lehrer; für dich lernst du!

Der Inselcharakter unserer Schule hat auch positive Auswirkungen, indem in einem geschützten Rahmen eine **Auswahl aus unserer Realität** vollzogen werden kann. Nicht anders als in einem geschützten Umfeld vermag das Kind, sich der Auseinandersetzung mit einer komplexen, ängstigenden Realität zu stellen.

Wenn aber einige Kinder scheitern, nicht in einem bestimmten Fach, sondern in der ganzen Motivation und Lernfähigkeit, müssen wir ihnen Hilfe anbieten.

Wir können unsere Kinder nicht indianisch erziehen. Aber wir haben die Möglichkeit, in ihnen und in uns selbst die Freude am Lernen, am Staunen, am Entdecken wiederzubeleben und damit die oftmals vorhandene Kluft zwischen Arbeit und Vergnügen zu überbrücken. Dies wird ja auch von vielen Lehrkräften alltäglich versucht; wie auch die meisten Eltern sich dabei einsetzen.

Da keine Gesellschaft ideal ist, bleiben Unstimmigkeiten. Ein Lehrerkollege hat einmal allen Ernstes zu mir gesagt: «Die Schule soll aufs Leben vorbereiten.» Als ob das ‹richtige› Leben erst mit dem Ende der Schulzeit anfinge!

2.6.2   Welches Kind braucht Lerntherapie?

Das Kind welches Lerntherapie benötigt, ist in seinem **Lernen behindert** oder **gehemmt**, was sich dann äussert in Symptomen wie mangelnder Ausdauer, schlechter Konzentration, Unstetheit der Gedanken, voreiliger oder verlangsamter Reaktionsweise, Leistungsschwankungen, Desinteresse usw. Eine Aussicht auf Erfolg haben wir dann, wenn vor nicht allzu langer zeit ein Interesse an schulischer Arbeit vorhanden war. Ungeeignet für Lerntherapie oder Lerntraining ist das verwahrloste Kind. Auch das verwöhnte Kind, das nie einen natürlichen Bezug zu Pflichten entwickeln konnte bringt zu wenig eigene Ressourcen mit. Wenn nicht unmöglich, so wird doch die Lerntherapie bei ihnen schwierig sein.

Eine vorher vorhandene Lernmotivation ist nun gehemmt, gestört oder eingeschlafen. Für eine fruchtbare Therapie ist es sehr wichtig, eine möglichst präzise Diagnose zu erstellen. Hat das Kind überhaupt einmal gelernt, wie man lernt? Wurde es in seinem Lernverhalten zu stark gedrillt oder alleingelassen? Ist es in seiner Anpassung gebrochen, rebellisch, oberflächlich oder unterwürfig? Wie steht es um seinen Selbstwert?

Traut es sich eine Handlung oder Leistung zu, überschätzt es sich? Kann sich das über eine Beziehung emotionell mitreissen und für eine Sache begeistern lassen? Und womit steht es sich vielleicht immer wieder selbst vor dem Erfolg, stellt sich selbst ein Bein? Wie und mit welchem Fehlkonzept hat es den Misserfolg geplant?

Wie steht es mit den äusseren Bedingungen und Einflüssen? Wem «gehorcht» das Kind, wenn es erfolglos oder lernunwillig bleibt? ist es dasselbe, was dem Kind gesagt wird - «es genügt, wenn du mitkommst» - und was von ihm erwartet wird - «aber die Sek solltest du schon schaffen»?

Sind die Lernwiderstände nicht auf subtile Beeinflussung zurückzuführen, sondern auf massive äussere Umstände, dann müssen eher diese angegangen werden. Es kann zum Beispiel die Beziehung zwischen Lehrkraft und Kind stark gestört sein; die Beziehungen in der Klasse können Ursache sein oder das Kind ist nicht richtig eingestuft. Es müssen dann Massnahmen getroffen oder Situationswechsel angestrebt werden. In manchen Fällen müssen wir den Kontakt mit dem Lehrer/der Lehrerin suchen, wenn die Gründe im pädagogisch-didaktischen Vorgehen liegen.

In den meisten Fällen von Lerntherapie wird auch der Kontakt mit den Eltern oder der ganzen Familie gesucht. Jede Änderung muss von ihnen toleriert werden (s. dazu Kap. 4)

Bei der Arbeit muss berücksichtigt werden, auf welcher Ebene der Schwerpunkt des Lernwiderstandes und der Lernhemmung liegt. Ich möchte diese Ebenen so benennen:

Willens- und Anpassungsebene	mit	Unterwerfung bis Rebellion
Antriebsebene	mit	Ängsten/Aggressionen
narzisstische Ebcne	mit	Minderwertigkeits- und Grössenfantasien/ -gefühlen
energetische	mit	Energieverlust («Mir stinkts»)
Ebene des sozialen Bezugs	mit	Wetteifer, Kameradschaft, Neid
intrapsychische Ebene	mit	innerer Organisation, Scripts, Selbstkonzepten, Programmen.

Diese Einteilung ist vereinfacht. Ich wollte damit ein Vorgehen darstellen. Diagnostik hat eine Tendenz zur Statik. Die Vorgänge im Lernverhalten eines Menschen aber sind dynamisch und müssen ebenso behandelt werden.

2.6.3 Das Vorgehen
Bei der Lerntherapie wird stark darauf geachtet, inwiefern beim Schüler Widerstände oder Begeisterung der Arbeit und der Therapeutin / dem Therapeuten gegenüber bestehen. Diese Einstellungen können sich laufend ändern. Auch daran kann gelernt werden. Phasen der Langeweile und des Interesses, mit betonter Aktivität der Schülerin oder des Schülers werden als Arbeitsbeispiele gebraucht. Auf diese Weise wird das Kind an die Möglichkeit herangeführt, sich selber und andere zu beurteilen und zu verstehen.

2.6.3.1 Die Arbeitsbeziehung

Am Anfang einer Lerntherapie steht oft eine psychologische Abklärung. Nachher geht es darum, nicht nur von der Lehrkraft und den Eltern, sondern gerade auch vom beteiligten Kind einen **Auftrag** zu erhalten. Beim Rahmenkonzept werden mit dem Kind Ziele und Inhalte festgelegt, es wird ein Zeitplan erstellt mit Etappen, und die Rollen werden definiert. Dabei wird dem Kind ein grösserer Handlungsspielraum als in der Schule zugemessen. Oft ist bei diesem Erstgespräch der Vergleich mit dem Sport hilfreich: «Betreibst du eine bestimmte Sportart? Habt ihr dabei einen Leiter oder Trainer? Siehst du, das ist es, was ich dir anbiete, aber mit dem Inhalt LERNEN: einen Trainervertrag. Engagierst du mich als Lerntrainer, für wie lange?» Das Kind geht also selber einen Vertrag ein mit dem Schülerberater/der Schülerberaterin. Es will lernen, wie man lernt. Das «Vertragspaket» wird nur als Ganzes angeboten und verpflichtet gegenseitig. Das Kind kann also nicht einfach von einer Sitzung auf die nächste aussteigen. Es muss sich vorher überlegen, ob es diese Bedingung eingehen will. Bei der Definition der Arbeitsbeziehung ist es wichtig zu berücksichtigen, ob das Kind in seiner Beziehung zum Lehrer/zur Lehrerin in der Schule eher eine aktive oder passive Rolle hat. Meistens ist es die Gegenrolle, die im Lerntraining betont oder angestrebt wird.

2.6.3.2 Vorgehensweisen

Die Grenzen zu einer Psychotherapie auf der einen und zu einer Legasthenietherapie oder einer Nachhilfe auf der andern Seite sind nicht präzis zu ziehen. Innerhalb der Lerntherapie sehe ich ein Spektrum, das sich vom personenzentrierten bis zum sachzentrierten Extrem erstreckt.

Eine fast therapeutische Arbeit mit der Betonung des Unbewussten ist mehrheitlich bei jüngeren Kindern der Unterstufe angezeigt, aber auch dann, wenn durch Bewusstmachung keine Änderung erzielt werden könnte. Ein Script, das auf Misserfolg hinausläuft, kann dem Kind Macht, Beachtung, Trost oder Zärtlichkeit usw. bescheren. Wenn wir dem Unbewussten «vorschlagen, den Script zu streichen», müssen wir etwas anderes anbieten oder andere Wege eröffnen. Wenn die Ursachen im familiären Bereich liegen, muss systemisch vorgegangen werden. Vielleicht ist beispielsweise die Rolle des guten Rechners/der guten Rechnerin schon so besetzt, dass das Kind aus Rivalitätsgründen keine Möglichkeit sieht, selber gut zu rechnen. Die Bewusstmachung würde kaum etwas bringen, sondern ein neues Geschwister-Arrangement muss angestrebt werden. Diese Prozesse laufen grossenteils auf der unbewussten Ebene oder werden durch «halbbewusste» Interaktionen ausgelöst. Die Zusammenarbeit mit den Erziehungspersonen der Familie ist unbedingt zu integrieren. S. 4.1

> Es können auch, besonders beim Mittelstufenkind, unbewusste Haltungen und Einstellungen bewusst gemacht und dann gemeinsam verändert werden, wenn sie sich als unbrauchbar erweisen. Extreme Beispiele dafür sind:
> **«Entweder ich habe eine 6, oder dann ist es mir egal.»**
> (Zwischen den Extremen schwarz und weiss gibt es eine ganze Skala von wunderbaren Farben.)

«Entweder ich bin brav und angepasst oder ich bin ein Nichtsnutz; ein/e Rebell/in.»
Neu eingeführt wird der Begriff des Optimalen, das für die beteiligten Kommunikationsglieder angestrebt werden kann, was damit dem Schüler/der Schülerin mehr Freiheit im gleichen Rahmen gibt.

Oft lernt das Kind mit Hilfe unserer Anweisungen eine Änderung bei seiner Haltung, seiner Vorstellungswelt, seiner Realitätssicht herbeizuführen. Wenn ihm dies gelingt, hält es weitere Änderung(en) für möglich.

Das Kind lernt auch, eine ihm und seinem Alter entsprechende Art der Anpassung zu finden. Mit Hilfe seines eigenen Erlebens und einer oder mehrerer «Geschichten» werden ihm Wahlmöglichkeiten bewusst gemacht. Es lernt zum Beispiel dann auch zu differenzieren zwischen verschiedenen Charakteren von Erwachsenen und seiner Einstellung zu ihnen. Und in einem bestimmten Alter ist es fähig einzusehen, dass sowohl eine extreme Rebellenhaltung («Jimmy Soufräch») als auch eine überangepasste Einstellung («Hansli Immerbrav») mühsam sind und manipulierbar machen.

Das Vorschulkind lernt spontan, fröhlich und unentwegt von morgens bis abends. Spiel und Arbeit sind eins, da gibt es noch kaum Grenzen. Die beiden Hauptmomente des Lernens sind Wiederholung und Überraschung. Und es ist erwiesen, dass in den meisten Fällen die positive Verstärkung wirksamer ist als die negative. Darum peilen wir das fröhliche Lernen an, wenn wir mit Schulkindern arbeiten, im Wissen darum, dass sie es früher gekannt haben.

Sind wir nun von unbewussten Inhalten und Rollen zur Bewusstmachung gekommen, so können wir auch spielerisch und übend an die Inhalte und Arten des Lernens herangehen. - «Wie lerne ich; wie könnte ich lernen?» - Das Kind erlebt konkret, wie und an welchem Punkt es sich beim Lernen selbst behindert, durch zu grosses oder zu kleines Tempo, durch Angst oder Mut usw.

Ziel in der Organisationsentwicklung für das Primarschulkind oder den/die Oberstufenjugendliche/n liegt bei der *Selbstorganisation* zwischen den Bereichen Schule / Freizeit, Freunde, Freundinnen / Familie / Lehrkrafte, Arbeit / Vergnugen, Gefuhle / Kontrolle.

2.6.3.3 Konzeptänderung

Bei der Änderung der Einstellung des Kindes müssen wir hauptsächlich die Ressourcen einbeziehen und damit das Positive benützen. Auch Widerstand kann eine Ressource sein, mit Willen und Ausdauer erfüllt, und damit dem Kind zum Lernen verfügbar gemacht werden. Dies gelingt häufig. Wenn uns das Kind einen Auftrag gibt, heisst dies, dass es mit der bestehenden Situation nicht zufrieden ist und einen Wechsel anstrebt. Diese Motivation ist also meistens hoch. Sie muss genutzt werden, indem das Kind zu seinem eigenen Lernen zurückgeführt wird.

Die Lerntherapie ist eine Arbeit auf verschiedenen Ebenen:

Die Änderung des Lernkonzeptes ist gekennzeichnet durch zwei Hauptmerkmale:
- stärkere Motivation   «Das hat mit mir etwas zu tun»
- Ausweitung der Vorgehensweisen   «Ich kann es auch anders machen.»

Das Nicht-wollen darf durchaus seinen Platz haben; es entfaltet ja seine zerstörende Wirksamkeit nur dann, wenn es verdrängt oder verleugnet wird.

Wenn wir gut bei dieser Phase angelangt sind, gewinnt das Kind seine Lernfreiheit wieder; es beginnt zu experimentieren. Das Mittelstufen- und das Oberstufenkind können durchaus auch in Metasprache über gewonnene Erkenntnisse sprechen. Oft stellt es sich dabei die Fragen:

«Was empfinde ich gleich?»   Sympathie, Zustimmung
«Was überrascht mich?»   Staunen, Erkennen
«Was sehe ich anders?»   Eigenheit, Kreativität

Das Kind lernt auch Regeln und Abläufe der Kommunikation. Eine Übung beispielsweise lautet: Wenn die Art, wie die Lehrperson den Stoff präsentiert, dich langweilt, überlege dir, welches Vorgehen dich nicht langweilen würde; verbinde beides, stelle Fragen, bring dich ein.

Das Kind befreit sich aus seiner Passivität und Ohnmacht. Es kann etwas tun. Es kann Konkretes durch Abstraktes austauschen und ergänzen. Es kann die verschiedenen Sinneswerkzeuge benützen und dabei auch die moderne Technik verwenden.

So kann es statt ein Gedicht einfach durch stilles Lesen auswendig zu lernen, das Gedicht auf Band sprechen, zeichnerisch darstellen, in ein Hörspiel verwandeln, mit Musik untermalen, auf Schreibmaschine schreiben, abkürzen, auf Schweizerdeutsch übersetzen usw. Und es kann das Abstrakte ins Konkrete zurückführen und damit erfahrbar machen, emotionell besetzen. Eltern rate ich auch oft, das Kind einen Kuchen oder ein Menü kreieren zu lassen, inklusive Planung, Einkauf, Abrechnung und Aufräumen.

2.6.4   Das beziehungsmässige Umfeld

2.6.4.1   Das familiäre Bezugsfeld

Es kann sein, dass Geschwister, Eltern oder Lehrpersonen mit den Veränderungen Mühe haben, wenn sie nicht über die neuen Entwicklungen des Kindes informiert sind. Darum ist es überaus wichtig, dass die Menschen im Umfeld den Wechsel kennen und annehmen können . Sehr oft geht nämlich auch ein Teil bequemer Anpassung bei diesem Prozess verloren; das Kind schien vorher «pflegeleichter». Es wird meistens selbständiger, aber auch kritischer. Eltern sind oft leicht motivierbar, wenn sie laufend informiert werden und in der Behandlung eine Rolle erhalten, wenn ihnen klar ist, wie sie mit ihrer Erziehung und der häuslichen Organisation zum Gelingen beitragen können. - Und Geschwister werden oftmals angespornt, die lähmenden Aspekte zugunsten der lustvollen Seiten der Rivalität aufzugeben und so die jeweilige «Altersrolle» anzunehmen.

Oft muss auch dafür gesorgt werden, dass die in der Familie vorhandenen Ressourcen genutzt werden und die familiäre Hilfe realisiert wird.

2.6.4.2 *Lerntherapie und Schule*

Die Volksschule tendiert heute zur Integration von Kindern mit verschiedenen Lernproblemen. Damit kommen auch die Fördermassnahmen und die Lerntherapie in den Kreis der Schule hinein. Dies bedeutet, dass die Lerntherapeutin / der Lerntherapeut auch schulbezogen und klassenbezogen arbeiten muss und kann. Nicht jede Massnahme lässt sich in den Klassenbetrieb integrieren. Wenn das Kind zur „Entstörung" aus der Klasse entfernt wird, macht es doch Sinn, solche Massnahmen nicht endlos laufen zu lassen, sondern eine baldige Reintegration nach erfolgreicher Behandlung anzustreben. Ich bin durchaus auch einer Gruppenbehandlung gegenüber aufgeschlossen. Alle Lernsynergien müssen heute genutzt werden.

2.6.5 Folgerungen

Da die durchschnittliche Behandlungsdauer (bei wöchentlichen Sitzungen, in der Schlussphase oft 14- täglich) zwischen drei Monaten und einem Jahr schwankt, muss der Aufwand als angemessen bezeichnet werden.Ob die Lerntherapie in unserem Kanton auch institutionell Fuss fassen wird, bleibt noch offen. Als Ergänzung zu oder als Ersatz für Stütz- und Fördermassnahmen ist die Methode sicher nützlich.

2.6.6 Forderungen an die Schule

Die Schule muss sich entwickeln. Gegenüber den gewaltigen Veränderungen im öffentlichen und privaten Leben hat sie sich weitgehend still verhalten. Es ist notwendig, dass sie den Anschluss vermehrt sucht an Beruf und Wirtschaft, ans Elternhaus, an die Forschung. Wir brauchen eine konkrete, lebensnahe und wirklichkeitsnahe Schule, die sich auf die Veränderungen «aussen» einstellt. Wichtig sind für die Kinder Resultate, Früchte ihrer Arbeit. Darum ist Unterricht wirkungsvoll, wenn fortwährende Entwicklung möglich ist. Dies bedingt eine grössere Vernetzung. Auch eine Zusammenarbeit zwischen Werklehrern, Haushaltslehrerinnen und Lehrern ist wünschbar. Erfreulicherweise ist eine Bildungsreform am Entstehen, auf gesamtschweizerischer und kantonaler Ebene (s. Tages Anzeiger und andere Tageszeitungen). Die Diskussion darüber muss weitergehen, was an unserem Schulsystem gut und kräftig, was veränderungswürdig ist.

Wie ich von Lehrern und Lehrerinnen höre, möchten viele von ihnen auch das politische Umfeld diskutieren, fühlen sich in ihrer eigenen Entwicklung festgefahren in einer lähmenden Sicherheit. Wünschen wir uns weiterhin die Bemühungen um eine kinderfreundliche Schule. Ich denke, dass Lerntherapien einen wichtigen Beitrag leisten können.

2.6.7   Literaturverzeichnis

Bandler, R. / Grinder, I.: Neue Wege der Kurztherapie. Junfermann, 1981

Bandler, R. / Grinder, I.: Therapie in Trance. Klett-Cotta, Stuttgart 1998

Bandler, R./Grinder, I.: Die Struktur der Magie, Junfermann, Paderborn 1982 (Grinder) 1984 (Bandler)

Erickson, Milton H.: Meine Stimme begleitet Sie überall hin. Stuttgart 1985

Fromm, E.: Die Furcht vor der Freiheit, Suhrkamp, Frankfurt 1966

Gordeon, D.: Therapeutische Metaphern. Junfermann, Paderborn 1987

Haley, J.: Die Psychotherapie M.H. Eriksons. Pfeiffer, München 1991

James T. Webb et.al.: Hochbegabte Kinder, ihre Eltern, ihre Lehrer. Hans Huber, Bern, 1998

Keller, G.: Lehrer helfen lernen. Auer, Donauwörth 1991

Kugemann, W.F.: Kopfarbeit mit Köpfchen. Pfeiffer, München 1984

Landau, Erika: Mut zur Begabung. Ernst Reinhard, München Basel, 1999

Naef, R.: Rationeller Lernen lernen. Beltz, Weinheim 1989

Paul L. Harris: Das Kind und die Gefühle. Hans Huber Bern, ..., 1992

Rogers, C.R.: Lernen in Freiheit. Kösel, München 1993

Rosenkranz, Hans: Von der Familie zur Gruppe zum Team, Paderborn Junfermann, 1990

Straka, G.A.: Lehren und Lernen in der Schule. Kohlhammer Stuttgart 1981

Vester, F.: Denken, Lernen, Vergessen. DTV, München 1998

Watzlawick, P.: Die Möglichkeit des Andersseins. Huber, Bern 1991

Watzlawick, P.: Lösungen. Huber, Bern 1984

Watzlawick, P.: Menschliche Kommunikation. Huber, Bern 1993

3 Lernen als Weg in gesellschaftlichen Gegebenheiten

3.1 Gegen den Fehler ? – Für das Fehlende !

E. E. Kobi

Aus Fehlern wird man klug!
(Sprichwort)

Fehler gehören und führen im buchstäblichen wie im übertragenen Sinne zum täglichen Brot der Pädagogen: Fehlern zuvorzukommen, sie zu registrieren und zu korrigieren ist deren permanente Pflicht und Schuldigkeit, die ihnen die materielle sowohl wie die ideelle Existenzgrundlage bieten. Lehrerinnen leben von Schülerfehlern wie Motten von Löchern bzw. dem, was drum rum ist; der fehlerlose Schüler brächte sein polares Lehrer-Vis-à-vis ans Hungertuch.

Es erstaunt daher, dass das Thema "Fehler" in den Bildungswissenschaften seit mehr als einem halben Jahrhundert offenbar keines mehr ist. Die Konsultation von rund zwei Dutzend neuerer pädagogisch-unterrichtlichen und lehr-/lernpsychologischen Handbüchern brachte jedenfalls nur Kümmerliches zutage. Entweder fehlt das Stichwort "Fehler" überhaupt oder es finden sich darunter lediglich Hinweise mathematisch-statistischer Art. Sogar im allwissenden "Brockhaus" ist nur von (Abweichungs-) Fehlern im physikalisch-messtechnischen Sinne die Rede. Es macht also den Anschein, dass sich Pädagogen bezüglich ihrer fehlbaren Umgebung verhalten wie Fische, für die Wasser wohl das Letzte wäre, was sie als ihr existenznotwendiges Lebenselixier erfassen würden.

Im Rückblick zeichnet sich immerhin eine interessante problemgeschichtliche Entwicklungslinie ab: Diese nimmt ihren Ausgang in der um die Jahrhundertwende durch den Herbart-Schüler, Philosophen und Pädagogen : *L. v. Strümpell* (1812-1899) ausgebreitete "Pädagogische Pathologie", führt weiter zur "Fehlerkunde", die *H. Weimer* in den zwanziger Jahren begründete, die sich später aber teils zu einer lediglich quantitativ-statistischen Fehlerregistratur verflüchtigte, zum andern symptomatologisierte und einging in psychopathologisch-nosologische Kategoriensysteme im Umfeld sogenannter "Teilleistungsstörungen". Moderne Unterrichtslehren schliesslich kaprizieren sich meist darauf, Fehler und damit verbundene Frustrationen zu vermeiden.

Die aufgezeigte Entwicklungslinie zeigt somit unterschiedliche pädagogische Akzentuierungen, die man mit den Etiketten:

Fehler *haben* - Fehler *machen* - Fehler *vermeiden* belegen kann:

> Fehler *haben:*
> Beim vorgenannten *L. v. Strümpell* erscheinen Fehler als krankhafte Eigenschaften und Mängel des Kindes. So machte er es sich denn zur Aufgabe, mit botanischem Fleiss derartige Defektformen zu sammeln und akribisch zu beschreiben. Sein Hauptwerk mit dem bezeichnenden Titel: "Pädagogische Pathologie" (1890) umfasst in alphabetischer Reihenfolge mehr als vierhundert "Kinderfehler", die von Ängst-

lichkeit, Abneigung über Mangel an Interesse, Masturbation bis hin zu Wehleidigkeit und Zerstörungssucht reichen.

Diese Sichtweise kindlicher Fehlsamkeit fand später durch die psychiatrische Lehre von den sog. "Psychopathischen Minderwertigkeiten" (*Koch, J.L.A.*, 1891) so etwas wie eine naturwissenschaftliche Unterstützung und - im späteren nationalsozialistischen Deutschland zum Teil tödliche - Fortsetzung. Sie breitete sich aber auch erschreckend weit in der pädagogischen Literatur der Zwischenkriegszeit aus.

Fehler *machen:*

Während *L. v. Strümpell* sich in den weitern Auflagen seines Werks (zwischen 1890 und 1910) zunehmend an medizinisch-psychiatrischen Denkformen orientierte, hatte die "Fehlerkunde" von *Weimer, H.* (1926; 1929) ihren Ausgangspunkt in der Experimentellen Psychologie was die Theorie und im (Gymnasial-) Unterricht, was die Praxis anbetraf. Fehler werden als psychologisch verstehbare und, in ihrer Aktualgenese im Prinzip daher auch rekonstruierbare Fehlleistungen aufgefasst. *Weimer, H.* sieht dementsprechend "im Versagen psychischer Funktionen.... ein wesentliches Merkmal des Fehlers" (1929, p. 4).

Er unterscheidet folgende Fehlerarten (praktisch ausschliesslich im Bereich Sprach- und Rechenunterricht):

- Geläufigkeitsfehler, die sich aus dem Umstand ergeben, dass häufig gebrauchte Formen seltenere bzw. ungewohnte aktuell verdrängen können (so z.B. mundartliche Formen schriftsprachliche)
- Perseverative Fehler, zu denen auch Nach- und Vorwirkungsfehler gezählt werden. Es handelt sich um akute Störungen in Flexibilität und Seriation, wie sie in sprachlichen sowohl wie in mathematischen Arbeiten oft anzutreffen sind (gerettetet; an dem warmem Ofen; Artz/Arzt; 89/98; u.v. a.m.)
- Aehnlichkeitsfehler, bedingt durch gestalthafte (auditive/visuelle) Nähe (b/d-Verwechslungen; Weise/Waise; Tapete= frz. tapis; u.v.a.m.)
- Mischfehler bedingt durch eine Art "assoziative Konkurrenz" (betlogen = belogen vs betrogen)
- Gefühlsbedingte Fehler, die sich durch ein unwillkürliches Vordrängen bestimmter Affekte und unbewusster Strebungen einstellen können

Die letztgenannte Kategorie entspricht den sog. Fehlleistungen (Ver/-lesen/-sprechen/-legen/-gessen/-greifen etc.), wie sie *S. Freud* in seiner "Psychopathologie des Alltagslebens" (1904ff.) und nach ihm zahlreiche seiner Schüler als Ausdrucksformen des Unbewussten registrierten und interpretierten.

Weimer, H. [1926] nennt Fehler, zumal im schulischen Umfeld, zwar eine "Quelle ewigen Ärgers" (p. 5) und zählt sie zu den Dingen , die fortwährend Böses gebären (p. 2). - Er wendet sich dann aber doch gegen die Annahme personifizierter Pauschalursachen, auf die Schülerfehler oft zurückgeführt werden: Unaufmerksamkeit, Faulheit, Leichtsinn und Dummheit (p. 5) und versucht, auf die "erzieherische Bedeutung des Falschen" (p. 8) aufmerksam zu machen. Fehler sind "Wegweiser für den Lehrenden" und auch Gradmesser für den Lehrerfolg (p. 9).

Eine moralische bzw. defektologische Disqualifikation der Person wird mit diesen Fehlertheorien nicht mehr verbunden. Mehr als die Person des Fehlbaren interessiert der Fehler als solcher in seinen situativen Zusammenhängen und Abhängigkeiten.

Fehler *vermeiden:*

Das Fehlervermeidungskonzept lässt sich auf eine (lern-)psychologische und eine pädagogisch-ideelle Wurzel zurückführen:

- Eine lernpsychologische Vorstellung besagt, dass fehlervermeidendes Lernen effizienter, zeitsparender und vor allem motivierender (da frustrationslos) sei, als eine mühsame Suchtstrategie und überdies die Gefahr ausschalte, dass Fehler mitgelernt werden. Seine reinste Verwirklichung fand dieses Konzept im seinerzeitigen Programmierten Unterricht der sechziger Jahre, vor allem in den Programmen linearen Typs, die nach dem Prinzip der kleinsten Schritte aufgebaut waren. Die Basis bildete die Theorie des Klassischen Konditionierens, das strikt und exklusiv die positiven ("richtigen") Reaktionen "verstärkt" und Fehlleistungen ebenso konsequent ignoriert.

- Pädagogische Wurzeln reichen auf eine verabsolutierte und zum Prinzip erhobene Ermutigungspädagogik zurück. Durch ihre Renovation in der US-amerikanischen Wiederentdeckung der Sich-selbst-erfüllenden-Prophezeiung (self fullfilling prophecy) und des Pigmalion-Effekts trug sie bei zu einer Art Pädagogischer Homöopathie, die nach der alten Similia - similibus-Formel (Gleiches bringt Gleiches hervor) zu wirken trachtet: Unfehlbare Lehrkräfte sollen fehlerlose Schüler generieren!

So zeichnet sich Didaktik heutzutage denn, wie vorerwähnt, durch exzessive Vermeidungsstrategien aus:

- Unterricht soll Spass machen, und Fehler machen nun einmal keinen Spass.
- Lernen soll easy und linear zum Ziel führen, und Fehler sind nun einmal unökonomisch und zeitraubend
- Lernen soll sich exklusiv am Erfolg orientieren und von positiven feed-backs begleitet sein, und Fehler signalisieren nun einmal Misserfolg, der Selbstwerterschütterungen auslösen kann
- Die Lernatmosphäre soll psychohygienisch und porentief rein sein, und Fehlern haftet nun mal etwas Unsauberes an, (sei's im experimentell-wissenschaftlichen oder im moralischen Sinne), das nach (Be-)Reinigung verlangt
- Und last but not least ist die moderne Lehrkraft nach psychosozial erfolgter Auslagerung schülerseitigen Willens und Anstrengungsbereitschaft ins Unterrichts-Setting in entscheidendem Masse für die Motiviertheit ihrer Schüler verantwortlich, und Fehler geniessen nun einmal einen schlechten Ruf als "Ablöscher" und Motivationskiller.

Es fragt sich nun allerdings, ob das Idealziel sich gegenseitig bedingender lehrerseitiger *Unfehlbarkeit* und schülerseitiger *Fehlerlosigkeit* für die tägliche Unterrichtspraxis und eine weiterführende Daseinsgestaltung hilfreich ist. Zwar mag es erhebend sein, Ideale zu postulieren und Sollensansprüche zu formulieren; deren Verwirklichungsversuche sind dann jedoch umso niederschmetternder, je höher die Zielvorgaben waren.

a) *Unfehlbarkeit* bezeichnet einen personalen Anspruch und bezieht sich je nach dem auf Definitionen, Beurteilungen, Wertungen und Handlungsweisen ontischer, alethischer, ethischer, aesthetischer Art:

ontisch, d.h. seinsbestimmend, wirklichkeitsdefinierend. Unfehlbarkeit nimmt hierbei für sich und andere in Anspruch, über Sein und Nichtsein, Realität und Irrealität abschliessende Aussagen zu machen.

Kinder haben sich bekanntlich schon sehr früh *unsere* Wirklichkeitskonstrukte zueigenzumachen und *ihre* nonkonformen Wahrnehmungs- und Empfindungsfehler auszumerzen: Was ist ("bloss") Traum und Phantasie, was wirkliche Wirklichkeit? Wovor hat man sich zu ängstigen, was ist harmlos? Was ist reale Gegenwart im hic et nunc, was verblasste Vergangenheit und Noch-nicht der Zukunft, die exakt voneinander zu scheiden sind? usw. - Erwachsen- und Vernünftigwerden bedeutet über weite Strecken, kindliche Weltkonstrukte aufzugeben.

alethisch, d.h. wahrheitsbestimmend, in unserer Kultur vorzugsweise aufgrund dessen, was diese ihre (in rationalistischer Verabsolutierung oft *die* schlechthinige) Ratio und Logik nennt. Insbesondere die sich so nennenden Exakten Wissenschaften, wie sie aus dem Geiste des 18./19. Jahrhunderts heraus entstanden, führten diesbezüglich ein ausgesprochen totalitäres Regime ein, das sich oft kaum mehr der eigenen erkenntnistheoretischen Prämissen und Rahmenbedingungen bewusst ist. Aus dem Referenzrahmen (referre, lat. 'berichten'), der jede Aussage relationalisiert, entstand ein Reverenzrahmen (revereri, lat. 'verehren'), dem der Wissenschaftsjünger seine Huld zu erweisen hat, zumal wenn er Einlass begehrt in die universitären Tempelbezirke des Szientismus. Es ist allerdings einzuräumen, dass es erneut die Exakten Wissenschaften waren und sind, welche sich geraumer Zeit die relativierende Inter-Aktheit und Konstruktabhängigkeit auch ihrer Aussagen am tiefgründigsten reflektieren. Währenddessen spukt in den Niederungen eines wissenschaftlichen Populismus nach wie vor der Wissenschafter als Gralshüter einer als statisch und an sich seiend gedachten Wahrheit, die es lediglich zu lüften gilt. Wird Wahrheit entdeckt oder erfunden? Ist sie als ein "Ding an sich" fassbar oder ein Konstrukt?

Die Beantwortung dieser erkenntnistheoretischen Frage ist von grundlegender Bedeutung für die Qualifikation sowohl wie für den Umgang mit dem Faktum 'Fehler'!

ethisch, d.h. das Gute bestimmend und von Bösem abgrenzend. Im Unterschied zu den ontischen und alethischen Verabsolutierungen, sind in diesem Feld relativ früh Brüche entstanden und auch registriert worden. In einer wertpluralistischen Gesellschaft, wie sie sich in unserer Kultur, zum Leidwesen fundamentalistischer Autoritäten, von der Renaissance weg ausbreitete, sind zwar permanente Auseinandersetzungen über die Inhalte von Gut und Böse unvermeidlich, haben jedoch auch deutlich werden lassen, dass vorletztlich immer wieder Rahmenverträge die gegenseitige Verträglichkeit zu gewährleisten haben. (Ein [Fehl-]Urteil, wie es jüngst das Bundesgericht bzgl. der Dispensation eines Türkenmädchens aus strenggläubiger Familie vom obligatorischen Schwimmunterricht fällte, ist diesbezüglich exemplarischer Art). Fehler innerhalb oder gegenüber einem Sittenkodex werden als Verstösse, Fehltritte (faux pas) registriert und (z.T. von Gesetzes wegen) mit Sanktionen belegt. Im altrömischen Grundsatz: Nulla poena sine lege! kommt diese Rahmenabhängigkeit prägnant zum Ausdruck, und man kann sich fragen, ob vielleicht der altrömische Polytheismus eine Basis bildete für die Entwicklung relationierender Rechtsauffassungen?

aesthetisch, d.h. das Schöne, Wohlgestalte(te), Anmutige und letzthin als stimmig Empfundene betreffend. Hier sind insgesamt zwar die grössten Freiheitsgrade sowohl bezüglich Massstäben wie auch bezüglich Toleranzen zu verzeichnen, so dass der Begriff Fehler möglicherweise überhaupt keinen objektivierbaren Sinn mehr macht. (Die Bezeichnung "Kunstfehler", hat ja nichts mit einem aesthetischen Verstoss, sondern mit einem meist technisch gemeinten Verfahrensfehler zu tun). Fehler im aesthetischen Sinne erscheinen gegebenenfalls als Geschmacklosigkeiten, doch über den Geschmack lässt sich bekanntlich nicht streiten; Schönheit mag zwar eines Handels, kaum jedoch eines Händels wert sein. Es ist in unserer Kultur allerdings üblich, Gestaltungen auch - meist sogar primär - nach moralischen Massstäben zu werten, so dass über aesthetisch Gemeintes dann unter moralischen oder oekonomischen Prämissen debattiert wird.

b)   Aber auch *Fehlerlosigkeit* erscheint, wie jede Form von Totalitarismus, als eine pädagogisch fragwürdige Zielsetzung und zwar sowohl in ihrem strukturellen, wie auch in ihrem prozessualen Sinne:

- *strukturelle* Fehlerlosigkeit wird ansichtig in einem sich selbst identischen ("selbstreferentiellen") Muster. Sie findet ihren moralischen Superlativ in der Makellosigkeit, ihren aesthetischen in der vollendeten Harmonie: beides freilich zum Preise gestalthafter Mono-Tonie (Spannungslosigkeit) und reizloser Langeweile. Vollendung kann nicht mehr werden ohne sich aufzulösen. Strukturdifferenzen (als Inkongruenz, Dissonanz, Asymmetrie usf.) sorgen andrerseits für Spannung, Belebung (Animation), für Schmerz allerdings auch, Zwist und Unsicherheit. Werden bedeutet Abweichung.
- *prozessuale* Fehlerlosigkeit wird ansichtig in zeitlich und örtlich präziser Zielerreichung und findet ihren Ausdruck z.B. in einer hohen Trefferquote. Sie befriedigt hauptsächlich Sekuritätsbedürfnisse. Die narrensichere Gebrauchsanleitung mag ein Beispiel dafür sein. Sie wird ihrerseits erkauft durch eine Art topografische Eingeleisigkeit, die keine Möglichkeit belässt, Umfelderfahrungen zu machen. Prozessuale Fehlerlosigkeit bringt uns im Extremfall sogar erfahrungslos zum Ziel (dem richtigen Resultat), so dass wir paradoxerweise nicht einmal die exzellente Lösungsformel als solche wertschätzen lernen. Fehlerloses Funktionieren mag in Prozessen, die höchster Sekurität genügen müssen, seinen Platz haben. Fehlerloses Lernen hingegen - ohne den Kontext des Auch- und des Unmöglichen - ist in seiner letzthinigen subjekthaften Erfahrungs- und oft sogar weitgehenden Erlebnislosigkeit apädagogisch. Ausserhalb von Sinn-, Wert- und Zweckdifferenzen findet Pädagogik keinen Platz mehr. Sie hat Fehlerhaftigkeit und Unvollkommenheit zur Voraussetzung. Wo nichts mehr werden darf, hat Pädagogik ausgespielt.

Weder Unfehlbarkeit noch Fehlerlosigkeit können daher sinn-, wert- und zweckvolle erzieherisch-unterrichtliche Zielsetzungen sein, da sich Pädagogik wesensmässig als Meliorationsunternehmen zu präsentieren hat, aus dem Komparativ lebt und sich im Superlativ sinn-, wert- und zweckvollerweise auflösen muss. Pädagogik wirkt stets unter innerweltlichen, natur- und kulturgemäss fehler- und mangelhaften, widersprüchlichen und bresthaften Verhältnissen. Pädagogik ist keine den Menschen transzendierende Heilslehre, die zu fehlerloser Unfehlbarkeit anleitet, sondern lebenslänglicher Versuch mit Fehlsamkeit und Fehlern zurandezukommen.

Das stellt uns vor die Aufgabe, auf Fehler zuzugehen, sie kennen, gelegentlich vielleicht sogar auch schätzen zu lernen. Aus Fehlern wird man klug! verspricht schliesslich ein Sprichwort.

*   *   *

Das Wort 'Fehler' leitet sich ab aus dem Verb 'fehlen', das zunächst lediglich einen Mangel und erst im Nachgang dazu, im Sinne von *Ver*fehlen, eine Abweichung zum Ausdruck bringt.

Fragen wir uns nach dem heutigen Begriffsinhalt, so scheinen mir folgende Ueberlegungen von pädagogisch grundlegender Bedeutung zu sein:

- Fehler gibt es nur da, wo etwas *genormt* ist. Die klassischen Beispiele, zumal schulisch-unterrichtlich bedeutsamer Fehler, stammen daher hauptsächlich aus den kanonisierten Bereichen 'Rechnen' und 'Rechtsschreibung/Grammatik'. Ein Fehler ist demgemäss eine unerwünschte Normabweichung.
- Norm und Referenzrahmen müssen somit bekannt und aktuell bewusst sein, damit die Kategorie "Fehler" Bedeutung erlangt. Desgleichen sind Zielerreichungskriterien bzw. Toleranzen sowie die verschiedenen "Physiognomien" (Gesichter) des Verfehlten zu präsentieren.
- Fehler haben im weitern einen personalen locus of control (eine Kontrollinstanz) sowie Kontrollmöglichkeiten zur Voraussetzung und zwar sowohl in Bezug auf das Resultat wie auch auf den Lösungsweg. In einem ziel- und kontextlosen "Driften" kann ich mich nicht mehr qualifiziert (richtig bzw. falsch) verhalten.
- Fehler ist also ein Relations- und Relativitätsbegriff. Fehler sind relational (im Unterschied zu 'beziehungslos', an-sich-seiend) insofern, als sie stets auf ein Bezugssystem, einen sog. Referenzrahmen hingeordnet sind. Sie sind ferner relativ (im Unterschied zu absolut) insofern, als sie unterschiedliche Distanzen/Abweichungen zu einer bezugssystemimmanenten Richtigkeit markieren.
- Fehler unterlaufen unbeabsichtigt und unterschieden sich darin von bewussten, beabsichtigten Täuschungen und Fälschungen. Fehler sind per se intentionswidrig. Es muss somit sichergestellt sein, dass sich eine Person um eine positive, situations- und systemgerechte Lösung bemüht(e).
- Fehler liegen desgleichen im "psychischen Bereich" der geforderten Leistung und stehen in inhaltlicher und/oder formaler Beziehung dazu (*Weimer, H.*, [2]1929, p. 11). Sie sind "destinativ", d.h. in Richtung Trefflichkeit weisend. Damit unterscheiden sie sich von "Handlungsstörungen" (a.a.O., p. 6), die weder einen Systembezug noch psychische Zielaffinität mehr erkennen lassen und darum im weitesten sowohl wie im buchstäblichen Sinne als "ver-rückt" erscheinen (9 x 13 = Bahnhof; Was bedeutet die Bezeichnung "Tafeljura"? Mich laust der Affe!). Wer einen Referenzrahmen nicht (mehr) erkennt, aus ihm ausbricht, ihn negiert oder von einem andern her reagiert, enthebt sich der Möglichkeit wie auch der Gefahr, (systemimmanente) Fehler zu machen oder auch nur zu registrieren.

- Von Fehlern in einem personalen Sinne kann also nur insoweit und dann die Rede sein, als die der Fehlsamkeit bezichtigte Person grundsätzlich über die erkenntnismässigen, systemischen, instrumentellen und situativen Möglichkeiten zur Fehlervermeidung verfügt(e). Man muss ein erkennbares Ausmass an Kenntnissen, Fertigkeiten, Einsichten und Systemvertrautheit besitzen, um überhaupt Fehler machen zu können.

- Fehler sind demnach sowohl in systemischer als auch in personaler Hinsicht stets Lösungen: wenngleich unangemessene, unökonomische, ineffiziente..., die nach ihrer Entdeckung darum erneut ein Problem offenbaren. Im Moment, wo ich einen Fehler begehe, und mag die Zeitspanne noch so kurz sein, bin ich jedenfalls der Meinung oder im Gefühl, richtig, d.h. in Uebereinstimmung mit mir, der Problemstellung und der Vorgehensweise gehandelt zu haben. In diesem Umstand steckt denn auch, wie wir noch sehen werden, die lehrpsychologisch-didaktische Bedeutung von Fehlern. Fehler mögen im nachhinein zwar als Abfallprodukte positiver Lern- und Erkenntnisprozesse betrachtet werden; ihr Durchgangswert (oft auch Wiederverwertungs- und Aufbereitungswert) ist darob aber nicht zu unterschätzen.

- In der genannten Handlungsbezogenheit sind Fehler zumeist augenblicksverhafteter, akthafter Art und zwar auch da, wo sie wiederholt oder in Serie auftreten. Dies im Unterschied zu einem Irrtum, der eher einen Zustand darstellt, in welchem sich eine Person, zumeist aufgrund von Fehlannahmen oder falschen Eingangsdaten, befindet. Und dies paradoxerweise nicht selten so lange, bis Fehler sie eines Bessern belehren. Fehler können in der Tat Irrtümer aufdecken und Holzwege als solche erkennbar machen.

- Zum Fehler im lern- und lehrpsychologischen Sinne gehört ferner seine grundsätzliche und systemimmanente Korrigierbarkeit bzw. Berechenbarkeit/Abschätzbarkeit. Ein "von aussen" hereinbrechendes Ereignis, das einen Störfall verursacht - handle es sich nun um ein banales Stolpern, ein funktionell bedingtes sich Verschlucken oder aber um eine Unwetterkatastrophe - fällt daher nicht unter den person-, handlungs- und konzeptabhängigen Fehlerbegriff.... es sei denn unter Bezugnahme auf mangelhafte systemrelevante Vorsorgemassnahmen (Man soll bekanntlich nicht mit vollem Munde sprechen, will man sich nicht verschlucken!)

- Erst aufgrund all dieser Vorbedingungen lassen sich schliesslich auch Verantwortlichkeitsbezirke für Fehler und Verfehlungen ausgrenzen, die ihrerseits dann wieder ins personale (Fehler-)Bewusstsein zu heben sind. Das heisst, Fehler müssen sich als eine Art "Negativ-Verdienste" einem Auctor anlasten lassen. Resultate, die nach dem Zufallsprinzip - als Treffer und Nieten - eintreten oder ausbleiben, können nicht als personale Lösungen gelten.

Ausgehend von einem umfassenden Fehlerbegriff können somit vier Unterbegriffe unterschieden werden:

	strukturell Muster	prozessual Verlauf
objekthaft material	Unregelmässigkeit	Abweichung
subjekthaft personal	Unangemessenheit	Verstoss

Fehler auf der *Objektebene* können registriert werden

- als *Unregelmässigkeiten* innerhalb einer Gestaltbildung. Von sprichwörtlicher Beispielhaftigkeit sind diesbezüglich Webfehler, welche die Gleichförmigkeit eines Stoffmusters stören. Naturhafte Strukturen sind freilich, im Unterschied zu technisch erzeugten, durch das Prinzip der Aehnlichkeit, nicht durch das der Kongruenz gekennzeichnet. "Die Natur ist fehlerfreundlich" (*Wieland, G.* 1993)
- als *Abweichungen* in normierten, zeitabhängigen Verläufen. Sie können erwartungswidrig-überraschend auftreten oder aber erwartungskonform (einberechnet) sein. Auch hier ist festzustellen, dass minimale Abweichungen naturhaften Abläufen inhärent und in diesem (statistischen) Sinne normal sind.

In beiden Fällen scheint es also, als sei (minimale) Abweichung/Differenz Ausdruck des Lebendigen und Voraussetzung von Entwicklung (differenziert ausgeführt in Chaos-Theorien und computersimulierten Fraktalverläufen).

Fehler auf der *Subjektebene* können registriert und gemacht werden

- als Strukturbrüche im Sinne des aus dem Figur-Grund-Effekt kontrastierend *Unangemessenen*. Hier ist daran zu erinnern, dass wir nicht Facts als solche, sondern stets nur Unterschiede registrieren können. Ob es sich dabei um Unpassend-Unpässliches im Sinne eines (nicht intendierten) Fehlers handelt, ist abhängig von Idealgestalt-Vorstellungen. Strukturbrüche - ob beabsichtigt oder nicht - können nämlich auch als Positivum registriert werden: Falsches kann interessant, erregend, amüsant, unterhaltsam.... sein.
- als *Verstösse* akthafter Art gegen situativ und/oder konventionell verpflichtende Rahmenbedingungen und Zielvorgaben.

Im Vergleich zur Situation auf der Objektebene kompliziert sich die Lage auf der *Subjektebene* dadurch, dass hier von wenigstens zwei Subjekten auszugehen ist, die sich

a)   einvernehmlich auf ein gemeinsames, für beide einsichtiges Bezugssystem (Referenzrahmen) ausrichten müssen
und
b)   Differenzen struktureller bzw. prozessualer Art im konkreten Einzelfall als Fehler zu registrieren und zu interpretieren haben

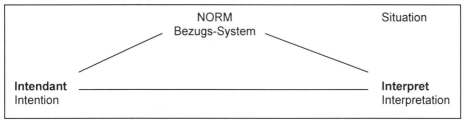

Kinder mit Schwierigkeiten in der räumlichen Wahrnehmung zeigen erhebliche Mühe im Ablesen der Uhrzeit. Eine ziffernlose Uhr erfordert ein intaktes Gespür für Winkelgrössen und Kreissegmente (zweidimensionale Raumvorstellung).

Folgende Zeitangaben wurden von Kindern gemeldet:

- es ist zwei Uhr sechs
- es ist zwei Uhr dreissig
- es ist zwei Uhr achtzehn
- es ist sechs Uhr null zwei
- es ist dreissig Uhr null zwei

Hier sind die Systeme der Stunden- und Minutenzeiger, der digitalen Zeitangabe, der Morgen- und Nachmittagsstunden durcheinander geraten.

Interpretationsunstimmigkeiten referenzieller und/oder kasueller Art sind daher nicht selten auf einer Meta-Ebene (via Verhandlungen oder durch Schiedsspruch) zu bereinigen.
Insgesamt ergibt sich also: Nicht alles was falsch ist, ist ein Fehler und nicht alles, was ein Fehler ist, muss falsch sein!- Und: Fehler (im Sinne von Struktur- bzw. Verlaufsdifferenzen) sind nicht per se ein Negativum; es sind Referenzrahmen und Zielrichtung , die über richtig/falsch, gut/schlecht; stimmig/unstimmig entscheiden.

*   *   *

Wie vorerwähnt dominieren in traditioneller Pädagogik und Didaktik Ausmerzungs- und Vermeidungsstrategien gegenüber Fehlern. Diese Strategien sind zwar nicht falsch, in ihrer Ausschliesslichkeit hingegen bedenklich. Nichts ist im Erziehungsbereich falsch ---, ausser der Verabsolutierung nach dem Prinzip: Immer-überall-alles. Hinsichtlich des

Umgangs mit Fehlern sollten wir uns der drei Prinzipien populärer Führungslehre erinnern:

- Das *Titanic*-Konzept als extreme Vermeidungsstrategie , die jede Panne von vornherein zu verunmöglichen trachtet, höchste Sicherheit in Aussicht stellt, im Katastrophenfall dann freilich versagt, weil es diesen per definitionem nicht mehr gibt. Lehrmittel und -bücher sind heute oft nach diesem Konzept arrangiert; die raffinierte Drucktechnik macht's möglich, dass man sich kaum mehr "handgreiflich" oder wenigstens mit Stift und Farbe damit auseinanderzusetzen braucht.
- Das *Wikinger*-Konzept, das auf den genialen Kapitän abstellt, der - Gott befohlen! - es im entscheidenden Moment richten wird. Dazu passt der Lehrer Allwissend, der letzthin alles "korrigiert" zumal in der Institution "Schule", die ohnehin nur supponierte (Manöver)- Situationen kennt, wo Fehler höchstens von mittelbarer Bedeutung (für die Notengebung) sind.
- Das *Sta.Maria*-Konzept des Christoph Columbus, der, zwar schlecht und recht ausgerüstet, hauptsächlich aber mit einer Idee im Kopf (einer irrtümlichen zwar!) in See sticht, sich aber immer wieder so viel Flexibilität - wozu auch Neugier, Inter-Esse (d.h. ein Dazwischen- und Inmitten-Sein) und (Selbst-) Vertrauen gehören - bewahrt, dass er auf Ueberraschungen zu- und mit ihnen situationsgemäss umgehen kann.

Wenn wir davon ausgehen, dass sich Lernen, zumal aus dem Erleben des Lernenden, stets als ein Entdecken und Rekonstruieren (von Welt und in dieser immer auch seiner selbst) darstellt, so meine ich, dass dieser Situation das Kolumbus-Konzept am angemessensten ist, (ohne dass deswegen die angesprochenen Titanic-Lehrbücher und Wikinger-Lehrkräfte ganz aus Abschied und Traktanden fallen müssen).

Dieses Konzept ist für uns auch darum naheliegend, weil Kausalitätsbeziehungen in subjektabhängigen Beziehungsfeldern nicht jene Stringenz aufweisen, wie sie aus vergleichsweise einfachen physikalisch-mechanischen Verhältnissen bekannt sind.
Fehler haben zweifellos ihre Ursachen, vorsichtiger ausgedrückt: ihre Aktualgenese. Ob sich daraus fixe Ursache-Wirkungs-Zuordnungen ableiten lassen, wie dies die vorgenannte Fehlerkunde und ihre Nachfahrin, die Symptomatologie, versuchen, ist allerdings zweifelhaft.

Dies wird am Beispiel der Entwicklung des Konzepts kindlicher Teilleistungsstörungen deutlich:
Aus Schülern, die Schwierigkeiten haben beim Lesen und viele Fehler (!) machen in der Rechtschreibung wurden im Zuge der Symptomatologisierung bekanntlich Dys-Lektiker und Dys-Orthografiker , denen die Dys-Grafiker und Dys-Kalkuliker auf dem Fusse folgten. Dumme, faule und freche Schüler sind lernbehinderten, motivationsgestörten und verhaltensoriginellen gewichen. Personale Fehler wurden in der Weise in unpersönliche Symptome uminterpretiert, die gemäss medizinischem Tableau einer Krankheit - derzeit vorzugsweise einem Psycho-Organischen Syndrom/-P.O.S. - zuzuordnen sind. Langezeit glaubte man tatsächlich denn auch, dass z.B. so etwas wie legasthenietypische Fehler (wie Reversionen/Inversionen) existierten. Einer

Kranksprechung haben im weitern, immanenter Patho-Logik gemäss, eine spezifische Prävention und Therapie zuzugehören, was schulsystemisch einen bereichsweise überblähten therapeutischen Apparat zur Folge hatte und Delegationsmechanismen in Gang setzte.

Fehler entspringen hingegen nicht einer einzelnen, fixen Ursache und auch nicht einem abschliessend bestimmbaren Ursachenbündel; Fehler sind konstellationsabhängig. Unter einer Konstellation verstehe ich in diesem Zusammenhang das momentane raum-zeitliche und energetisch-materiale Zueinander der an einem Resultat beteiligten Ein-flussfaktoren. Dieses Verhältnis ist charakterisiert durch Fluxivität, Polyvalenz und Aequivalenz, d.h. am Zustandekommen eines Resultats sind stets mehrere, dynamisch wechselnde Faktoren beteiligt. Ferner können identische oder doch sehr ähnliche Ursa-chenkonstellationen, und sehr unterschiedliche Kausalitäten umgekehrt praktisch identi-sche Fehlerbilder generieren. Aus der Fehler-Physiognomie allein lässt sich somit nur sehr bedingt auf deren Aktualgenese schliessen, wie dies die eingangs erwähnte Fehler-kunde bis tief in die Leistungsstörungs-Symptomatologie und -therapie hinein glaubten unterstellen zu können.
Die Fehler-Aetiologie bringt uns daher kaum weiter, ganz abgesehen davon, weil auch dann, wenn eine strikte Ursache-Wirkungs-Verbindung nachweisbar wäre, die Frage offen bliebe, ob von aussen so etwas wie eine Kausalbehandlung (einer Zahnextraktion vergleichbar) angesetzt werden könnte.

Handlungsfehler/Fehlhandlungen können letztlich allein durch deren Urheberschaft korrigiert werden; die lehrende sowohl wie die lernende *Person* sind daher in ihrer me-diatorischen (=vermittelnden) Rolle ins Auge zu fassen.
In einer derartigen personalistischen Perspektive fallen Fehler-Ursachen weniger ins Gewicht als sogenannte Kausal-Attribuierungen, d.h. subjektive Vorstellungen darüber, wodurch Fehler bedingt seien. Kausalitäts-Legenden, welche Lehrende sowohl wie Lernende (und desgleichen indirekt Betroffene, wie z.B. Schülereltern) über Fehlsam-keit entwickeln, sind nicht selten von ausschlaggebender Bedeutung und zwar sowohl für die rollenspezifischen Selbstkonzepte von Lehrern und Schülern, wie auch hinsicht-lich gegenseitiger Uebertragungen und Gegenübertragungen. Was sich diesbezüglich zwischen einem korrigierten, fehlertriefenden Schüler und einer dadurch in ihrer Lehr-kompetenz in Frage gestellten Lehrkraft psychodynamisch abspielt, ist in seinen Wie-der-und-wieder-Widerspiegelungen tatsächlich kaum vorstellbar, geschweige denn in Worte zu fassen: wiewohl es tägliche Realität ist.

Double-bind-Situationen, mehrfach gebrochene Paradoxien und Beziehungsfallen, aus denen es scheinbar kein Entrinnen mehr gibt, sind oft das Resultat divergierender Kausal-Attribuierungen in Verbindung mit sowohl lehrer- als auch schülerseitig ex-klusiv negativer Fehlerqualifikation:
Lehrer **A.** stellt beispielsweise, lehrerrollenadäquat fest, dass die Leistungen von Schüler **B.** sehr fehlerhaft sind. Und so fragt er sich denn (personalisierend!), ob **B.** ein schlechter Schüler oder er selbst ein schlechter Lehrer sei?- Er fragt sich ferner, ob **B.** wohl realisiere, dass und wie fehlerhaft seine Leistungen sind und wie schlecht er damit dasteht?, oder ob **B.** möglicherweise glaubt, das er, **A.**, einen mangelhaften

Unterricht geboten habe, gar ein schlechter Lehrer sei?- Und er kann sich gar fragen, ob **B**. wohl ahne, dass er Lehrer **A**. sich solche Gedanken mache. Lehrer **A**. möchte kein schlechter Lehrer sein und auch nicht diesen Anschein (in den Augen von **B**.) erwecken. Also wird er alles dran setzen, **B**. zu beweisen, dass der ein schlechter Schüler ist, wiewohl er, **A**., ein guter Lehrer ist..... was Schüler **B**. nun freilich seinerseits, mit umgekehrten Vorzeichen und auf seine Weise (eventuell auch mit Hilfe der Eltern), *auch* zu beweisen sucht.

Lehrbehinderungen generieren offenbar Lernbehinderungen et vice versa!
Oder als Paradoxie formuliert: Fehler zeigen an, dass ein Lernprozess sein Ziel noch nicht erreicht hat, ein Schüler weiterhin belehrungsbedürftig ("lehrerbedürftig ") ist. Fehler erzeugen zugleich aber einen Schattenwurf auf die Lehrbemühungen, die bis anhin offenbar noch nicht von krönendem Erfolg waren. Fehlerlosigkeit (und entsprechend positive Bewertungen) zeugen andrerseits für hervorragenden Lern- (und Lehr-!) Erfolg, lassen zusätzliche Lehrbemühungen allerdings überflüssig erscheinen.

Kausalattribuierungen sind, zumindest indirekt, auch bedeutsam für die Art der Affektverarbeitung sowie für die weitern Problemlösungs- und Lernstrategien. Ohne hier auf das breite Feld der Kausalattribuierungen und entsprechende Ermittlungsverfahren eintreten zu können, sei immerhin vermerkt, dass für Produkte (fehlerhafter oder wertgeschätzter Art) grundsätzlich folgende Instanzen als "Generatoren" namhaft gemacht werden können:

- Die Person, welche die Leistung unmittelbar erbrachte. Ein Fehler ist demzufolge deren Unbedachtheit, deren mangelhaftem Wissen und Können zuzuschreiben (freilich auch ihrer Ehrlichkeit und Anständigkeit, die sie nicht zu unerlaubten Hilfen und Vertuschungsmanövern Zuflucht suchen liessen)
- Die mediatorische(n) Instanz(en), d.h. speziell die Lehrperson(en), die es nicht verstand(en), die Lernenden exzellent zu instruieren
- Die momentane persönliche Indisponiertheit und/oder die äussern Gegebenheiten und das Equipment, die insgesamt als belastend und störend erlebt wurden (schlechte Lichtverhältnisse, hoher Lärmpegel, nicht funktionierende Schreibutensilien, ungünstige Wetterlage usf.)
- Diverse (quasi-) transzendente Einflüsse: Schicksal, Pechsträhne, astrale Konstellationen

Die Tendenz, positive Leistungen eher dem Ego, Fehlleistungen und Mängel hingegen eher Ausseninstanzen zuzuschreiben, ist häufig (und) "menschlich", dient der Wiederherstellung des erschütterten Gleichgewichts und ist im Fortgang entscheidend für die (mehr oder weniger freie) Wahl der Erfolgsstrategie: Vermehrte persönliche Anstrengungen (z.B. Nachhilfestunden) - Beschwerden gegenüber Lehrkraft (z.B. Rekurs) - Psychohygienisch-prophylaktische Vorkehrungen (z.B. Beruhigungsmittel einnehmen vor Prüfungen) - Auf kosmische Harmonie achten (z.B. Amulette, Biorhythmische Arrangements).
Die hohe Bedeutung derartiger Kausalattribuierungen ist nun zweifellos auch dem Umstand zuzuschreiben, dass unsere affektive Einstellung zu Fehlern ambivalent, schillernd und zwiespältig ist und in einem breiten Spektrum zwischen Angst, Aergernis und Peinlichkeit über Irritation, Animation bis hin zu Spass und Amüsement streut. Hierbei sind

auch Ueberkreuzungen nicht selten, z.B. dahingehend, dass des einen Pein des Andern Amüsement sein kann.

Der Unterhaltungs- und Erheiterungswert von Fehlern, von Missverständnissen und Verwechslungen *anderer* ist jedenfalls enorm und daher fester Bestandteil komischer Performanz.

Kognitiv kommt das Amüsement durch die vorerwähnten System- und Rahmenbrüche zustande; Zwei-Deutigkeit schafft offenbar jenen kognitiven Spannungsgrad, den wir als lustvoll erleben. Dies allerdings nur unter der Voraussetzung, dass wir den Bruch (in Witz, Ironie, Sarkasmus, Spass...) meta-kognitiv erkennen. Emotional dürfte eine angstvermindernde Schadenfreude eine Rolle spielen, die allerdings wieder durch verharmlosende Spielregeln begrenzt zu sein hat, damit sie sich tatsächlich ausbreiten darf. (Vielleicht ist es so, dass wir hauptsächlich über das lachen, wovor wir uns auch ängstigen?) Situationskomik ist dann amüsant, wenn sie nur haarscharf an unserer Realität vorbei geht. Desgleichen ist Sprachkomik dann lustig, wenn die Bezugsrahmen bekannt und der Rahmenbruch noch erkennbar bleibt (vgl. die Schadenmeldungen aus der Versicherungsbranche):

Beim Warentransport mit dem Lift, zog die Verletzte die Lifttüre zu, bevor die grosse Zehe ganz im Lift war.

Der Hund begann an mir zu schnüffeln. Ohne eine Silbe zu sagen, biss er mich ins linke Bein.

Ich half meiner Frau die Treppe reinigen, indem ich sie mit Stahlspänen abrieb.

Sie sah mich, verlor ihren Kopf und wir stiessen heftig zusammen.

Anfänglich litt ich unter der Abwesenheit des gesamten Gedächtnisses, das aber im Spital rasch zurückkehrte.

Aus Zuschriften an Versicherungen

Ich dachte, das Fenster sei offen. Es war jedoch geschlossen. Wie sich herausstellte, als ich meinen Kopf hindurchstreckte.

Meine verletzten Körperteile bitte ich dem Bericht des Kantonsspitals zu entnehmen.

Noch auf der Unfallstelle wurde mir Blut und der Fahrausweis abgenommen.

Vermutlich ist der Brandschaden durch achtloses Wegwerfen eines Passanten entstanden.

Der Schadenexperte war völlig ungehalten, als er auf mein Vorderteil blickte.

Ich habe von Geburt an ein Glasauge.

Hiermit möchte ich Ihnen meinen Sohn als Unfall melden.

Die Unfallzeugen sind dem Schadenformular beigeheftet.
Der andere Wagen war absolut unsichtbar, und dann verschwand er wieder.

Ich bitte um einen Krankenschein für meinen neuen Doktor. Der erste Arzt nahm meine Hämorrhoiden auf die leichte Schulter.

Nach dem Zusammenstoss mit seinem Wagen ist unser Sohn einer Polizeistreife in die Arme gelaufen und geriet in falsche Hände.

Meine Wirbelsäule musste zur Abklärung hospitalisiert werden.

Wie hoch ist die Prämie für meine Frau, die zwar im November 65 Jahre alt wurde, aber mindestens zehn Jahre jünger aussieht?

Ich möchte Ihrer Krankenkasse beitreten. Die Spitalkosten sind heute so hoch, dass sich das ein gewöhnlicher Sterbender nicht mehr leisten kann.

Der hohe Emotionalisierungsgrad, mit dem Fehler verbunden sein können, ist mit ein Grund dafür, dass diese sich oft quasi verselbständigen und eine Eigendynamik entwikkeln, die bedrohliche Ausmasse annehmen kann. Dazu tragen exklusive Vermeidungskonzepte zweifellos bei, indem sie Vermeidungsängste erzeugen bis hin zum "katatonen" Grundsatz: Wer nichts macht und nichts sagt, hat die grösste Chance, keinen Fehler zu machen! Vermeidungsstrategien können sowohl Ursache als auch Wirkung ängstlicher lehr- und lernseitiger Verspanntheit sein.

Das Phänomen ist bekannt aus dem mittlerweile hoffentlich Geschichte gewordenen "fehlerfreien Fremdsprachenunterricht", der einem Schüler tatsächlich den Eindruck vermitteln konnte, dass sein Französisch mit all den Subjonctifs und Passés sowieso nur fehlerhaft herauskommen könne.... Und vielleicht hat dieser Schüler erst in einem spätern Migros-Kurs überhaupt wieder gewagt, Fehler zu machen und die sprachliche Kommunikation *über* die Perfektion zu stellen.

Zu den Negativ-Gefühlen gegenüber Fehlern gehören ferner die Peinlichkeit und die Scham, speziell verstärkt durch das Amüsement anderer. Nicht der Fehler, sondern die Peinlichkeit und die sozialen Folgeschäden sind es daher, die es einem schwer machen können, Fehler vor sich und andern zuzugeben und einzugestehen. Dies hat seinen Grund auch darin, dass Fehler aus (momentaner) Schwäche, Irritation, Unvermögen resultieren und nicht schlechter Absicht entspringen, die in der gelebten Alltagsmoral immerhin eine weniger herabsetzende Beurteilung fände (Lieber frech als doof, lieber verhaltensgestört als lernbehindert!). Peinlichkeit steigert sich zur Selbstentblössung, wenn ein Fehler fortzeugend Inkompetenz, Impotenz und mangelhafte Performanz *zugleich* aufdeckt: Ich begehe aufgrund mangelhafter Rahmenbeachtung einen Fehler (z.B. im Sinne eines gesellschaftlichen Faux-pas), verfüge sodann über keine Möglichkeit, ihn zu korrigieren (ein diesbezüglicher Versuch macht die Sache gar noch schlimmer) und vergebe mir schliesslich noch die Chance, die Sache positiviert (elegant, humorvoll, en passant, umgedeutet, mittels verständniserheischender Erklärungslegende oder gar forsch zur Gegennorm erklärt) zu überspielen.

*   *   *

Die Absicht, Fehler nicht partout und von vornherein ausschalten, gar verunmöglichen zu wollen, sondern damit leben zu lehren, ein entspannteres Verhältnis zu finden dazu vor sich und andern, nötigt nun zu einer gemeinsamen Meta-Kommunikationsebene von Lehrenden und Lernenden über das Phänomen 'Fehler'. Dies grundsätzlich in derselben Art und Weise, wenngleich situations- und entwicklungsgemäss adaptiert, wie wir sie im Moment hier begehen.

Wir können diesbezüglich davon ausgehen, dass Lehrkräfte als professionelle Fehlersucher und -korrigierer bereits über eine herausragende fachliche Meta-Kompetenz verfügen: zum einen dahingehend, dass sie über fach- und stoffbezogene Kenntnisse und Fertigkeiten hinaus instruktionskompetent sind (sich mit Benzinmotoren auszukennen und mit ihren Funktionsweisen zurandezukommen genügt ja bekanntlich nicht, einem Laien in verständlicher Weise darüber Erklärungen abzugeben)--, und zum andern hinsichtlich Erfahrungen über situations- und phasenspezifische Fehlermöglichkeiten (seine Muttersprache zu beherrschen macht einen bekanntlich noch nicht zum Sprachlehrer, da dem zwar exzellenten, aber nie speziell reflektierten Wissen und Können die Kenntnisse bezüglich Schwierigkeiten und Verfehlungen abgehen).

> Spitzenkönner und Naturtalente sind umgekehrt nicht selten schlechte Instruktoren infolge Problem- und Fehlerblindheit. Falls Schreinermeister die Gebrauchsanweisungen zur Installation von IKEA-Möbeln ausfertigten, wird der handwerkliche Laie denn auch seine liebe Not haben damit, da er punkto Dyspraxie jeden Schreiner hintersichlassen wird.

Lehrkompetenz bedeutet also insgesamt: Sein Fach nicht nur von hinten und vorn, sondern auch von oben und - vor allem! - von unten zu beherrschen!

Fehler sind, wie Dissonanzen überhaupt, ebenso Ausdruck des Lebendigen wie richtige (passende) Lösungen. Fehlsamkeit und Trefflichkeit stehen in einem dialektischen Verhältnis zueinander. Wo keine Fehler mehr in Erscheinung treten, da lösen sich auch Lösungen in Erlösungen auf. Fehler sind daher zunächst einmal als *normal* (sowohl im Sinne von 'üblich' wie auch von 'lebensnotwendig') anzusehen. Sie sind daher auch begrifflich von *Symptomen*, (die auf krankhafte Verläufe hinweisen), zu unterscheiden. Der vorgenannten Pathologisierung und Medizinierung kindlicher Fehler und Verfehlungen, wie sie zu jedem, nicht zuletzt auch sozialen, Lernprozess gehören, ist, nicht zuletzt vom Bildungssystem her, dringend Einhalt zu gebieten! Die Abschiebung "schwieriger" Schüler ins Pathologiesystem von Medizin und Psychiatrie ist keine pädagogische Antwort, geschweige dann eine Lösung.

Umgekehrt ist Fehlerlosigkeit kein Wert an sich, und gelegentlich nicht einmal ein Verständnisbeweis.

> In unserer Apparatekultur hat das blosse Anwendungs- und Handhabungswissen (sog. Know how) gegenüber dem Begründungs- und Ableitungswissen derart überhand genommen, dass wir uns oft gar nicht mehr bewusst sind, wie wenig wir (als Individuen) tatsächlich wissend und könnend zum fehlerfreien Funktionieren bringen: Licht andrehen, Auto fahren, Radio hören etc. Wer weiss schon, was er tatsächlich in Gang setzt in seiner push-button-culture!?

Nobody is perfect! Fehler sind unvermeidlich. Wer Fehler strikt vermeidet, lernt nichts. Fehler können sich nämlich manchmal auch als neue Lösungen entpuppen, wie sie durch Aenderungen der Einflussfaktoren erforderlich werden:

> Ein rasches und ein langsames Abkühlen gesättigter Kochsalzlösung zeitigt bekanntlich unterschiedliche Kristallisationsformen

> Die Geläufigkeit einer Handschrift ergibt sich auf Kosten korrekter Einzelbuchstabenformen

> Delphine 'erfinden' neue Konfigurationen, nachdem ihnen ihr gesamtes Verhaltens-Repertoire zur Futtererlangung als 'falsch' zurückgewiesen wurde.

> Die Stubenfliege findet umgekehrt den Ausgang nicht aus dem Fliegenglas, weil sie unfähig ist, sich paradox "falsch" zu verhalten und die Freiheit an der engsten Stelle des Glases zu suchen.

Ich habe bereits darauf hingewiesen, dass unser gefühlsmässiges Verhältnis zu Fehlern ambivalent ist: Fehler können nicht nur peinlich oder amüsant, sie können auch faszinierend sein: speziell, wenn nachhaltig davor gewarnt wird. Vom in Aussicht gestellten Negativum kann eine ausgesprochen positive Motivation ausgehen.

> So erinnere ich mich an unsern Chemielehrer an der Sekundarschule, der uns den Spruch einschärfte: "Erst das Wasser, dann die Säure --, sonst geschieht das Ungeheure!", mit dem Erfolg, dass wir "das Ungeheure" kennen lernen wollten...

Fehler können, wie vorerwähnt, Vermeidungsängste auslösen, und zwar vor allem da und so lange, als man sie in ihrer Art, ihren Auswirkungen und Handhabungsmöglichkeiten nicht kennt.

> Die Situation ist bekannt aus musikalischen Vortragsübungen. Der Imperativ "Ich darf keinen Fehler machen!" kann hier durch den Interrogativ "Was mach' ich, wenn mir ein Fehler unterläuft?" eine wesentliche Enspannung erfahren und mithin vielleicht sogar seiner Erfüllung näher kommen.

> Leider werden diesbezüglich sogar aus dem Religionsunterricht immer wieder Fälle bekannt, in denen mit oder ohne Absicht mit Aengsten vor nur vage deklarierten Verfehlungen (im Sinne von Sünden) operiert wird. Sogar (und vielleicht vor allem!) *nicht* begangene Verfehlungen können quälend sein.

Fehler sind somit dahingehend zu positivieren, dass ein Lernender weiss und erfährt, was in einem bestimmten Sachgebiet ein Fehler ist, wie sich ein solcher ein- und darstellt und wie man sich im Verfehlungsfall schadenbegrenzend verhalten kann. Damit ich ein Ereignis vermeiden kann, muss ich es, soweit es die Sach- und Problemlage gestattet, möglichst konkret und realistisch kennen. Es gibt Situationen, wo sogar eine Fehlerprovokation angebracht sein kann, *damit* ein Schüler am Fehler lernt und zu erfahrungsgestützter Einsicht kommt (wie z.B. in Anti-Schleuderkursen).

Fehler sind, für Lernende und Lehrende, Orientierungsmarken, auf die nicht zu früh verzichtet werden kann; es sind gewissermassen Positionslichter, welche Auskunft geben über den Lernverlauf. Unter extrem ungünstigen schülerseitigen Lernverhältnissen, d.h. wenn die Aneignungsmöglichkeiten behinderungsbedingt stark eingeschränkt sind, sind sie für die Organisation des Unterrichts sogar unverzichtbar.

Damit Fehler eine für die Unterrichtsgestaltung aufschliessende Bedeutung erlangen können, genügt deren blosse Registratur allerdings nicht. (Fehler-) Korrekturen zeigen zwar an, wie, wann, wo (allenfalls auch weshalb) ein Resultat falsch ist. Das Positivum einer richtigen Lösung lässt sich hieraus aber nicht in jedem Fall ableiten. Fehler sind Negativ-Markierungen ("So nicht!"), die ihre Ergänzung im antizipierten (d.h. vorstellungsmässig vorweggenommen) und/oder, sinnenfälliger noch, in realisierten Positiv-Erlebnissen von Finalerfahrungen ("des Angelangtseins") zu finden haben.

Hinsichtlich derartiger Finalitätsbezüge können unterschiedliche Erfahrungsstufen und Distanzen unterschieden werden:

- eine Null-Stufe, auf der der Lernende überhaupt nicht weiss, was als richtig/falsch gilt und auch über keinen sachimmanenten Zielhorizont verfügt. Er lernt nicht, sondern driftet
- eine Stufe, auf der ihm zwar das Ziel bekannt ist, ihm jedoch Methoden und heuristisches Konzept fehlen. Er macht dann irgend etwas und hofft auf einen Zufallstreffer
- eine Stufe, auf der er über Rezepte, Algorithmen und Methoden verfügt, diese jedoch nicht problemspezifisch einzusetzen versteht. Er macht dann das, was er beherrscht (was immerhin der Affektabfuhr dient), allerdings nicht sachgemäss ist. Unsachgemässes Agieren kann mitunter die Sachlage noch verschlimmern
- er setzt seine Möglichkeiten nach einem in sich stimmigen heuristischen Konzept ein, wobei sich die Mittel als unzureichend erweisen, so dass er, in richtiger Destination zwar, "auf der Strecke bleibt"
- er gelangt infolge Fehleinschätzungen (einem Irrtum z.B.) zwar zu einem interessanten Resultat, das jedoch nicht auf der Ziellinie liegt (anerkennenswerte Danebenleistung!)
- er beherrscht die Problemlage, es unterlaufen ihm jedoch (untergeordnete) Verfahrensfehler, die ihm die richtige Lösung vermasseln

Auch hinsichtlich der Befindlichkeit, sowohl im emotionalen (wie fühle ich mich?), wie im aufgabentopologischen Sinne (wo bin ich?), ist daher die meta-kognitive Regelung von entscheidender Bedeutung gemäss der Frage: Was mache ich, wenn ich nicht mehr weiterkomme?

Geistigbehinderte Menschen geraten relativ häufig in derartige Situationen, so dass meta-kognitive "Ausstiegsszenarien" aus verstellten Situationen für sie lebenswichtig sind (z.B. nach einer uniformierten Person Ausschau halten). (Unter dieser Perspektive des Umgangs mit seinen Grenzen betrachtet, mag es denn sogar statthaft sein, im konkreten Fall von gebildeten Geistigbehinderten und ungebildeten Geistesgrössen zu sprechen)

Fehleranalysen versuchen generell die an der Aktualgenese von Fehlern beteiligten psychischen und situativen Faktoren zu eruieren. Diesbezüglich ist allerdings festzustellen, dass nicht nur Lösungen, sondern auch Fehler Qualitätsunterschiede aufweisen, so dass von schlechten und guten Fehlern gesprochen werden kann. Diese Qualität bemisst sich nach der weiterführenden Potenz von Fehlern, die (z.B. durch lautes Denken und Handlungskommentare) ins gemeinsame Bewusstsein zu heben ist

> Die Gewichtung von Fehlern ist je nach dem abhängig vom Abweichungsgrad, von ihren Ursachen und Folgen, von Verantwortlichkeits- und Bewusstheitsgrad, Aufgabenkomplexität etc.
> Daraus wird deutlich, dass eine quantitative Fehlerregistratur in jedem Fall ein qualitatives Mischmasch darstellt. Fehler sind nicht nur zu zählen, sondern zu gewichten.

Fehleranalysen sind nicht zu verwechseln mit einer Leistungs- oder gar Persönlichkeitsbeurteilung. Dies kommt darin zum Ausdruck, dass an einer Fehleranalyse soweit als möglich alle von der Misslichkeit betroffenen Personen (Lehrer *und* Schüler) beteiligt werden. Der Miteinbezug von Schülern in die Identifikation und Reflexion von Fehlern (hauptsächlich von Verfahrensfehlern) ist unabdingbar. Schülern in dieser Konsequenz Lösungs*passagen* (nicht nur die richtigen Resultate!) zur Fehleridentifikation zur Verfügung zu stellen, ist daher eine hervorragende Möglichkeit zur Herstellung von Meta-Ebenen. Diese betreffen je nach Aufgabe und Sachverhalt die Motorik, die Perzeption, die Kognition, die Sprache, die Affektivität oder das Sozialverhalten, wo es entsprechend darum geht, Bewegungen zu bewegen, Wahrnehmungen wahrzunehmen, Denkprozesse zu denken, über Sprache zu sprechen, Gefühle zu fühlen, über Kommunikation zu kommunizieren, kurz: die unmittelbare und direkte Perspektive zu übersteigen und von einem personalen Kontrollpunkt aus sein äusseres oder verinnerlichtes Handeln selbstreflektiv nachzuvollziehen. Man kann sich diesbezüglich fragen, ob eine derartige persönliche Leistungsreflexion nicht ihrerseits einer speziellen Wertung wert sein könnte (In diesem Sinne bewerten wir an unserm Institut beispielsweise schulpraktische Prüfungen nach Vorbereitung, Durchführung und Reflexion). Wer nämlich Fehler an- und Unsicherheiten auszusprechen lernt, der ist über den Weg des Kennens auch dem Können näher gerückt.

Auch dem Schülerkollektiv fällt in dieser Hinsicht eine wichtige Rolle zu. Fremdfehlersuche im gegenseitigen Tutorialsystem ist ein altbewährtes Mittel, gruppenintegrierte Lern-/Lehrprozesse ingangzusetzen. "Erst wenn die Jugend mit ihrer Weisheit zu Ende ist, hat der Lehrer das Wort!", so mahnte *H. Weimer* schon vor mehr als einem halben Jahrhundert (1926, p. 16) vor schulmeisterlichem "Verbesserungsdrang" (p. 17).

Wesentlich sind für den Lernenden ferner das Bewusstsein und das feeling über die eingangs erwähnte Rahmenabhängigkeit seiner Handlungsvollzüge und der hieraus resultierenden Produkte. Dies gestattet im weitern die Unterscheidung von Binnen- bzw. Vollzugsfehlern einerseits und Bezugs-/Systemfehlern andrerseits.

> Bei den vorgenannten Stilblüten handelt es sich durchwegs um Bezugsfehler. Während die Binnenstruktur der Aussagen (orthografisch und grammatikalisch) korrekt ist, besteht ein Bruch bezüglich des Inhalts, der allerdings nicht so gross ist, dass das Gemeinte nicht noch transparent bleibt.

Demselben Phänomen begegnen wir auch in der Mathematik, mit dem Unterschied allerdings, dass Rechenfehler selten als spassig empfunden werden (ich weiss nicht weshalb; vielleicht liegt's an den Mathematiklehrern?):
An der 27. Bundestagung für Didaktik der Mathematik (März 1993 in Fribourg) wiesen Katrin Burmester und Dagmar Bönig auf den scheinbar kuriosen Umstand hin, dass SchülerInnen Scherzaufgaben vom Typ: "Auf einem Schiff befinden sich 17 Schafe und 11 Ziegen. Wie alt ist der Kapitän?" häufig (!) beantworten würden mit: "28 Jahre". Was ist da passiert?- *Hollenstein, A.* stellt dazu in einer Zusammenfassung [in: Beiträge zur Lehrerbildung H.2/1993, p. 217] folgendes fest:
"Um diesem Phänomen auf die Spur zu kommen, setzten die beiden Forscherinnen eine empirische Untersuchung an. In Einzelfallstudien zeigten sie auf, dass solche oft surrealistisch anmutende Anwendungsaufgaben von den Schülerinnen und Schülern meist nicht als realistische Situationen verstanden werden. Nachdem diese der Versuchsleiterin zu verstehen gegeben hatten, dass das ganze eigentlich keinen Sinn mache, begannen sie oft mit der arithmetischen Verknüpfung der in der Situation verfügbaren Zahlen. Durch den Kontext "Mathematikunterricht" werden Sachsituationen - so eine zusammenfassende Aussage von Burmester und Bönig - als austauschbare Kulissen für Rechenvorgänge wahrgenommen. So wie in einem Vexierbild eine Strichfigur als Gärtner identifiziert wird, obwohl er mit dem Kopf nach unten, jeder Schwerkraft trotzend, in der Krone eines Baumes sitzt, so wird eine arithmetische Identifikation "des Gärtners" in einer Kapitänsaufgabe als angemessen empfunden."

Sogar *erkannte*, (durch Bezugsrahmenverschiebung erzeugte) Surrealität vermochte Schüler also nicht ohne weiteres von kontextabgehobenen Rechnereien abzuhalten. Es ist, als ob eine von Zahlen ausgehende Suggestion einen dem psychopathologisch bekannten "Zählzwang" verwandten "Rechnungszwang" auslöste: Wo immer Zahlen auftauchen, "nötigen" diese zum Rechnen; die entkleidete, nackte Rechnerei gibt sich quasi selbst einen Sinn und findet im korrekten Binnenresultat ihre Bestätigung.
Dass und wie "Rechnen" manchmal auch zur Verdummung führen kann, zeigen nicht nur die "Kapitänsaufgaben" (Ich weiss übrigens, dass er nicht 28, sondern 36 Jahre alt ist, weil ich ihn gefragt habe; womit die Systemgrenzen wieder geklärt sind), sondern auch nudistisch korrekte reziproke Dreisatzaufgaben vom Typ "Grabenschaufler", deren Realitäts-Bezug gelegentlich auch Zweifel wecken kann (Ein Mann braucht eine Stunde, zwölf Mann fünf Minuten-, sofern sie einander nicht auf die Füsse treten)

Während Laut- und Schriftsprache relativ empfindlich "reagieren" auf formale und inhaltliche Brüche und Nonsens rasch offenbar werden lassen, liegt das Faszinosum der Zahl darin, dass irgendwelche Rechnereien immer wieder neue Zahlen gebären, so dass der Zahlensegen auch jenseits des Sinnbezirks nicht aufhört (und das ist denn wahrscheinlich der Grund, weshalb es, wie vorerwähnt, zwar Sprachwitze aber keine Zahlenwitze gibt!)

"Numerischer Nudismus" lässt denn auch Zweifel aufkommen, an dem wie tibetanische Gebetsfahnen im Bildungswind flatternden Vorurteil, Mathematik oder gar bloss der Umgang mit Zahlen fördere *das* logische Denken *schlechthin*. Zum ersten hat Mathematik ihre eigene Logik, die beispielsweise von Psycho-Logik und Affekt-Logik sehr verschieden ist, und zum zweiten kann gerade eine schlechthinige Mathematik, die nur noch sich selber weiss, einen "Autismus" begünstigen, der jede Kompatibilität mit der

Aussenwelt vermissen lässt. Mathematik als solche fördert kognitive Kompetenz nicht mehr, als das elegante Sportkostüm die körperliche Fitness! In beiden Fällen müsste man sich nämlich noch *bewegen* damit und darin. Denken ist verinnerlichtes Handeln, und Handeln findet seine Grundlagen im sensu-motorischen System.

Daher ist denn auch Operative Beweglichkeit ein wichtiger Indikator für ein generalisiertes Handlungsprinzip. Eine sogenannte Prozedurale Integration zeigt sich in einer zielführenden Gesamtplanung und Handlungsorganisation, die verhindert, dass der gespannte Zusammenhang zwischen Ausgangspunkt (Problemerfassung/Fragestellung) - Zielpunkt (Destination) - Heuristischem Konzept (Hypothese; Instrumenteller Einsatz; Methode) verlorengeht. Nur so besteht im Verfehlungsfall eine Chance zu Fehlerortung: Inadäquate oder mangelhafte Problemerfassung? - Abwegige Zielsetzung? - Falsche Ziel-Mittel-Relation? - Ungenügende instrumentelle Ausstattung? usf.

Gerade die den Fehlervermeidungsstrategien affilierte Methode der Kleinen Schritte und die z.T. exzessive Zerfaserung von Lösungswegen birgt die Gefahr in sich, dass Zusammenhänge verloren gehen. Sie ist daher immer wieder zu ergänzen durch ein Shaping-Verfahren, das sich via (mangel- und fehlerhafte) Grobgestalten (wie z.B. Schätzwerte) auf das Schlussresultat zubewegt. Das ungefähr Richtige ist demgemäss dem exakt Falschen vorzuziehen. Dieses Vorgehen entspricht auch dem Prinzip konzentrativer Oekonomie, das bestimmte Fehlerarten focusiert, andere vorläufig unbeachtet lässt.

Desgleichen sind Fehlervermeidungsstrategien zu komplementieren durch Fehlersuchverfahren. Korrekturen in einem pädagogisch-lehrpsychologischen Sinne haben den Charakter von Hinweiszeichen und nicht einfach von Berichtigungen.

> Schon *Weimer, H.* [1926] widmet der lehrerseitigen Untugend des "Dreinfahrens" (p. 15) und der mangelhaften Fähigkeit, dem "Korrekturreiz" zu widerstehen einen breiten Kommentar. Er plädiert dafür, Fehlern nicht permanent zuvorkommen zu wollen, sondern sie gelegentlich auch durchlaufen zu lassen, bis sie sich für den Schüler in einem erweiterten Kontext abheben.

Die lehrseitige Hilfe hat sich entsprechend in Form des Fehlereinkreisens auf die vorerwähnte Suchstrategie zu richten. Ein klassenintern vereinbartes Korrektur- bzw. Hinweiszeichensystem kann diesbezüglich der Oekonomie dienlich sein.

*   *   *

Die postulierten Erweiterungen im Sinne operativer Beweglichkeit haben nun zwar passagere Verunsicherung und Fehlerhäufungen zur Folge und stehen einer Verbesserung der Lösungsroutine oft entgegen. Die Schule ist jedoch kein Hochsicherheitstrakt, innerhalb dessen weder materiale noch personale Fehler geduldet werden können. Sie muss ein lehr- und lernpsychologisches Experimentierfeld bleiben dürfen.

In diesem Sinne möchte ich schliessen mit der Aufforderung meines akademischen Lehrers *Paul Moor* - der als Heilpädagoge *und* promovierter Mathematiker eine ideale Integrationsfigur abgibt -:

"Nicht *gegen* den Fehler, sondern *für* das Fehlende!"

142

3.1.1 Literaturverzeichnis

Freud, S.: Psychopathologie des Alltagslebens (Wien), 1904f.

Kiessling, A.: Die Bedingungen der Fehlsamkeit (Leipzig), 1925

Kobi, E.E.: Grundfragen der Heilpädagogik (Bern), 1993 (5.Auflage)

Koch, J.L.A.: Psychopathische Minderwertigkeiten (Ravensburg), 1891f.

Moor, P.: Heilpädagogik (Bern), 1965f.

v. Strümpell, L.: Die pädagogische Pathologie oder die Lehre von den Fehlern der Kinder (Leipzig), 1890f.

Weimer, H.: Psychologische Fehler (Leipzig), 1925; 1929 (2.Auflage)

Weimer, H.: Fehlerbehandlung und Fehlerbewertung (Leipzig), 1926

3.2 Obsolete und vitale Lernfelder. Quellen der Lernverhinderungen und der Lernlust.

Ivo Nezel

Dieser Beitrag geht auf die Entstehungsgeschichte von Lern- und Unterrichtsproblemen ein, die infolge der didaktischen Unvollkommenheit der Schule entstanden sind und immer noch entstehen. Die Kenntnis ihrer historischer Wurzeln kann zur Interpretation lerntherapeutischer Probleme beitragen. Anschliessend werden Problemlösungen von Klassikern der Pädagogik vorgestellt, die an Aktualität nichts eingebüsst haben. Sie sollen dem Handlungssystem der Lerntherapie einige Denkanstösse vermitteln.

Obwohl er den Lernfeldbegriff (noch) nicht kannte, hat er ein theoretisches Bezugssystem erarbeitet für das Aufspüren von Schwachstellen des Lernfeldes „Schule" und für deren Behebung. Das theoretische System hiess Didaktik, der Autor führte den latinisierten Name Comenius, das Erscheinungsjahr der Grossen Didaktik war 1632. Sein Anliegen : ..."die Unterrichtsweise aufzuspüren und zu erkunden, bei welcher die Lehrer weniger zu lehren brauchen, die Schüler dennoch mehr lernen; in den Schulen weniger Lärm, Überdruss und unnütze Mühe herrsche, dafür mehr Freiheit, Vergnügen und wahrhafter Fortschritt; in der Christenheit weniger Finsternis, Verwirrung und Streit, dafür mehr Licht, Ordnung, Friede und Ruhe" (Vorwort zur Grossen Didaktik).

Das Wort „obsolet" steht für verbraucht, veraltet, überholt, funktionsuntüchtig. Der Begriff Lernfeld bezieht sich auf eine von Menschen konstruierte Zeit- Raum – Einheit, die Lernen auslöst und steuert. Johann Amos Comenius (1592 – 1670) hat in Lernfeldern der damaligen Schule Schwachstellen erkundet, von denen einige (wegen ihrer Aktualität ?) hier genannt werden :

* Es ist eine Verwirrung der Schulen, dass man den Schülern vieles auf einmal einprägt. Wer wüsste nicht, dass in den Schulen den Tag über beinahe von Stunde zu Stunde der Stoff der Lektionen und Übungen gewechselt wird ? Was soll man wohl Verwirrung nennen, wenn das keine ist ?
* Es ist eine Quälerei der Jugend täglich sechs bis acht Stunden mit öffentlichen Lektionen und Übungen zubringen zu müsen, die privaten noch nicht eingerechnet.
* Die Künste und Wissenschaften werden kaum irgendwo enzyklopädisch, sondern nur brockenweise gelernt. So türmte sich vor den Augen des Lernenden gleichsam ein Haufen Holz oder Reisig auf, von dem niemand sagen konnte, wo und warum es zusammenhängt.
* Den Geist mit einem Wust von Büchern oder Worten zu belasten ist nutzlos. Denn ein Bissen Brot und ein Schluck Wein bieten dem menschlichen Körper sicherlich mehr Nahrung als ein ganzer Magen voll Spreu und Dreck.
* Man lässt die Schüler immer nur lernen, nie lehren, obwohl beides zusammen gehört.

- Der Dummkopf lehrt die Kinder nicht soviel, wie sie auch begreifen können, sondern soviel, wie er in die Kinder reinzustopfen vermag.

Heute würden wir diese Mängel, die auf obsolete Lernfelder der damaligen Zeit hinweisen, mit Begriffen fassen, wie segmentierter Unterricht, Überforderung der Schüler, Zersplitterung der Unterrichtsinhalte („Wissensfetzen"), Informationsflut / wachsende Stoffmenge, starre Trennung der Lehrer- Schülerrollen und minusqualifizierte (omnipotente) Lehrer.

3.2.1 Das Lernfeld und seine Bausteine

Zunächst eine Vorbemerkung zur Lernfeldfunktion. Das Schulische Lernfeld soll die Arbeit des Lehrers und das Lernen der Schüler erleichtern und ausrichten. Das dahinterstehende Grundprinzip : Der Lehrer wirkt auf die Schüler vor allem durch das Lernfeld. Der Idealfall : Der Lehrer Unterrichtet indem er das Lernfeld konstruiert. In der Praxis sieht es entwas anders aus, es gibt mehrere Instanzen, die Anspruch auf Lernfeldkonstruktion erheben . Dazu gehören kantonale und lokale (Aufsichts-) Behörden, Inspektoren, der Schulpsychologische Dienst, Elternvereine und Lehrmittelautoren. Der Spielraum des Lehrers wird dadurch eingeengt, er ist eher der „Innenarchitekt", der im vorgefertigten Gebäude die Lernfeldbestandteile plaziert und sie zum Funktionieren bringt. Sein Konstruktionsbeitrag ist bescheiden, er bleibt auf die Zeit- Raum – Einheit Schulklasse beschränkt, aber auch da sind durch verbindliche Lehrpläne, Stundentafeln, obligatorische Lehrmittel (die vielfach auch die Unterrichtsmethode vorgeben) und Schulgesetze seiner Arbeit Grenzen gesetzt.
Die wichtigste Kategorie von Bausteinen sind Lerngegenstände; es geht um reale Wirklichkeiten, die beim Schüler Lernaktivitäten auslösen können. Unterschieden wird zwischen sensomotorischen (z. B. Mineralien, Pflanzen, Werkzeuge, Werkmaterial, Kunstgegenstände), sozial-affektiven (wie Mitschüler, Lehrperson, Gemeinde als soziale Einheit, Beziehungen, Erlebnisse, Kommunikationen) und intellektuellen Lerngegenständen (z. B. in Problemformulierungen umgesetzte Beobachtungen, Fragen, Hypothesen, Theorien, mathematische Formeln, Texte, Sprachregeln).
Auf die Anregungsqualität der Lerngegenstände angewiesen sind Lernaktivitäten. Gemeint sind Schülerhandlungen, die durch das Eingehen auf Lerngegenstände stattfinden, wie z. B. Betrachten, Beobachten, Beschreiben, Bearbeiten, Hantieren, (Nach-) Denken, Vergleichen, Auswendiglernen.
Das Ausrichten der Lernaktivitäten ist vielfach von Lernhilfen abhängig. Dazu zählen vor allem Lehrmittel (Schulbücher und Anschauungsmaterial), Lerntechniken, Interventionen des Lehrers, seine Erklärungen, Einführungen in eine Problemlage, Fragestellungen, sowie –nicht zuletzt- die Bereitstellung von Lerngegenständen und technischen Mitteln.
Auf einer höheren Abstraktionsstufe befinden sich die Lerninhalte. Sie geben an, was wir über die Beschaffenheit, Entstehung und Entwicklung der Lerngegenstände wissen (Erkenntnisse, Einsichten) und welchen funktionalen (Zweck, Bestimmung), sozialen sowie ethischen Stellenwert sie haben.

Durch den Umgang mit Lerngegenstängen - deren inhaltliche Ausgestaltung inbegriffen - werden Verhaltensänderungen, d. h. Wissen und Können, Erfahrungen, Handlungs- und Verhaltensformen bewirkt. Als Lernergebnisse verändern sie zwangsläufig das Lernfeld; neue Lerngegenstände und Lerninhalte kommen hinzu, der Umkreis der Lernaktivitäten wird vergrössert, das Lernfeld weitet sich aus und gewinnt gleichzeitig an Tiefe.

3.2.2 Das Gelände und seine Landkarte

Damit wäre das Lernfeldgelände ausreichend beschrieben. Die Pädagogik, insbesondere die Didaktik (Unterrichtslehre), haben die geschichtlich endlose Aufgabe übernommen, für die Lernfeldkonstruktion programmatische und gleichzeitig lerntheoretisch begründete Planungsmittel zu entwickeln. Es sind sog. Curricula, d. h. Lehrpläne, die für unterschiedlich grosse Zeiteinheiten (von Lehrplänen für einzelne Schulstufen bis zu Lektionsprogrammen) entwickelt werden. Sie haben den Zweck, die Gestaltung der Lernfelder mit Hilfe von beweglichen Landkarten zu strukturieren und zeitlich abzustufen. Der Lernzielbegriff nimmt in den Curricula eine wichtige Stellung ein. Lernziele sind Angaben über potentielle Lernergebnisse, die der Schüler in einer festgelegten Zeit erreichen soll. Kenntnisse und Fertigkeiten gehören dazu, aber auch Verhaltensorientierungen, Einstellungen, Meinungen / Ueberzeugungen. Die Substanz von Curricula bilden Strukturen von Unterrichtsfächern, die meist einzelnen Fachwissenschaften (Biologie, Mathematik) entsprechen, sowie ihnen zugehörige Forschungsergebnisse. Die letzteren sind nach didaktischen Kriterien abgestuft und nach Jahrgangsklassen gegliedert.

Bei Curriculaentwicklungen wird der Wissensbegriff (bei Comenius heisst es „Stoff") verwendet. In Anlehnung an C. W. Churchman (1973) ist die Grundlage jedes Wissens die Erkenntnis. Eine handlungsrelevante Erkenntnis übergreift vom Gesetzmässigen in das Anthropologische: Erkenntnis ist die Schaffung vom Wissen und Verstehen, sagt Churchman. Wissen wird also als potentielle Handlung aufgefasst, als „ ...die Möglichkeit bestimmter Handlungen, die ausgeführt werden, wenn gewisse Prüfungen angestellt würden" (Publikation im Literaturverzeichnis, S. 9.). Wie ist dieser Satz zu verstehen? Hier ist ein Exkurs in die Semantik und die Erkenntnistheorie angebracht. J. L. Fischer unterscheidet zwischen nomologischen (Nomos = Gesetz) und pragmatischen bzw. imperativen (seinsollenden, handlungsempfehlenden) Aussagen. Sollen die pragmatischen Aussagen (Handlungsempfehlungen) wirksam werden, müssen sie die in Gesetzmässigkeiten gefassten Regelmässigkeiten des von ihnen anzugehenden Wirklichkeitsgeschehens - z.B. der Lernvorgänge - berücksichtigen. D. h. sie treten dann als nomopragmatische Aussagen auf, sie sind an den Gesetzmässigkeiten geprüfte und demzufolge begründbare Handlungsempfehlungen. Wenn z. B. Comenius empfiehlt, das Erlernen des anspruchsvollen Stoffes auf die Morgenstunden zu verlegen, stützt er sich auf Gesetzmässigkeiten über die Abhängigkeit der Konzentration von der Tageslernkurve. Curricula legen nicht nur Lernziele und Wissensstrukturen fest, sie geben auch mögliche Wege (lernmethodische Hinweise) der Begehung des Lernfeldes an, die zur ökonomischsten Zielerreichung heranführen. Das Ganze –Lernziele, Wissenstrukturen, und Lernwege – bilden Landkarten für die Gestaltung des Lernfeldes.

Jetzt hätten wir das begriffliche Instrumentarium verfügbar, um zum eigentlichen Thema –obsolete und vitale Lernfelder- zu kommen. Lernfeldkonstrukteure der Gegenwart – falls sie sich einer Rückschau pädagogischer Entdeckungen verpflichtet fühlen- haben kaum Mühe mit dem geschichtslosen, mode- und trendnachjagenden pädagogischen „Neuigkeiten". Eine bescheidene Rückblände zum Werk des Comenius und z. T. des Pestalozzi geht auf Bildungs- / Lernprobleme ein, die bis heute grösstenteils ungelöst geblieben sind. Für das Konzipieren lerntherapeutischer Massnahmen und die Entwicklung ganzer Lernfelder (z. B. bei der Arbeit mit lerntherapeutischen Gruppen) scheint mir die Auseinandersetzung mit Problemlösungen der Klassiker der Pädagogik immer noch fruchtbar zu sein.

Zum Problem der Vermeidung der Überforderung und der Prävention von Lernverhinderungen hat J. A. Comenius (um 1650) in seiner Grossen Didaktik Folgendes vorgeschlagen:

1. Reduktion und das Ordnen der Stoffmenge:

- Nur das soll bleiben, was für das Leben wichtig / nützlich / gebräuchlich ist , der Schüler soll nicht für die Schule oder für den Lehrer, sondern für das Leben lernen. Auch die Sprachen sollen mehr durch Gebrauch als durch Regeln gelernt werden, d. h. durch möglichst häufiges Hören, Lesen, Wiederlesen, Abschreiben und durch schriftliche und mündliche Nachahmungsversuche.
- Der Stoff sei so anzuordnen, das alle späteren Studien nichts neues hinzufügen, sondern nur eine besondere Ausgestaltung des Früheren sind. *Das Sinnbild des Baumes mit Stammwissens, mit den tragenden Ästen des Aufbauwissens und den Verästelungen des Ergänzungswissens war die dazugehörige Metapher.*
- Die Künste und Wissenschaften sollen enzyklopädisch und zusammenhängend gelehrt werden.
- Zunächst wird eine allgemein gehaltene Übersicht über die ganze gelehrte Bildung vorausgeschickt, dass niemand ohne einen Ausblick auf die anderen Gebiete in einem speziellen Wissenszweig allein vollkommen gebildet wird.

Kommentar : In diesen knappen Empfehlungen ist der nomologische Bezug (zu den Gesetzmässigkeiten des Lernens) erkennbar. Die Aufnahme des Wissens wird durch dessen Nutzbarmachung erleichtert; wer weiss wofür er lernt, ist zum Lernen motiviert. Das Wissen nimmt die Gestalt des potentiellen Tuns an. Die Gliederung bzw. die Anordnung („Vernetzung") hat zunächst einen lernökonomischen Zweck, der sich auf das Wiedererkennungsprinzip abstützt – das Erkennen des Früheren ist die Voraussetzung für das Eingehen einer sachlogischen und demzufolge begreiflichen Beziehung zum Neuen. Angesichts der Bemühungen der 80er und der frühen 90er Jahre „vernetzte" Lehrpläne zu entwickeln, hat Comenius Vorbildhaftes geleistet. In seinen wichtigsten Lehrmitteln, der Janua linguarum reserata (Aufgeschlossene Sprachentür, 1631) und dem Orbis sensualium pictus (Die bebilderte Welt, 1658) hat er bei der Strukturierung des Wissens das ontologische Prinzip angewendet, das die einzelnenn Seinsformen der Wirklichkeit (z. B. organische, soziale und kreative Wirklichkeit) in Stufen des Weltauf-

baus überführt. Nachträglich hat Comenius zu jeder Stufe das zugehörige Wissen an-
gefügt (siehe Beilage „Die 10 Stufen des Weltaufbaus...“). Die letzte Empfehlung zielt
auf die Transparenz des gesamten Lernfeldes. Dadurch soll die Orientierung erleichtert
und das Zielbewusstsein der Schüler wachgehalten werden.

2. Die Strukturierung, Rhytmisierung , Freizügigkeit und Individualisierung des Lernfeldes:

   - Möglichst wenig Unterrichtsstunden am Tag, nämlich vier. Zwei Vormittags
     zur Übung von Geist und Gedächtnis, zwei nachmittags zur Übung von Hand
     und Stimme.
   - Bestückung des Lernfeldes mit anziehenden Lerngegenständen. Es ist die
     Freude, die aus den Dingen kommt, wenn sie der Altersstufe angepasst sind
     und klar vorgestellt werden. Nicht wir (Lehrer) sollen viel zu den Schülern re-
     den, sondern die Dinge selbst sprechen lassen.
   - Kompaktes, ungebrochenes Lernen. Alles muss nacheinader (Realien vor Spra-
     chen, eine Sprache nach der anderen) gelehrt werden, immer nur eines zur Zeit,
     damit der Verstand nicht überladen werde. Nicht mit etwas neuem anfangen,
     bevor das Erste nicht abgeschlossen ist.
   - Sachgerechtes Lerntempo. Bei jeder Sache muss man so lange verweilen, bis
     sie verstanden ist. Dazu gehört die sorgfältige Beobachtung der Unterschiede,
     so dass es klar wird, was ein Ding von anderen trennt.
   - Die Abfolge der Lernaktivitäten. Von einem Dinge müssen ausnahmslos alle
     Teile kennengelernt werden, wobei Ordnung, Lage und gegenseitige Verbin-
     dung zu beachten sind. Zunächst Betrachten, dann Beschreiben, Benennen
     (Einordnen) und schliesslich Begreifen.
   - Fremdsprachen an bekannten Lerngegenständen lernen. Die ersten Übungen in
     einer neuen Sprache müssen an einem bekannten Stoff (z. B. am Lehrmittel
     Orbis pictus) vorgenommen werden, damit sich der Geist nicht gleichzeitig auf
     Sachen und Wörter richten muss, was ihn zerstreut und schwächt.
   - Zusammen zu behandeln sind Wörter und Sachen, wobei Sachen den Wörtern
     vorausgehen.
   - Angenehme Begehung des Lernfeldes. Gleichnis und Fabel, Rätsel und Ge-
     spräche, Wettstreit , Lob und Auszeichnungen sind heranzuziehen. Scherz und
     Spiel werden so gestaltet, das sie den Schülern ernste Fragen des Lebens vor
     Auge führen, z. B. Handwerk, Landwirtschaft und Baukunst.
   - Aneignung einer Arbeitstechnik. Schüler tragen alles was sie hören oder in Bü-
     chern lesen in Tage- und Merkbücher ein. Nach alphabetischen Register ge-
     ordnete Exzerpten sind die Heilmittel gegen die Unbeständigkeit des Gedächt-
     nisses.
   - Begehen des Lernfeldes ohne Zwang. Schlecht sorgt der Lehrer für die Schü-
     ler, wenn er sie gegen ihren Wilen zum Studium treibt. Deshalb muss man
     durch die Lehrmethode die Mühe des Lernens verringern, dass nichts dem
     Schüler missfalle und von weiteren Studien abschreckt.

Kommentar: Diese Empfehlungen sind als Regeln für die Lernfeldkonstruktion aufzufassen. Sie stellen einen Zusammenhang dar zwischen Lerngegenständen, Lernaktivitäten und Lernhilfen des Lehrers. Auch hier lassen sich unschwer Gesetzmässigkeiten des Lernens identifizieren, wie z. B. die Zusammenhänge zwischen Stufen der kognitiven Entwicklung und den Entwicklungsphasen des Lernens oder zwischen Zwang und Stress. Hervorzuheben wäre die Bedeutung des Lernfeldes für den Schüler – das Schlüsselwort heisst Sinnvermittlung. Das Lernen gestaltet sich in so einem Lernfeld im wahren Sinne des Wortes als sinnvolles Lernen.

Die letzte Gruppe von Handlungsempfehlungen kommt aus der gleichen Quelle und betrifft den Lehrer selbst. Das Problem heisst Vermeidung des „Ausbrennens" (burnout):

- Durch forschende Betätigung. Wenn sich der Bildner der Jugend recht viel mit der Wurzel der Wissenschaften, dem Erkenntnisvermögen, beschäftigt, so wird die Lebenskraft leicht in sein Gedächtnis (den Stamm) übergehen und als Blüten und Früchte werden sich Sprachgewandheit und Vertrautheit mit den Dingen einstellen.
- Durch die Schaffung einer emotional positiven Schulatmosphäre. Der Lehrer soll die Schüler leutselig und freundlich stimmen. Die Fleissigen loben und den Kleinen auch Äpfel, Nüsse und Süssigkeiten austeilen.
- Durch das Bewusstsein der Bildbarkeitsgrenzen. Nicht aus jedem Holz lässt sich ein Merkur machen, wird gesagt. Ich antworte : aber aus jedem Menschen ein Mensch, wenn Verderbnis fernbleibt.
- Durch seine didaktische Qualifikation. Die Kunst des Lehrers erfordert nichts als eine kunstgerechte Anordnung von Zeit, Stoff und Methode.
- Durch lebenslange geistige Betätigung. Der Verstand soll ständig angeleitet werden, alles weise anzurichten. Das Leben ist lang, wenn man es zu nutzen versteht. Auch die Greise müssen noch ihre letzten Tage als eine Schule verstehen.
- Durch ständiges Entdecken und Wertschätzung der „grossen Kleinigkeiten". Die Freude, die aus den Dingen kommt, ist das Ergötzen an denkender Betrachtung, wie es der weise Mann empfindet. Wohin er sich auch begibt, was sich seinem Blicke biete und was immer er betrachtet und durchdenkt, überall und in jedem findet er solche Freude und solches Ergötzen, dass er oft ganz entrückt seiner selbst vergisst.

Kommentar: Wer die ständig wachsende Liste von Burnout- Präventionsmassnahmen für Lehrer   anschaut, wird unschwer die Comenius- Empfehlungen wiederfinden, wenn auch in modernisierter Form. Comenius nahm auch das Berufsbild des professionellen Lehrers vorweg, in dem er die psychohygienische Doppelrolle des Lehrers betonte : einerseits als Sachverständiger für Unterrichts- und Erziehungsfragen, andererseits als Forscher sowohl im pädagogischen Bereich, als auch als Forschender in Fachgebieten der Unterrichtsfächer, wie der Natur- und Heimatkunde.

Obwohl wie Comenius den Grundsätzen des Anschauungsunterrichts verpflichtet, entschied sich Johann Heinrich Pestalozzi (1746 – 1827) nicht für das Comenianische Prinzip der Jahrgangsklassen , sondern für die Zusammensetzung der Schulklassen nach den Kenntnis- und Leistungsvoraussetzungen der Schüler. Das Dokument, das dieses Prinzip belegt, wurde 1996 in Winterthur gefunden, es trägt den Name „ Einteilung der Unterrichtsstunden aller Klassen" und betrifft das Pestalozzi- Institut in Yverdon um das Jahr 1815. Das Angebot an Unterrichtsfächern ist breit : Deutsch, Französisch, Latein, Rechnen, Geometrie, Geschichte, Geographie, Naturgeschichte, Gebet (Religionsunterricht), Zeichnen und Singen. Bemerkenswert ist die für alle Klassen zeitlich gleiche Ansetzung der gleichen Unterrichtsfächer. Von der ersten bis in die sechste Klasse findet z. B. zwischen 8 bis 9 Uhr der Unterricht im Rechnen statt. Die Absicht ist unschwer zu erblicken: die klassendurchlässige Plazierung der Schüler gemäss ihrem Lernfortschritt wird dadurch möglich. Bereits in einem Visitationsbericht aus dem Jahr 1810 wird vermerkt, dass „Nicht alle Schüler erhalten den Unterricht jedes Faches in der gleichen Klasse, sondern bald in dieser, bald in jener, je nach Massgabe ihrer Fähigkeiten und Fortschritte". Nach dem gleichen Bericht geht es vor allem um Hauptfächer, wie deutsche Sprache, Französisch, Rechenkunst, Geometrie und Schreiben. Es ging also um ein Fachsystem, in welchem die Fächer in einer Art Kursform erteilt wurden, wobei die Schüler von einem Kurs in den nächsten vorrückten. Z. B. der mathematisch unbegabte Schüler blieb länger in den Anfangskursen, der begabte rückte (auch mehrfach während des Schuljahres) von einem Kurs in den nächsten vor.
Eine weitere Entdeckung war die lernstabilisierende Rhytmisierung des Wochen-Tagesablaufes durch die wiederkehrende Reihenfolge der Lektionen. Die Erwartungshaltung der Schüler nach Wiederholung der Zeitstruktur wurde täglich verstärkt, die Wirkung zielte einerseits auf die Nutzung des Energiehaushaltes infolge des regelmässigen Lernangebotes , andererseits auf die Herausbildung von Zeitstereotypen. Gemeint ist damit die Gewohnheit, zu bestimmter Zeit etwas Bestimmtes zu tun.
Nicht zuletzt lässt sich aus dem Stundenplan ablesen, dass deren Schöpfern der Ablauf der Tageslernkurve bekannt war. Die schwierigen Fächer verteilten sich auf die Zeit zwischen 8- 11 Uhr und ab 17 Uhr. Nach jeder Unterrichtsstunde wurde eine 8 bis 10minütige Pause eingelegt. In der 10 Uhr- Pause konnten sich die Schüler getrocknete Früchte und Brot holen. Zwischen 12 bis 13 Uhr setzte die erste Erholungszeit ein, die Schüler wurden in Reih und Glied gestellt und auf die Spielwiesen geführt. Nach dem Mittagessen, von 13. 30 bis 15. 30 waren zwei Unterrichtsstunden angesetzt. Die zweite Erholungszeit fand zwischen 15. 30 und 16. 30 statt und war durch Spiel, Baden , Turnen oder militärische Übungen gefüllt. Nachher, bis 17 Uhr, reichte man das Abendessen. Der anschliessende Unterricht dauerte bis 20 Uhr. Wohlbemerkt, das Institut war eine Internatsschule.

Kommentar: Der Vergleich mit den gegenwärtig an manchen Oberstufen der Volksschulen praktizierten Niveauklassen hinkt. In Yverdon war die Berücksichtigung der Lernfortschritte viel differenzierter und die Organisation entsprechend komplizierter und aufwendiger. Die Darbietung des Lernstoffes in Kursen hatte zudem eine motivierende und zum Selbstlernen animierende Funktion erfüllt: einen Kurs belegen zu können ist etwas anderes als ein Pflichtfach besuchen zu müssen. Unerfüllt bleibt bis heute die Rhytmisierung des täglichen / wöchentlichen Fächerangebotes. Die Bildung von wiederkehrenden Lernerwartungen und damit die Nutzung lernökonomischer Zeitstereotype bleiben aus.

3.2.3 Inspirationen durch die Vorgänger – das vitale Lernfeld von heute

1. Lerngegenstände sind (z. B. nach Wirklichkeitsformen / -modalitäten) so geordnet, dass sie ein ganzheitliches Weltbild abgeben. Der Vorteil liegt auf der Hand : Schüler dringen stufenweise in die Weltordnung ein, das Lernen bekommt Orientierungsachsen und einen Welt – Sinn. Das Ergebniss ist ein Orientierungswissen, die Voraussetzung für ein zielgerichtetes Begehen sowohl der Lernfelder wie der Lebenswelten. Nach und nach werden auch mehrwertige Erkenntnisse eingebaut, um einer weltbildbezogenen Indoktrination (Indoktrination heisst, eine Doktrin lehren als ob sie keine wäre) vorzubeugen.

2. Die verhältnissmässige Beständigkeit des Lernfeldes ermöglicht den Schülern das Erkennen von Zusammenhängen zwischen einzelnen Lernfeldteilen. Jeweils neue Lernaktivitäten berühren vertraute Lerngegenstände (Wiedererkennung) und knüpfen an die bereits erfolgten inhaltlich an. Durch das Einfliessen neuer Erkenntnisse rund um die Strukturachsen bleibt das Lernfeld entwicklungsfähig. Voraussetzung dafür sind Lernfeldlandkarten, welche die Lerngegenstände und das zugehörige Wissen strukturieren und die mit ihnen verbundenen wissenschaftlichen Informationsquellen angeben (siehe Beilage „Die Weltordnung und die Reihenfolge ihrer allgemeinbildenden Aneignung"). Gleichzeitig bilden sie die Grundlage für die Lehrmittelentwicklung.

3. Lerninhalte und mit ihnen verbundene Lernziele sind nach Anforderungsstufen aufgebaut und differenziert : das Grundwissen (obligatorisch) für alle, das Aufbauwissen für interessierte, das Ergänzungswissen für besonders begabte Schüler.

4. Die Realisierung vom Grundsatz 2 ist an eine organisatorische Vorkehrung geknüpft : die Rhytmisierung der Lernangebote im Stundenplan und die Ablösung des Lektionenunterrichts durch Kurse, die nach Kenntnis- und Leistungsstand der Schüler abgestuft sind. Zudem bringt das kursorische Prinzip einen Motivationsschub, bewirkt infolge der Ablösung der Schülerrolle durch die eines Kursteilnehmers .

5. Zwischen Lernanforderungen, Lernaspirationen und Lernvoraussetzungen (gemeint ist die Lernfähigkeit des Schülers und die Qualität des Lernfeldes) besteht ein Gleichgewicht.

6. Ausstattung des Lernfeldes mit attraktiven Lerngegenständen, die bei Schülern Lernlust und bei Lehrern Freude am Lehren auslösen.

7. Erweiterung des Konstruktionsspielraumes des Lehrers. Als sach- und sozialkompetenter Schulmeister übernimmt er auf lokaler Ebene die Verantwortung für die Schulorganisation und – verwaltung.

Obsolete Lernfelder bilden einen mehr oder weniger ausgeprägten Gegensatz zu den vitalen. Was bei obsoleten Lernfeldern besonders auffällt ist ihre Armut an Lerngegenständen. Statt dessen dominieren Lerninhalte (vor allem Buchwissen) . Lernaktivitäten

152

werden auf das Auswendiglernen reduziert. Folge: Buchschule, mangelnder Realitätsbezug des Lernens.

Kommentar : Regeln der Konstruktion vitaler (Lern-) therapeutischer Lernfelder müssen noch entwickeln werden. Konstrukte dafür lassen sich wohl aus Konzepten der Erarbeitung schulischer Lernfelder ableiten. Im Unterschied zum Lehrer hat der Lerntherapeut dabei einen unschätzbaren Vorteil. Er hat die Freiheit, das Lernfeld der Klienten eigenständig zu gestalten. Das Stichwort dazu heisst Kreativität, die im Lehrerberuf von heute durch Überforderungsstress und behördliche Bevormundung nicht voll zur Geltung kommt.

3.2.4   Beilagen

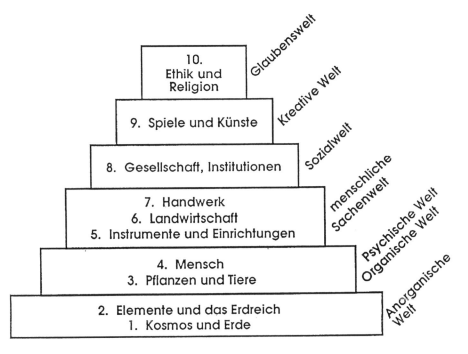

Die 10 Stufen des Weltaufbaus in der Janua und im Orbis pictus 1658

Die Weltordnung und die Reihenfolge (von unten nach oben zu lesen und zu lernen) ihrer allgemeinbildenden Aneignung

Weltordnung (Aufbau)	Wirklichkeitsmodalitäten	Rangordnung des allgemeinbildenden Weltwissens und die dazugehörigen Lerngegenstände	Wissenschaftliche Informationsquellen
4. Welt Welt der Sinnfragen	Kontemplative Wirklichkeit	Sinntheorien Religionen / Glaubensgemeinschaften	Theologie Philosophische Anthropologie und Ontologie
3. Welt Welt der Wissenschaft und der Kunst	Kreative Wirklichkeit	Das Handwerk der Wissenschaft und der technischen Forschung	Wissenschafts- bzw. Forschungstheorie
		Uebersicht der Kunstarten, Kunststile, der Geschichte der Kunst	Kunsttheorie, Kunstgeschichte
2. Welt Gesellschafts-personale Welt	Soziale Wirklichkeit	Grundzüge der Weltgeschichte	Geschichte der Völker und Länder
		Landkarte der Welt: Völker, Länder, Wirtschaft	Länder-, Völker- und wirtschaftsgeographie
		Staatswesen, (Sozial-) Politik, Verwaltung des Landes, Armee, Gesundheitswesen (mit Blick auf die Nachbarn)	Staats- und Gesellschaftskunde
		Wirtschaft und Finanzen, Industrie, Handwerk, Berufe (Beschreibung und das Funktionieren)	Wirtschafts- und Berufskunde
		Landes-/Regionalgeschichte und Landesgeographie mit Blick auf die Welt	Geschichte, Geographie
	Psychische Wirklichkeit	Lebenswelten: Arbeitswelt, Freizeit (inkl. Sport)	Sozialpsychologie
		Familie, Ehe, Gemeinde, Schule	Sozialkunde
		Menschheit, Fremde, Randgruppen	Ethik
		Homo faber/sapiens, seine Fähigkeiten und Grenzen sein Geist/ Persönlichkeit	Anthropologie, Psychologie
1. Welt Sachenwelt	Artifizielle Wirklichkeit	Strassen, Bauten und Installationen (z.B. Wasserversorgung) in Gemeinde, Haustal, technische Geräte im Haushalt	Regional- und Lokalgeschichte, Kulturgeschichte, Volkskunde
	Organische Wirklichkeit	Lebenszusammenhänge, Naturschutz, Biotopen	Oekologie
		Entwicklung des Menschen, Leben in der Vorgeschichte Entwicklung der Lebensformen/-arten, Fossilien	Paläontologie, Archäologie, Evolutionslehre, Anthropologie
		Hygiene/Krankheiten/Ernährung	Medizin
		Der menschliche Organismus	Humanbiologie
		Tierzucht, Tierhaltung	Zootechnik
		Nutztiere	Veterinärmedizin
		Tiere in freier Natur	Zoologie
		Garten-, Feld- und Waldbewirtschaftung	Forstwirtschaft
		Kulturpflanzen	Agronomie
		Pflanzen in freier Natur	Botanik
	Anorganische Wirklichkeit	Kosmos: Sternenkarte, Sonnensystem, Ursprung	Astronomie
		Erdkugel: Pole, Kontinente, Querschnitt Steine: Mineralien, Gesteine, Erze(Metalle) ihre Zusammensetzung, Entstehung und Nutzen	Physik, Chemie
			Erdgeographie/Geologie
		Tradierte Elemente und dazugehörige physikalische und chemische Eigenschaften: Wasser, Luft, Feuer, Erde (Materie)	Mineralogie, Petrographie

Angestrebtes Wissen

Weltwissen
1. Stufe: Das Was – Wie – Warum – Wissen über die Welt
2. Stufe: Allmählich (mit fortschreitendem Verstand) das Wofür – Wohin – Welt – Wissen

Muttersprache
1. Stufe: Anhand der Kenntnis/Aneignung der Welten 1 – 4 Wortschatz, Sprachgewandtheit, Ausdruck schriftlich, mündlich
2. Stufe: Das Was – Wie – Sprachwissen, d.h. Regeln der Rechtschreibung, der Grammatik und des Satzbaues
3. Stufe: Das Warum der Sprachregeln, d.h. **linguistisches** Wissen

Fremdsprache
1.- 3. Stufe: Obligatorisch an den Welten 1 – 2, fakultativ an den Welten 3 / 4.
4. Stufe: Vergleichende Grammatik, vergleichende Wörterbücher inkl. Muttersprache

Die Weltordnung und die Reihenfolge ihrer allgemeinbildenden Aneignung

3.2.5 Literaturverzeichnis

Churchman, C. W.: Die Konstruktion von Erkenntnissystemen. Frankfurt a. M., New York, 1973

Comenius, Johann Amos: Grosse Didaktik. Hrsg. Andreas Flittner. Stuttgart, 1985

Fischer, J. L.: Philosophische Studien. Prag, 1968

Korn, F. W.: Grundwissen Didaktik. München, Basel, 1993

Kramis – Aebischer, K.: Stress, Belastungen und Belastungsverarbeitung im Lehrerberuf. Bern, 1995

Lefrancois, G. R.: Psychologie des Lernens. Berlin, Heidelberg, 1986

Nezel, I.: Allgemeine Didaktik der Erwachsenenbildung. Bern, 1992

Nezel, I.: Individualisierung und Selbständigkeit. Hitzkirch und Zürich, 1994

Nezel, I.: Der Stundenplan im Pestalozzi – Institut in Yverdon. In : Neue Pestalozzi – Blätter. Zürich, 1996

Nezel, I.: Reiseführer durch die Welt – ein zeitgemässes Schulbuchprojekt. In : Golz, R. – Korthaase,W. - Schäfer, E. (Hrsg.) : Comenius und unsere Zeit. Hohengehren, 1996

Rudow, B.: Die Arbeit des Lehrers. Zur Psychologie der Lehrtätigkeit, Leherbelastung und Lehrergesundheit. Bern, 1994

3.3 Lernbiographien und Lernen im Lebenslauf

Regula Schräder-Naef

3.3.1 Lernen gehört zum ganzen Leben

Wirtschaftliche Gründe, technologische Entwicklungen wie auch persönliche Umorientierung und Verlagerung der individuellen Interessenschwerpunkte führen zu einer grossen beruflichen Mobilität mit entsprechendem Schulungs- und Weiterbildungsbedarf in jedem Lebensalter. In vielen Bereichen veraltet das Wissen sehr rasch, anderes gerät in Vergessenheit. Die Auseinandersetzung mit neuen Erkenntnissen ist auch für jene Personen erforderlich, die im erlernten Beruf bleiben; dies trifft ohnehin für eine sinkende Zahl von Erwachsenen zu. Im privaten Bereich ergeben sich in der Familie, aus der Gestaltung der Freizeit und dem Engagement in der Gesellschaft ebenfalls viele Anlässe zum lebenslangen Lernen. Während die Notwendigkeit zu lernen für Kinder nicht in Frage gestellt wird, gibt es jedoch immer noch Erwachsene, die glauben, nach Abschluss ihrer Schul- und Berufsausbildung nichts mehr lernen zu müssen.

Wichtig sind somit heute die Bereitschaft, sich während des ganzen Lebens weiter zu entwickeln, sowie die Fähigkeit, seine Lernziele selbst zu bestimmen, zu entscheiden, wie sie erreicht werden sollen, welche Vorgehensweisen dabei am rationellsten sind, wie neue Inhalte am besten erworben, in das bestehende Wissen integriert, gespeichert und abgerufen werden können.

3.3.2 Die Bereitschaft zum Weiterlernen hängt von früheren Lernerfahrungen ab

Obwohl die Notwendigkeit der Weiterbildung für die ganze Bevölkerung besteht, ist die Bereitschaft dazu sehr ungleich verteilt. Wie repräsentative Erhebungen (*Bundesamt für Statistik*, 1995) auch für die Schweiz belegen, nehmen vor allem die gut Ausgebildeten an Weiterbildungsmassnahmen teil: Mehr als die Hälfte der Erwachsenen mit einem Universitäts- oder höheren Berufsabschluss bilden sich weiter. Von den Personen mit einem Abschluss auf der Sekundarstufe II (Berufslehre oder Mittelschule) sind es etwa 40 %, bei Personen ohne nachobligatorischen Abschluss hingegen lediglich etwa 20 %. Diese Ergebnisse decken sich mit internationalen Untersuchungen: Stets weisen Erwachsene mit dem niedrigsten Bildungsstand die geringste Beteiligung an Weiterbildungsprogrammen auf. Daraus kann gefolgert werden, dass gut Ausgebildete die Wichtigkeit einer ständigen Weiterbildung am klarsten erkennen, sowie dass Erwachsene mit wenig Schulbildung oft eine abwehrende Haltung gegenüber dem Lernen haben: sie verbinden es mit negativen Erfahrungen und sehen keinen Anlass, sich freiwillig damit auseinanderzusetzen.

Eine grosse Rolle spielt bei diesen Prozessen die subjektive Lernkonzeption. Lernfreude und Weiterbildungsbereitschaft werden bereits in der Kindheit erworben und sind stark vom Elternhaus und von Schulerfahrungen geprägt.

Viele Untersuchungen (vergl. auch *R. Schräder-Naef*, 1997, *Gage und Berliner*, 1983) belegen, dass u.a. folgende Faktoren einen Zusammenhang mit dem Schulerfolg von Kindern aufweisen:

- Sozioökonomische Schicht,
- Bildungsniveau der Eltern,
- Vorsorge für die intellektuellen Bedürfnisse des Kindes (Schaffung von Raum und Anregungen, Begleitung des Kindes),
- Annahme oder Ablehnung des kindlichen Verhaltens (loben, nicht strafen, Berücksichtigung der Kinderwünsche),
- Lesegewohnheiten, Freizeitverhalten der Familie, Interesse der Eltern am Schulfortkommen der Kinder, Lehrer-Eltern-Kontakte, Bereitschaft, dem Kind Zeit zu schenken (mit dem Kind spielen, ihm vorlesen, sich unterbrechen lassen).

Die Leistungsmotivation verändert sich nach Schuleintritt nicht mehr wesentlich. Kinder aus anregendem, unterstützendem Elternhaus haben einen guten Start, was ihre Lernfreude und ihr positives Selbstbild verstärkt. Kinder aus bildungsfernem Elternhaus weisen dagegen bei Schulbeginn einen Rückstand auf, erleben Misserfolg, schätzen sich als weniger leistungsfähig ein und werden dadurch weiter entmutigt.

Der schulische Leistungsstand beeinflusst das Selbstwertgefühl von Schülerinnen und Schülern. Wie *Ulich* (1991) ausführt, ergeben schlechte Schulleistungen, ein negatives Selbstbild und ausgeprägte Schulangst ein für Schulversagen typisches Syndrom.

Resilienzforschungen prüfen, welche Faktoren dafür verantwortlich sind, dass manche Jugendliche sich trotz sehr schlechter Startbedingungen zu normalen und gesunden Erwachsenen entwickeln, Widerstandskräfte bilden, sich von ungünstigen Voraussetzungen "erholen", während andere kriminell, krank, behindert, süchtig werden oder bleiben (*Lösel*, 1992). Werden rückblickend nur Personen untersucht, die kriminell geworden sind, und findet man bei allen belastete Kindheiten, kann der Eindruck entstehen, dass Armut, Gewalt in der Familie und sonstige Belastungen unweigerlich zu kriminellem Verhalten führen. Longitudinalstudien, die gefährdete Kinder begleiten, zeigen demgegenüber, dass grosse individuelle Unterschiede bestehen, und geben Hinweise auf "Schutzfaktoren", die die Risiken vermindern und positive Entwicklungen unterstützen. Als Schutzfaktoren der Kinder, die sich trotz negativen Ausgangsbedingungen gut entwickelten, erwiesen sich: mindestens durchschnittliche Intelligenz, Gefühlsbindungen zu Grosseltern oder Geschwistern, Unterstützung durch Kirche, Jugendgruppe oder Schule. Die Kinder brauchen somit eine sichere Grundlage für die Entwicklung von Vertrauen, Autonomie und Initiative.

Ähnliche Fragestellungen untersuchte unsere vom Schweizerischen Nationalfonds unterstützte Studie mit sieben verschiedenen Gruppen von Erwachsenen (*R. Schräder-Naef et al.*, 1997): Mittels biographischer Interviews prüften wir, welche Lernerfahrungen Erwachsene mit grossen Bildungsdefiziten in ihrer Kindheit gemacht hatten und unter welchen Bedingungen sie sich zur Kompensation dieser Defizite entschieden. Sechs Gruppen (Teilnehmende) befanden sich in Weiterbildungsprogrammen, mit denen sie Elemente der Erstausbildung nachholten (Lesen und Schreiben, Sekundarschulabschluss, Erstausbildung, Lehrabschluss, Krankenpflegeausbildung und Maturitätsschulen für Erwachsene). Die siebte Gruppe bestand aus Erwachsenen, die ebenfalls grosse Bildungsdefizite hatten, sich aber nicht weiterbildeten (Nichtteilnehmende).

Einige wichtige Ergebnisse:
Zwischen der Schullaufbahn der Befragten und dem Bildungsstand ihrer Eltern ergaben sich enge Zusammenhänge. Entscheidend dafür waren vor allem die Werthaltungen mancher Eltern, die den Kindern vermittelte Einstellung, dass die Schule zwar besucht und ein Beruf erlernt werden sollte, dass aber Bildung für die weitere Entwicklung und das Erwachsenenleben ohne grosse Bedeutung sei. Die Befragten aus der Unterschicht konnten von ihren Eltern mit einer eher bescheidenen Ausbildung weniger unterstützt und schulisch gefördert werden. Eltern der Mittel- und Oberschicht mit einer besseren Ausbildung konnten ihre Kinder schulisch besser begleiten.

Besonders gross war der Anteil von Personen aus bildungsfernen Elternhäusern bei den Nichtteilnehmenden und bei den Erwachsenen, die Lesen und Schreiben lernten. Ihre Eltern hatten keine über die Schulpflicht hinausgehende Schulbildung und entweder keine oder nur eine einfache Berufsausbildung.

Ähnliche Grundmuster von Bildungsbiographien ergaben sich sowohl bei den Teilnehmenden wie bei den Nichtteilnehmenden. Hinsichtlich vieler Faktoren (Elternhaus, Schicht, Belastungen, Schulerfahrungen, Ausbildung) waren die Unterschiede *zwischen* den verschiedenen Gruppen von Teilnehmenden grösser als jene zwischen den Teilnehmenden und den Nichtteilnehmenden insgesamt. Die Teilnehmenden an Kursen, in denen Elemente der Grundausbildung nachgeholt werden, hatten ebenso oft belastende Kindheitserinnerungen, bildungsferne Elternhäuser, bescheidene finanzielle Möglichkeiten wie die Nichtteilnehmenden. Demgegenüber waren die Erinnerungen der Erwachsenen, die die Maturität oder die Krankenpflegeausbildung nachholten, deutlich positiver.

Viele Befragte erklärten, dass sie eher ungern zur Schule gingen. Teilweise wirkten sich die Belastungen und Konflikte im Elternhaus auf den Schulerfolg aus. Andere Personen hatten zwar einen relativ guten Schulerfolg, bemühten sich aber nach Abschluss der obligatorischen Schulzeit infolge ihrer Lerneinstellungen nicht um eine weiterführende schulische Ausbildung.

Das Selbstwertgefühl ist während der Pubertät und Adoleszenz ohnehin Schwankungen ausgesetzt und erfährt zusätzliche Belastungen bei Jugendlichen, die infolge schwacher Schulleistungen oder durch einen besuchten Schultypus mit geringen Anforderungen bei der Lehrstellensuche Zurückweisungen erfahren.

Jugendliche, deren Eltern eine bescheidene oder keine Ausbildung hatten und keine Weiterbildung betrieben, sind nach Abschluss der obligatorischen Schulzeit mehrfach benachteiligt: Sie haben weniger Rückhalt bei ihren Eltern, schlechtere schulische Voraussetzungen, eine geringe Auswahl bei der Lehrstellensuche und später weniger Möglichkeiten sowohl der innerbetrieblichen als auch der beruflichen Weiterbildung.

Durch die Rezession, den Abbau der Lehrstellen, den Druck auf mehr Selektion in den Gymnasien bleiben den Schwächsten nur geringe Wahlmöglichkeiten. Die Berufswahl wird dadurch noch schwieriger. Die Möglichkeiten der späteren beruflichen Entwicklung sind eng begrenzt.

Grosse geschlechtsspezifische Unterschiede ergaben sich bei der Wahl des Berufs und der Ausbildung nach Abschluss der Schulzeit. Männer scheinen den Übergang von der

Schule in die Berufswelt durchschnittlich besser zu meistern als Frauen, wahrscheinlich, weil die Realität einer beruflichen Perspektive für sie unbestrittener ist als für Frauen. Selbst wenn Männer im gewählten Beruf nicht erfolgreich oder unzufrieden sind, erschüttert dies ihr Selbstverständnis nicht grundlegend. Sie suchen nach Mitteln und Wegen (z.B. durch einen Berufs- oder Stellenwechsel), um die Situation zu verändern und zu verbessern. Frauen führen dagegen mangelnden Berufserfolg auf ihre eigenen Bildungsdefizite zurück.

Folgerungen aus den Bildungsbiographien

Kinder sind stark geprägt durch die Einstellungen ihrer Eltern. Aus diesen Einstellungen, den erlebten Vorbildern, aus Erfahrungen, Erlebnissen wie auch aus dem Vergleich mit Geschwistern haben sie ein Bild vom schulischen Lernen und von sich selbst entwickelt. Entsprechend wird Lernen als eine mühsame Pflicht oder als Bereicherung empfunden, mit Angst vor Zurücksetzung oder mit Freude und persönlichem Gewinn verbunden. Erzielen beispielsweise Geschwister durch hohen Einsatz gute Noten, werden entmutigte Kinder sich zurückziehen und sich lieber faul als dumm schimpfen lassen. Wenn Eltern mit einem hohen Mass an Aufsicht, mit Strafen und Belohnungen zeigen, wie sehr sie sich für die Schulleistungen ihrer Kinder verantwortlich fühlen, bringen sie damit auch zum Ausdruck, dass sie den Kinder keine Eigenverantwortung zutrauen. Entsprechend können Kinder nicht selbständig werden.
Lehrer und Lehrerinnen aller Stufen haben in der Regel erfolgreiche Lernbiographien, eine positive Einstellung zum schulischen Lernen; andernfalls hätten sie sich kaum für ihren Beruf entschieden. Um das Lernen und die unterschiedlichen Lernkonzeptionen der Lernenden verstehen, ist es wichtig, dass sie sich mit ihrer eigenen Lernbiographie auseinandersetzen und über das eigene Lernen nachdenken.
Wichtig wäre zudem, dass der "negative intergenerative Kreis" durchbrochen wird, durch den Eltern mit geringer Ausbildung und negativen Einstellungen gegenüber der Bildung ihre Einstellungen und Wahrnehmungen an ihre Kinder weitergeben, die dadurch selbst wieder zu Eltern mit geringer Ausbildung und negativen Lerneinstellungen werden.
Notwendig wären dazu sowohl Massnahmen, mittels deren Eltern zu positiven Lernerfahrungen geführt werden können, als auch solche, die Kindern einen besseren Schulstart ermöglichen.

3.3.3   Lernstrategien können den Lernerfolg verbessern

Die Definitionen von Lerntechniken und Lernstrategien sind fast ebenso zahlreich wie jene für den Begriff des Lernens. Meine Definition:

Unter Lern- und Arbeitsmethoden sind Techniken, Einstellungen und Gewohnheiten zu verstehen, die der Auswahl, dem Erwerb, der Verarbeitung und dem Weitergeben von Wissensstoff dienen, dem selbständigen und rationellen Arbeiten, der Zusammenarbeit und der sinnvollen Planung und Gestaltung der eigenen Zeit und der eigenen Ressourcen. Entwickelt werden soll die Fähigkeit, die zur Bewältigung neuer und unvorherge-

sehender Situationen erforderlichen Lernprozesse selbst kompetent organisieren zu können.

Gemeint sind somit nicht nur Techniken im engeren Sinn (wie z.B. Notizentechnik, Lesetechniken, Arbeit mit Karteien oder Datenbanken), sondern auch Einstellungen, Haltungen und psychosoziale Fähigkeiten. Im Vordergrund steht nicht die Anwendung bestimmter Vorgehensweisen und die Übernahme starrer Rezepte, sondern die Selbständigkeit. Aufgaben können auf verschiedene Weise angepackt werden; eine sinnvolle Arbeitstechnik besteht darin, zu prüfen, welches Vorgehen den eigenen Zielen am besten entspricht. Selbständige Lern- und Arbeitstechniken ermöglichen es den Lernenden, ihr Lernen selbst zu steuern, ihre Fähigkeiten und Kenntnisse entsprechend den eigenen Bedürfnissen und wechselnden Zielen zu erweitern.

Das Wissen allein hilft noch nicht weiter

Es lassen sich drei verschiedene Aspekte unterscheiden: ein *kognitiver,* ein *technischer* und ein *emotionaler* Aspekt. Diese drei Aspekte gelten sowohl für die Lern- und Arbeitstechnik insgesamt als auch für jeden einzelnen Bereich: Zu prüfen ist:

- welches *Wissen* soll weitergegeben,
- welche *Gewohnheiten* sollen ausgebildet oder geändert,
- welche *Einstellungen* vermittelt werden.

Entscheidend sind vor allem die Einstellungen: Lernende sind nur bereit, ihre Strategien zu ändern oder auch nur darüber nachzudenken, wenn sie sich selbst für das Lerngeschehen und das Lernziel verantwortlich fühlen. Wie oben ausgeführt, sind viele Einstellungen vom Elternhaus geprägt und verfestigen sich während der Schulzeit. Wenn negative Haltungen, Selbstzweifel, Blockaden gegenüber dem Lernen vorherrschen, müssen diese erst bewusst gemacht und über neue, positive Lernerfahrungen revidiert werden. Dies ist ein langer Prozess, der nur im entsprechenden Kontext ablaufen kann.
Ein wichtiger Aspekt ist auch der Umgang von Eltern und Lehrpersonen mit Fehlern: Vermitteln sie den Kindern, dass Fehler zu vermeiden sind, dass man sich dafür schämen muss? Dann wird sich das Kind lieber nicht auf unbekannte oder schwierige Aufgaben einlassen. Oder machen sie deutlich, dass Fehler wichtige Orientierungspunkte sind und man ohne sie nicht lernen kann? Heben sie vor allem hervor, was das Kind richtig gemacht hat und loben es dafür - oder werden nur die Fehler zusammengezählt?
Auch das Schulklima und die Beziehung zu den Lehrpersonen beeinflussen die Entwicklung der Lernmotivation. Untersuchungen zeigen, dass die Schulfreude mit der Schuldauer fast kontinuierlich abnimmt, wofür vor allem Prüfungsangst und -stress verantwortlich sind. Lernfreude hängt von der Übereinstimmung mit den eigenen Zielen ab, dem Gefühl, dass das Lernen den eigenen Bedürfnissen entspricht. Jeder hat den Wunsch nach Anerkennung und Akzeptation. Bei Kindern sind (gute) Noten und Zuwendung des Lehrers die Hauptanlässe zum Lernen. Schlechte Noten werden entsprechend als Ausdruck fehlender Anerkennung oder gar Missachtung seitens der Lehrpersonen, als Abwertung und Zurückweisung erfahren.

Unterschiedliche Strategien für unterschiedliche Zielsetzungen

Überlegungen, welche Lern- und Arbeitsmethoden den Schülerinnen und Schülern vermittelt werden sollen, können von drei Ansatzpunkten ausgehen:

1. Welche Methoden und Techniken helfen den Lernenden bei der Bewältigung des Schulstoffes und der Erledigung ihrer Hausaufgaben? Wie kommen sie möglichst sofort zu gutem Schulerfolg, bestehen ihre Prüfungen, erzielen gute Noten? Diese Fragen stehen für die Kinder, Jugendlichen und vor allem deren Eltern im Vordergrund, wenn sie vom Lernen lernen sprechen: Sie erwarten Rezepte, Tipps und Tricks zur Bewältigung des Lernalltags.

2. Welche Techniken und Strategien benötigen die Lernenden für die nachfolgende Stufe (weiterführende Schule, Berufsausbildung), auf welche Anforderungen sollen sie vorbereitet werden? Die Anforderungen werden weitgehend von den "Abnehmenden" definiert: Mittel-, Berufs- und Hochschulen beklagen, dass die eintretenden Schülerinnen und Schüler das Lernen noch nicht gelernt haben und sich an ihrer Stufe nicht zurechtfinden.

3. Welche Techniken, Gewohnheiten und Einstellungen sind für ein selbständiges Lernen und Arbeiten im Erwachsenenalter erforderlich? Hier geht es um die Befähigung und Motivierung der Heranwachsenden zum "lebenslangen Lernen", um das Setzen eigener Lernziele und Verfügen über Strategien zu deren Erreichung.

Dass unterschiedliche Konzepte bestehen und die Erwartungen bestimmen, ist den verschiedenen Akteuren meist nicht bewusst. Die zu wählenden Lernstrategien hängen jedoch vom Ansatzpunkt ab. So beruhen beispielsweise Techniken, die in Prüfungen erfolgreich sind, nicht unbedingt auf qualitativ hochstehendem selbständigem Lernen: Auch wenn Lernende fähig sind, Prüfungsfragen richtig zu beantworten und Formeln und Sätze auswendig herzusagen, haben sie oft fehlerhafte Vorstellungen von einer Sache.

Strategien zum kurzfristigen Aneignen werden auch als Oberflächenstrategien bezeichnet, jene zur selbständigen längerfristigen Auseinandersetzung als tiefenorientierte Lernstrategien.

Auch wenn grundsätzlich den tiefenorientierten Lernstrategien Priorität eingeräumt werden sollte, wäre es eine Illusion zu glauben, dass nur diese vermittelt werden sollten: Es muss auf allen Stufen und in allen Ausbildungsgängen auswendig gelernt werden, es kann nicht alles hinterfragt werden. Wichtig ist, dass die Lernenden über verschiedene Lernstrategien verfügen und deren Auswirkungen kennen. Dann können sie ihre Methoden der jeweiligen Situation anpassen. Auch dies erfordert Übung und Erfahrung.

Hauptkategorien von Lernstrategien

Es gibt eine Vielzahl von Lerntechniken und Lernstrategien, die in unterschiedlichen Situationen zur Anwendung kommen. Beim eigentlichen Lernen, d.h. Aufnehmen von neuen Inhalten und längerfristigen Speichern lassen sich drei Hauptkategorien unterscheiden:

A. Elaborative Prozesse: Sie schaffen Zusammenhänge zwischen der neuen Information und dem Vorwissen der Lernenden.
B. Reduktive Prozesse: Sie verdichten grosse Informationsmengen auf das Wesentliche hin.
C. Metakognitive Prozesse: Sie reflektieren das eigene Vorgehen, steuern und überwachen die eigenen Verarbeitungsprozesse.

A. Elaborationen

Viele Erwachsene klagen, ihr Gedächtnis sei wie ein Sieb. Dies trifft zweifellos zu. Wir können unmöglich unser Gedächtnis mit allen Eindrücken und Informationen belasten, die täglich auf uns einstürmen. Entscheidend ist jedoch, was im Sieb (oder Netz) zurückbleibt und wie wir darauf Einfluss nehmen können.

Informationen und neu zu erlernendes Wissen werden umso besser behalten, je stärker und vielfältiger sie durch Elaborationen in ein bestehendes Wissensnetz eingeknüpft werden. Wichtiger Bestandteil des Lernens ist es, einerseits das Netz bereitzustellen, in das die neuen Informationen eingeknüpft werden können, andererseits durch Elaborationen nach zusätzlichen neuen Anknüpfungen zu suchen.

Unterstützt werden Elaborationen, wenn gezielte Fragen zu den Informationen gestellt werden, vor allem, wenn die Lernenden die Fragen selbst formulieren. In anderen Fällen helfen Gliederungen, Geschichten, bildhafte Vorstellungen, Verknüpfungen von isolierten Einzelfakten. Die Mnemotechnik (Gedächtnistechnik) beruht darauf, Verbindungen herzustellen, beispielsweise durch Eselsbrücken, Ersetzen von Zahlen durch Buchstaben oder Wörter, Verbinden von Begriffen mit Räumen, Orten oder Körperteilen etc.

Ein Beispiel beim Lernen von fremdsprachigen Vokabeln: Kinder müssen neue französische oder englische Wörter auswendig lernen; Erwachsene können dagegen nach Ableitungen von ihnen bekannten Fremdwörtern, nach Parallelen mit anderen Wortfamilien, nach Gesetzmässigkeiten suchen. Diese Elaborationen scheinen zunächst aufwendiger, helfen aber beim längerfristigen Speichern und als Grundlage für weiteres Lernen.

B. Reduktionen

Unsere Aufnahmekapazität ist beschränkt. Angesichts der Informationsfülle, die ein Vortrag oder ein Fachbuch enthält, müssen wir wichtige und unwichtige Inhalte unterscheiden, entsprechend unserer Zielsetzung die Hauptideen erkennen. Reduktionen fördern den Lernprozess sowohl durch die bewusste Auswahl und Unterscheidung von wesentlichen und unwesentlichen Informationen, als auch durch die eigene Aktivität beim Aufbereiten, Strukturieren und Darstellen.

Einige Beispiele, wie Kinder und Jugendliche dabei unterstützt werden können:

- Übungen mit Schlüsselwörtern: Welche Wörter oder welcher Satz ist geeignet, die ganzen Ausführungen in Erinnerung zu bringen? (Bei normalen Notizen sind in der Regel 90 % der Wörter für die Erinnerung unnötig).
- Schreiben und Diskutieren von Zusammenfassungen oder knappen, gut gegliederten Notizen.
- Erstellen von Tabellen, Graphiken oder Skizzen.
- Mind Maps sind Beispiele sowohl von Elaborationen als auch von Reduktionen: Mit dieser Darstellung, die aus einem Netz von Wörtern, Bildern, Farben besteht, werden die Strukturen und Zusammenhänge aufgezeigt; gleichzeitig werden komplexe Gebiete oder umfangreiche Informationen auf eine Übersicht reduziert.

C. Metakognitive Prozesse

Metakognitives Wissen umfasst das Wissen über sich selbst (eigene Stärken und Schwächen, persönlicher Lernstil), über die bevorstehende Aufgabe (z.B. Umfang und Schwierigkeit eines Textes) und über kognitive Strategien (angemessenes Vorgehen, mutmasslicher Erfolg). Die Lernenden treten damit einen Schritt zurück, denken über das eigene Lernen, aber auch über Blockaden und Einstellungen und den persönlichen Lernstil nach, beobachten sich selbst und entscheiden, welche Strategie in einer bestimmten Situation für sie richtig ist. Sie müssen dazu die Lernstrategien nicht nur kennen, sondern auch flexibel und situationsangepasst auswählen, steuern und kontrollieren können. Wichtig ist auch der bewusste Umgang mit Fehlern, eine Bilanz der Wissenslücken und Lernen aus Misserfolgen und Schwierigkeiten.
Eine Reflexion empfiehlt sich zum Abschluss von Lernetappen oder nach einer schwierigen Aufgabe, nach einer Prüfung: wie bin ich vorgegangen, was habe ich gut gemacht, was will ich das nächste Mal anders machen? Diese Fragen stellen sich auch in Lernberatungen oder können von den Lernenden in Gruppen ausgetauscht und diskutiert werden.

3.3.4   Wie lassen sich Lernstrategien vermitteln?

Grundsätzlich lassen sich Lernstrategien in jedem Lebensalter erlernen. Wenn sich Erwachsene weiterbilden, ist es wichtig, dass sie sich mit ihren Einstellungen und ihrem Lernstil auseinandersetzen und jene Lernstrategien anwenden, mit denen sie ihre Lernziele am besten erreichen können.
Die Schulbildung muss darauf hin überprüft werden, welche Inhalte, Methoden und Einstellungen als Grundlagen für das spätere Lernen vermittelt werden sollen. Zwar halten Leitziele von Schulen aller Stufen fest, dass es neben der Vermittlung von Kenntnissen vor allem auch um die Grundlagen und die Befähigung zum lebenslangen Lernen geht. Dennoch wird häufig geklagt, dass die Schulabgänger oder auch die erwachsenen Berufsleute das Lernen nicht gelernt hätten.
Heute besteht weitgehender Konsens, dass die Anleitung zum selbständigen Lernen und die Vermittlung effizienter Lernstrategien zu den Aufgaben der Schule gehören. In vielen Schulen werden erweiterte Lernformen und Projekte zur Unterstützung des selbständigen Lernens erprobt.

Einige Möglichkeiten zur Vermittlung von Lernstrategien sind:
- Schaffung eines Faches Lernen oder Arbeitstechniken für bestimmte Klassenstufen
- Beauftragung des Klassenlehrers
- Organisation freiwilliger Kurse oder Vorträge zu Teilbereichen der Lernstrategien
- Durchführung von Schulprojekten, Arbeitswochen, Lerntagen
- Einbezug in den Unterricht
- Angebot von Beratungs- und Sprechstunden
- Erarbeiten von Lernstrategien in Gruppen
- Empfehlung von Büchern

Bisher wurden keine systematischen Untersuchungen zum langfristigen Erfolg der verschiedenen Vorgehensweisen durchgeführt. Erfahrungen und Diskussionen mit Lehrerinnen und Lehrern zeigen, dass alle Ansätze Vorteile, aber auch Grenzen haben.

Häufige Probleme sind:
- Kindern und Jugendlichen mit guten Lernvoraussetzungen fällt es leichter, Anregungen und Ratschläge für das selbständige Lernen umzusetzen. Bereits in der Grundschule haben manche einen Vorsprung, entwickeln Vertrauen, während andere mit weniger günstigen Bedingungen Angst und Stress zeigen. Der unterschiedliche Stand und die damit zusammenhängenden Einstellungen ergeben einen unterschiedlichen Trainingsbedarf und Trainingsgewinn.
- Jugendliche haben bereits einen eigenen Lernstil entwickelt und wollen sich vor allem dann nicht umstellen, wenn sie in der Schule gut mitkommen. Sie identifizieren sich mit ihrem Vorgehen und fühlen sich in ihrer Persönlichkeit angegriffen, wenn man sie ändern will ("Ratschläge sind auch Schläge").
- Die Vermittlung von Lernstrategien ist von geringem Wert, wenn diese nicht angewandt werden können und keinen Bezug zur Gegenwart haben: So werden Lernende beispielsweise Hinweise zur Zeitplanung kaum aufnehmen, wenn sie nur kurzfristige Arbeitsaufträge erhalten.
- Sollen die Lernmethoden in den täglichen Unterricht einbezogen werden, ist eine sehr gute Zusammenarbeit unter den Lehrenden erforderlich; andernfalls kann es geschehen, dass jeder der Ansicht ist, der Kollege habe die entsprechende Aufgabe bereits übernommen oder es genüge, wenn sich die anderen um eine Vermittlung von Lernmethoden bemühten.
- Viele Lehrerinnen und Lehrer vertreten die Meinung, dass sie für die Vermittlung von Lern- und Arbeitsmethoden weder zuständig noch ausgebildet sind. Es besteht die Gefahr, dass sie das Ziel, das Lernen zu lehren, an andere delegieren und keinen Grund sehen, diese Aufgabe auch in ihren eigenen Unterricht einzubeziehen.

Empfehlungen zur Vermittlung von Lernstrategien in der Schule:
- Motivation für das selbständige Lernen kann nur entstehen, wenn die Lehrerinnen und Lehrer der verschiedenen Stufen das Thema Lernmethoden in den täglichen Unterricht einbeziehen und die Jugendlichen Gelegenheit haben, die Methoden und Arbeitsformen in vielen Fächern anzuwenden. Dazu müssen im Unterricht nicht nur

die Lernziele, die Aufgaben besprochen, sondern immer wieder auch diskutiert werden, welche Möglichkeiten es gibt, sie zu erreichen, welche Vorgehensweisen sinnvoll sind, wem welcher Weg eher entspricht. Die Schülerinnen und Schüler lernen innerhalb jedes Faches und jeweils dann, wenn eine neue Aufgabenstellung beginnt, die rationellste Vorgehensweise. Wichtige Voraussetzungen dafür sind nicht nur die Übereinstimmung unter den Lehrenden der Schule, dass es sich um wichtige Zielsetzungen handelt, sondern auch eine gute Koordination und Absprache.

- Die Ratschläge und Hinweise dürfen nicht als starre Rezepte angepriesen werden, sondern als ein Katalog von Alternativen, aus denen die Schülerinnen und Schüler die ihnen entsprechenden auswählen können. Wichtig ist vor allem die Erkenntnis, dass es auch anders geht.

- Die Erfahrungen, die die Jugendlichen mit selbst entwickelten Techniken gemacht haben, sollten einbezogen und ausgetauscht werden.

- Geeignete Vermittlungsformen sind vor allem Experimente, Diskussionen, Anregungen und Gelegenheiten, verschiedene Vorgehensweisen zu erleben und miteinander zu vergleichen. Gemeinschaftsprojekte wie auch Einzelarbeiten, Werkstattunterricht, selbständige Vorträge von Schülern sind auf allen Stufen möglich. Sie können ergänzt werden durch Arbeitstage und Wochen, durch grössere, die ganze Schule umfassende Themenschwerpunkte.

- Für das Selbststudium oder als Vorbereitung auf Lerngruppen, als "Feuerwehrübungen", als Hilfe bei aktuellen Lernschwierigkeiten sind Bücher vor allem für ältere Schüler und Erwachsene geeignet. Der Schüler oder die Schülerin, die Studierenden können sie in den entsprechenden Situationen (bei der Vorbereitung eines Vortrages, vor einer grösseren Prüfung, bei Zeitproblemen) zur Hand nehmen und selbst nachschlagen, prüfen, welche Informationen sie benötigen und welche Ratschläge sie umsetzen wollen. Andererseits müssen sie sich nicht mit Fragen befassen, die für sie nicht aktuell sind oder die sie für sich bereits zufriedenstellend gelöst haben.

Schlussbemerkung

Zwischen Lernfreude und Lernerfolg besteht eine Wechselwirkung. Wenn Kinder und Erwachsene gerne und interessiert lernen, eigene Lernziele haben, ihren Fragen nachgehen, werden sie nicht nur besser aufnehmen und behalten, sondern auch durch das Erkennen der Zusammenhänge für neues Lernen motiviert werden. Die Förderung selbständiger Lernstrategien trägt damit sowohl zur Lernmotivation als auch zum Lernerfolg bei. Besonders wichtig ist die Unterstützung von Kindern, deren Eltern diese Anregungen nicht geben können.

3.3.5   Literaturverzeichnis

Bundesamt für Statistik: "Weiterbildung in der Schweiz; Befragung 1993", Bern, 1995

Gage, N. / Berliner, D.: "Pädagogische Psychologie, Band 1: Grundlagen, Konzepte, Ergebnisse, Weinheim. Freeburg, N.E. and Payne, D.T. "Dimensions of parental practice concerned with cognitive development in the preschool child", 1983

Landwehr, Norbert: Schritte zum selbständigen Lernen, Aarau, Sauerländer, 1998

Lösel, Friedrich: "Protective Effects of Social Resources in Adolescents at High Risk for Antisocial Behavior" in "Cross-National Longitudinal Research on Human Development and Criminal Behavior", Hrsg. Elmar G. Weitekamp und Hans-Jürgen Kerner, NATO ASI Series, Kluwer Academic Publishers, 1992

Schräder-Naef, Regula: Rationeller Lernen lernen, neubearbeitete 19. Auflage, Beltz, Weinheim, 2000

Schräder-Naef, Regula: Lerntraining für Erwachsene. Erweiterte Neuausgabe, Beltz Weinheim, 1999

Schräder-Naef, Regula et al.: Warum Erwachsene (nicht) lernen. Rüegger, Chur und Zürich, 1997

Schräder-Naef, Regula: Schüler lernen Lernen. 6. Auflage, Beltz, Weinheim, 1996

Schräder-Naef, Regula: Der Lerntrainer für die Oberstufe, 2. Auflage, Weinheim, 1992

Straka, Gerald A.: ...denn sie wissen nicht, was sie tun; Lernen im Prozess der Arbeit. Forschungs- und Praxisberichte LOS, Band 3, Universität Bremen, 1999

Ulich, Klaus: "Schulische Sozialisation" in "Neues Handbuch der Sozialisationsforschung", Hrsg. Klaus Hurrelmann und Dieter Ulich, Weinheim, 4. Auflage, 1991

3.4   Jetzt gilt es ernst: Lernen in der Arbeitswelt

Ueli Kraft

Jedes Schulleitbild spricht davon, dass man Schülerinnen und Schüler aufs Leben vorbereiten wolle – in der Schweiz meint man damit das Arbeitsleben. Als beste Vorbereitung verstehen weite Kreise eine möglichst frühe Einbindung in Leistungswettbewerb
und Konkurrenz. Die Schulen sehen sich mit einem Leistungsauftrag konfrontiert, der
letztlich nicht bzw. nur für Teile der ihr Anvertrauten erfüllbar ist. Auf der einen Seite
ist sie Trägerin hehrer pädagogischer Ideale, die Kinder mit dem Ziel möglichst gleicher
Lebenschancen fördern will. Auf der andern Seite soll sie – Abbild der Gesellschaft wie
Schulen halt auch sind – über die ihr eigenen Selektionsmechanismen die Spreu vom
Weizen trennen. Sie greift dabei im wesentlichen auf das Mittel sozialer Vergleiche
zurück und produziert in ihren Ranglisten neben Siegerinnen und Siegern auch Verliere-
rinnen und Verlierer. Den von der Wirtschaft favorisierten Winner-Typen stehen eines
Tages Jugendliche gegenüber, deren Lernbiographien durch den wissenschaftlich hinreichend belegten Teufelskreis von Misserfolgen, Entmutigung und Verweigerung geprägt worden sind – ein Unentwegter hat dies bereits vor vielen Jahren auf die Formel
»Dummheit ist lernbar« gebracht. Anders gesagt: Ausgerechnet diejenigen, die der
Pädagogik am meisten bedürften, drohen durch die Schule nachhaltig geschädigt zu
werden.

Die Ergebnisse negativer Lernbiographien "erbt" die Berufsbildung: Wir kennen sie, die
Jugendlichen, die froh sind, der Schule endlich entronnen zu sein, die endlich zu etwas
wirklich gebraucht werden wollen – und die vom Regen in die Traufe geraten. Mit dem
unerbittlichen Gesetz von Angebot und Nachfrage konfrontiert sie zunächst die Berufs"wahl". Ihre Träume werden von Anderen, Besseren realisiert – sie selber finden
sich denjenigen Berufen zugewiesen, die nicht zuletzt ihrer Arbeitsbedingungen wegen
unter einem schwindenden Ansehen leiden. Statt der erhofften Befreiung von Zwängen
bläst nun der zuweilen barsche Wind der Arbeitswelt. Zudem müssen sie weiter zur
Schule, zwar nur noch einen Tag pro Woche, dafür aber einen zermürbend langen ...
Das biographisch eingeschriebene Scheitern erschwert nicht nur berufliche Lernprozesse – es behindert auch den entwicklungspsychologisch angesagten Aufbruch der Adoleszenz: Es gibt kaum Traurigeres als Schiffe, die während dem Auslaufen sinken.

Die – bewusst provokativ formulierte – These versucht eine Perspektive zu skizzieren,
die das Scheitern in der Schule als **Scheitern an der Schule** in den Vordergrund rückt.
Sie will **nicht** ausgewogen sein und orientiert sich ausdrücklich **nicht** am Normalfall,
sondern am Extrem, das so selten nicht ist. In einem ersten Teil dieses Kapitels wird ein
lernbiographischer Zugang zu Lernschwierigkeiten nachgezeichnet, der sich vom –
diagnostisch fassbareren – Erklärungsmodell "Begabung" abhebt. Zweitens ist die Beziehung zwischen Lehrenden und Lernenden zu untersuchen, der dabei notwendigerweise ein grosses Gewicht zukommt. Eine dritte Etappe des Weges wendet sich der

Adoleszenz zu, während der sich diese Beziehungen – entwicklungspsychologisch determiniert – komplizieren. Viertens müssen die speziellen Lernbedingungen einer Berufslehre reflektiert werden um schliesslich fünftens nach den Konsequenzen für lerntherapeutisches Arbeiten mit Lehrlingen fragen zu können.

3.4.1 Leistungswettbewerb – die dunkle Seite

Es gibt sie heute noch, die Kopfrechen-Wettbewerbe in der Grundschule – wir erinnern uns: Alle haben wir in unseren Bänken gestanden, der Schulmeister hatte kaum die erste Aufgabe gestellt, schrieen die Besten schon das Ergebnis – erregt, eifrig, mit leuchtenden Augen. Das Konzept des Wettbewerbs ist noch eine Weile aufgegangen, auch die Ausmarchung der nächsten Plätze war eine aufregende Sache, hat den beteiligten Besseren Spass gemacht, sie für die Mathematik motiviert und ihre Kompetenzen gefördert. Aber es gab noch die anderen: mit leeren Köpfen und Bäuchen voller Angst haben sie darauf gewartet, bis das Unausweichliche sie einholen würde. Und es holte sie ein, immer wieder: Die körperliche Stressreaktion kappte die Verbindungen zum Gelernten, ratend und stotternd sagten sie irgend etwas, manchmal näher bei den Einflüsterungen von links und rechts, manchmal ferner. Unsere Sprache hat treffende Metaphern für das Gefühl, das sie beherrschte: Sich in Grund und Boden schämen, blossgestellt und fertig gemacht. Hier hat das Konzept versagt, Ängste geschürt und traumatisiert. Und es ist auf Anhieb kaum verständlich, wie verbreitet Lehrpersonen heute noch über diese Verzweiflung hinweg sehen und – von der Notwendigkeit von Wettbewerben dumpf überzeugt – ihre Spielchen in vielen Varianten weiter treiben: Nur schon das Wählen von Mannschaften in der Turnstunde – nach dem Verfahren, dass die beiden Stärksten abwechslungsweise Kameraden bezeichnen – hinterlässt ein Grüppchen von Untauglichen, die keines der beiden Teams eigentlich will. Diktate können den erzielten Noten nach geordnet zurückgegeben werden – damit das Scheitern auch öffentlich gemacht wird. Gedichte hersagen lernt man offensichtlich am besten unter Heiterkeitsausbrüchen der Zuhörenden. Was haben wir vergessen? Ach ja – die Kletterstange und das Vorsingen ... Und: Die Sache setzt sich nach der Schule fort. Müde Stunden brüten die "Schwächeren" über ihren Aufgaben – im Nacken überforderte Mütter, im Ohr die längst draussen spielenden "Stärkeren", die ihr Pensum längst erledigt haben.

Der soziale Vergleich – immer noch der vorherrschende Massstab schulischer Leistungsbeurteilungen – ist damit nur für die Erfolgreicheren lustvoll und motivierend. Aber seit Gauss wissen wir, dass solche Verteilungen symmetrisch sind: Sie leben **auch** von den Verlierern, auf deren Versagen oft genug mit dem Finger gezeigt wird. Biographisch bleiben solche Erlebnisse natürlich nicht ohne Folgen: Wer über die Jahre hinweg vorherrschend positive Erfahrungen machen kann, wird mit einiger Wahrscheinlichkeit eine Haltung entwickeln, die mit dem Gelingen rechnet. Das angesammelte Vertrauen in die eigenen Kompetenzen bestimmt den Umgang mit neuen Anforderungen: Institutionelles Lernen bleibt eine – mehrheitlich – spannende Sache, neue Problemstellungen aktivieren eine optimistische Neugierde. Natürlich müssten wir die Sache relativieren: die meisten Menschen sind nicht in allen Disziplinen durchgängig gut und es gehört zur mitunter schwierigen Beantwortung der Identitäts-Fragestellung, auch Schwächen zu akzeptieren, ohne deshalb Gefühle des Nicht-Genügens überhand nehmen zu lassen. Natürlich gehören Misserfolge zu jedem Lernen – eigentlicher Lernerfolg braucht die Überwindung der Sperrigkeit einer Sache. Aber es gibt diejenigen, die hauptsächlich und auf breiter Front scheitern, immer wieder. Sie lernen, dass sie "es" nicht können, dass sie nicht gut sind, dass Anstrengungen sinnlos sind, weil sie ohnehin immer nur zum nächsten Misserfolg führen. Die biographischen Folgen solcher Erlebnisse im Zusammenhang mit Lernsituationen sind dort scheusslich, wo das Scheitern zur Gewohnheit geworden ist – "Dummheit ist lernbar", wir hatten das schon.

Von den – ihrerseits oft überforderten – Eltern hören viele dieser Scheiternden, sie müssten sich halt mehr Mühe geben. Statt Verständnis und stützender Hilfe gibt es Vorwürfe. Die Geschichte vom Vater, der sich erst anlässlich einer gefährdeten Promotion um Schulaufgaben zu kümmern beginnt, ist symptomatisch: Dass ausgerechnet sein Kind den Dreisatz nicht begreifen soll, gerät zur persönlichen Kränkung, die Hilflosigkeit mündet in verstärkten Druck. Und das Kind leitet aus dem Geschehen ab:»Wenn ich de Dreisatz chönt, hett mich min Papi gern ...«[9].

Wider besseres Wissen reagiert die Schule verbreitet ähnlich: Eher ängstliche Lehrerinnen und Lehrer fühlen sich durch die "Schwächeren" unbewusst bedroht – sie sind es, die den Klassenschnitt (vermeintlich) drücken, sie könnten bei den Kolleginnen und Kollegen der nächsten Schulstufe den Eindruck entstehen lassen, man habe mit der Klasse nicht gut genug gearbeitet und den Lehrplan nicht eingehalten. Interpretiert werden die Schwierigkeiten als im Kind selber begründet, dieses "passt zu wenig auf", "gibt sich zu wenig Mühe", "lernt zu wenig". Dass schulisches Lernen auf tragfähige Beziehungen zu den Lehrenden angewiesen ist, wir als unbequeme Einsicht ebenso ausgeblendet wie die banale Einsicht, dass verschiedene Menschen methodisch verschieden und verschieden schnell lernen. Die Einheitsmethodik versagt, "schuld" daran soll das Kind sein, das bald als unbegabt und faul etikettiert wird. Bewusst oder unbewusst führt die derart "vorpädagogisch" diagnostizierte Schwäche zur Anwendung der ebenso alten wie rigiden Rezeptur von Zucht und Ordnung, Entsagung und Unterwerfung – was das Klima mancher Schulstuben als "heimlicher Lehrplan" sowieso vergiftet. Freiwillig und freudig sollen die "schwachen" Schüler das tun, was sie nicht können. Und geübt wird – in verzweifelten Stunden hinter noch mehr Aufgaben – letztlich dann doch das Versagen, das Scheitern.

Natürlich provoziert diese Perspektive Widerstände: Sie könnte vor allem von denjenigen Lehrkräften als kränkend missverstanden werden, die sich darum bemühen, Ungleichheiten sozialer Chancen wenigstens abzubauen und sich für Schwächere die Zeit zu nehmen, die der Lehrplan nicht vorsieht. Sie werden an die Gegebenheiten aktueller Schulgesetze, Klassengrössen und Anteile von Kindern anderer Muttersprache erinnern. Sie werden die im Bildungsbereich absurden Sparbemühungen beklagen. Und natürlich haben sie recht – auch sie leiden unter dem Wettbewerbsdiktat unserer Gesellschaft. Nicht wenige zerbrechen am Gegensatz ihrer Ideale und der real existierenden Pädagogik: Erhebungen über Burnout-Symptome bei Lehrerinnen und Lehrern sprechen eine

---

[9] »Wenn ich den Dreisatz [verstehen] könnte, hätte mich mein Vater gerne.«

deutliche Sprache. Eigentlich möchten sie es ja allen recht machen – der Gesellschaft, der Wirtschaft, den Behörden, der Schule, dem Lehrplan, den Eltern und den Kindern. Aber der letztlich unmögliche Spagat zwischen Auftraggebern und Adressaten ist nicht nur aufreibend, sondern wird auch noch argwöhnisch von jenen beobachtet, die getreu dem gängigen Vorurteil davon überzeugt sind, dass sie eine ruhige Kugel schieben würden, mit den vielen Ferien und den vermeintlich kurzen Arbeitszeiten. Nicht alle haben eine genügend dicke Haut, unbehagliche Gefühle sind verbreitet.

Das die Schule dominierende Konkurrenzprinzip führt damit nicht nur bei einem Teil der Lernenden zu Ängsten und Nöten, sondern auch bei Lehrenden, die nach derselben Spielregel qualifiziert werden: "Gut" ist, wer "gute" Klassen hat. Die "Schwächeren" stehen dem entgegen, als Hemmklötze ramponieren sie den "guten" Ruf. Ihr "Nicht-Können" wird verärgert als ein absichtliches "Nicht-Wollen" missverstanden, als ein letztlich disziplinarisches Problem, dem mit Druck begegnet wird. Ein pädagogisches hat sich in ein psychologisches Problem gewandelt – wir haben es bei den Angst erzeugenden Lehrkräften nicht mit Misanthropen zu tun, sondern mit ihrerseits Bedrängten. Eine der typischen Bewältigungsstrategien blendet aus, richtet sich unbeabsichtigt gegen die Schwächsten.

Das in weiten Kreisen so beliebte Erklärungsmodell der Begabung mag das Gewissen der Verantwortlichen ebenso beruhigen, wie der Verweis auf zerfallende Familienstrukturen, die um sich greifende Rücksichtslosigkeit und Entsolidarisierung in der Gesellschaft – dies alles tut in unserem Zusammenhang nichts zur Sache. Es befreit uns nicht von der unangenehmen Feststellung, dass die Schule bei so vielen Kindern scheitert, diese Kinder an ihr und ihren schlecht reflektierten Ritualen scheitern. Dabei fängt es immer wieder hoffnungsfroh an, mit dem neuen 'Schulthek' und dem neuen 'Etui' im Bett am aufgeregten Abend vor dem ersten Schultag – aber trist enden viele Geschichten, die Resignation und die Verzweiflung kaschiert als Desinteresse und Verweigerung. Skandalös dabei ist nicht, dass die Schule keine Wunder bewirkt, sondern dass sie das ihr Mögliche in vielen Fällen nicht tut oder unter den gegebenen Rahmenbedingungen nicht tun kann, was für viele Kinder notwendig wäre. Die Orientierung an einem vagen Mittelmass und die "gerechte" Verteilung des pädagogischen Aufwands nach dem Giesskannen-Prinzip – die Brause mit zu wenigen Löchern notabene – hinterlässt "Lernleichen", deren späteres Fortkommen mehr behindert wird als der Entwicklung eines einigermassen überlebenstauglichen Selbstwertgefühls zuträglich ist.

3.4.2 »Di Guete gernhaa isch liicht – aber di andere hend's nötiger«[10]

»Du lernst doch nicht für den Lehrer, du lernst für dich, für später« hören schon die Kleinen in der Grundschule. Dieselben Eltern, die ihren Kindern vorrechnen, wieviele Male sie noch schlafen müssen bis zu einem bestimmten Anlass, meinen ihre Kinder mit dem gängigen Zitat auf eine Zukunft einstimmen zu können, die sie noch gar nicht fassen können. "Später" heisst alles und nichts: Später ist, wenn sie gross sein werden und Feuerwehrmann oder Krankenschwester, später ist in fünf Minuten; wesentlich ist

---

[10] »Die Guten gerne haben ist leicht – aber die andern haben es nötiger.« – sagt man im Schaffhausischen

allerdings das Hier und Jetzt, worum wir die Kinder – unsererseits manchmal in anderen Stimmungen – beneiden. Jeder Schüler und jede Schülerin weiss, dass Lernen auch einen Anteil "dem Lehrer, der Lehrerin zuliebe etwas gut machen wollen" mit sich führt – falls diese das Bemühen mittels Anerkennung und Zuneigung honorieren. Der Blick der Kleinen mit den grossen Augen drückt ein Beziehungsangebot **und** die Hoffnung auf Zuwendung gleichermassen aus. Und Leistungen sind vom Schicksal dieser Erwartungen mit determiniert – auch das weiss jedes Kind.

Im Rahmen institutionalisierter Lernsituationen bilden tragfähige Beziehungen zwischen Lehrenden und Lernenden den Boden, auf welchem Forderungen erst gestellt und angenommen werden können. Was im Selbstbild von Lernenden oft als fehlende Begabung eingebaut worden ist, entpuppt sich bei näherem Hinsehen nicht selten als "Beziehungsgeschichte" – ein Beispiel soll genügen: Eine Frau berichtet, als "mathematische Niete" habe sie weder Bruchrechnen noch den Dreisatz wirklich begriffen, ihre Lehrer hätten ihr das auch nie "richtig" erklären können. Dank ihrer sprachlichen Stärken sei sie aber "unbeschadet" durch die Schulzeit gekommen. Im letzten Schuljahr habe sie einen älteren Mathematik-Lehrer erhalten – ein kleiner Mann mit Béret und Veloklammern an den Hosen –, den sie gut gemocht habe. Er habe die Stunden oft mit Berichten aus seinen Ferien – immer mit dem Velo und immer durch die Po-Ebene – begonnen und das Philosophieren sei natürlich auf Kosten des Rechnens gegangen, das habe ihr gefallen. Eigenartigerweise habe sie nach diesem Jahr plötzlich das Rechnen entdeckt. Die Frau arbeitet heute als ... Buchprüferin. – Die Abhängigkeit der "Interessiertheiten" von der Beziehung zu den Trägerinnen und Trägern eines Faches ist natürlich nicht immer gleich ausgeprägt. Im Laufe der Autonomie-Entwicklung werden diese schrittweise von den Identifikationsfiguren abgelöst. Erst jetzt können langsam eigene Ziele gesteckt werden, erst jetzt wird es zunehmend möglich, Lern-Investitionen in eine fassbarer werdende Zukunft zu tätigen. Zudem werden Interessen von anderem mit determiniert – von deren Wert und Beachtung im Elternhaus, von eigenen Zugängen und Perspektiven, von Gruppenüberzeugungen der Peers. Trotzdem bleiben die Lehrenden der Schule in ihrer Wirkung mächtig, da sie Erfolgs- und Misserfolgserlebnisse rückmelden und buchhalterisch in Zeugnisse ummünzen. Dies ist so und soll anders werden, im günstigsten Fall werden Lehrende überflüssig weil Lernende ihre Ziele selbstbestimmt und zunehmend autonomer verfolgen. Gelingt dieser Autonomie-Schritt, bleibt Lernen das lustvolle Abenteuer, das es für Kinder ursprünglich ist. Misslingt das Unternehmen, verkommt es zur Anpassungsleistung, zu einem "Lernen auf Halde", einer Produktion ohne Perspektive.

Die damit eingenommene entwicklungspsychologische Perspektive rückt die Adoleszenz in den Vordergrund: Schulabgängerinnen und -abgänger stecken ja mitten in einer einigermassen besonderen Situation, die auch schulische Lernprozesse tangiert.

3.4.3 Aufbrüche ins Leben – Jugendalter

Vorsichtig ausgedrückt stellt das Jugendalter zunächst eine spezielle Phase im Leben dar – Eltern und Lehrende erfahren dies immer wieder neu, sind immer wieder neu verunsichert, besorgt, heraus- und mitunter überfordert. Verschieden sind allerdings die

Deutungen: Nostalgische Verklärungen der "schönen Jugendzeit" stehen neben ängstlich-moralisierenden Versuchen, das Geschehen mit vielen "ihr solltet und müsstet halt ..." noch zu retten. Klagen über die "Jugend von heute" sind ebenso verbreitet wie das Ausblenden der sich häufenden Probleme: die 150 Suizide pro Jahr, die Raserei auf den Strassen mit ihren absurden Unfällen, die mit Konsum notdürftig zugetünchte Lethargie, den Drogen- und Medikamentenmissbrauch, die Sinnleere und die Angst.

Die Übergänge aus einer mehr oder weniger behüteten Kindheit in die Welt selbst verantwortlicher Erwachsener waren indes auch schon leichter. Kulturen mit festgefügten Wert- und Normensystemen konnten und können Hilfestellungen in Form von Übergangsritualen bieten: Das Ziel der Reise ist gegeben und die auf Dauer angelegten sozialen Strukturen beantworten die sich individuell stellende Frage nach der künftigen eigenen Identität jenseits der Herkunftsfamilie sozusagen von aussen. Wer sich in die vorgegebene Rolle schickt, hat immerhin in einer Hinsicht ausgesorgt: Die Aufgabe als Mann oder Frau, die Berufsrolle und die soziale Position sind definiert und "selbstverständlich" – Veränderung und Wandel sollen nicht sein, Wiederholungen sind angesagt. Dies mag mitunter eng sein und die eigene Autonomie beschneiden – gibt aber fortan auch ein Stück Sicherheit und Geborgenheit.

Potentiell schwieriger gestaltet sich die Sache im Rahmen unserer industrialisierten Kulturen: Die Verbindlichkeit traditioneller Bindungen an Wertsysteme und soziale Rollen ist gesunken – was den Boden ebnet für neue gesellschaftliche Entwicklungen. Im günstigen Fall spannt der soziale, kulturelle und technologische Wandel neue Möglichkeitsräume auch für individuelle Perspektiven, die sich von jenen der Elterngeneration unterscheiden. Die Fahrt führt aber in Himmelsrichtungen, die weder für klar gesteckte Ziele noch für Sicherheiten stehen: Wir wissen lediglich, dass die Kompetenzen und Erfahrungen der älteren Generationen den Anforderungen immer weniger genügen können, die eine hochtechnisierte Arbeitswelt den Nachkommen zunehmend brutaler stellt. Mögliche Konsequenzen daraus sind nicht nur Hilflosigkeit, Verunsicherung und Entfremdung (mit einer simplen Analogie: viele Eltern stehen der computerisierten Welt so ratlos gegenüber, wie viele Grosseltern der Mengenlehre). Der Übergang vom Kind zum Erwachsenen führt damit auch nicht mehr in einen bekannten und damit halbwegs sicheren Hafen. Wenn wir bei der Reisemetapher der Adoleszenz bleiben, könnten wir sagen, dass der einigermassen geregelte Linienverkehr traditioneller Kulturen heute zunehmend abgelöst wird durch Expeditionen in schlecht kartographierte Gefilde. Dies macht die Sache zwar spannend, aber auch potentiell riskanter und erschwert Hilfestellungen von aussen. Bedingt durch längere Ausbildungszeiten dauern die Überfahrten zudem immer länger: Nehmen wir die Pubertät als Beginn der Adoleszenz und das Erreichen ökonomischer Unabhängigkeit als deren Ende, dehnt sich der Zeitraum, während dem Jugendliche "weder Fisch noch Vogel" sind – nicht mehr Kinder, noch nicht Erwachsene mit deren Rechten und Pflichten. Nicht ganz zu Unrecht wurde schon angemerkt, dass das Jugendalter eine Erfindung der Neuzeit sei.

Jeder individual-psychologische Beschreibungs-Versuch der Adoleszenz muss deshalb vor dem Hintergrund gesellschaftlichen Rahmenbedingungen erfolgen, will er nicht hoffnungslos zu kurz greifen. Einer der Zugänge der Entwicklungspsychologie versucht von den Funktionen her zu denken, die für jedes Lebensalter typische Entwicklungsschritte bestimmen und spricht von Entwicklungsaufgaben: Säuglinge, Kleinkinder, Schulkinder, Jugendliche, junge Erwachsene, die Generation von Eltern und schliesslich alte Menschen haben je besondere Dinge zu lernen und sich je bestimmten Herausforderungen zu stellen. Dabei betont wird die "Eigenleistung" des Individuums, das weder ausschliesslich Spielball prägender Umwelt-Einflüsse ist, noch ausschliesslich schicksalshaft unter der Herrschaft der Gene steht. Gelingt die aktive Bewältigung der phasentypischen Aufgaben, resultieren Selbstvertrauen und Zuversicht, sein eigenes Leben meistern zu können. Wird dies durch Vorgeschichte, soziale Begleitumstände, gesellschaftliche Rahmenbedingungen und fehlende Unterstützung behindert, mündet die Sache in Lebenskrisen – verbunden mit Perspektivenlosigkeit, Resignation und Gleichgültigkeit.

Der Übergang vom fremdbestimmten Kind zum zumindest selbstbestimmteren Erwachsenen wird durch eine ganze Reihe von Aufgabestellungen fassbar, die sich durch die soziale Rollenanforderungen an erwachsene Mitglieder der Gesellschaft ergeben:

- Als vordergründig wichtigste Entwicklungsaufgabe dieser Altersphase sehen die Erwachsenen die **Übernahme einer Berufsro**lle. Der Übergang vom vertrauten System der Schule in das noch fremde der Arbeitswelt bringt eine die bisherigen Leistungen nüchtern bilanzierende Standortbestimmung: Die Selektionsinstrumente der Wirtschaft trennen die Spreu vom Weizen, sodass wir bei den einen Jugendlichen den gängigen Begriff der Berufswahl zwar in seiner eigentlichen Bedeutung verwenden können. Bei den schulisch weniger erfolgreichen Kandidaten gerät die Sache aber oft genug zu einer Zuweisung in Berufsfelder, die sich kaum durch attraktive Perspektiven auszeichnen – sofern der Schritt nicht in die Leere einer künftigen Arbeitslosigkeit führt. Die berechtigte Sorge der Eltern mündet dabei verbreitet in einen Druck, das unter den gegebenen Verhältnissen halt Mögliche im Nachhinein als eigenen Entscheid zu sanktionieren. Obwohl dies eine spätere Identifikation mit der Berufsrolle nicht verunmöglicht, erschweren solche Einstiege die Entwicklung einer Haltung, die tägliche Arbeit nicht lediglich als distanzierten Job, sondern als etwas zum eigenen Leben Gehöriges empfindet. In einer Gesellschaft, die eigene Identität weitgehend an der Berufsrolle festmacht, kann dies zu einer schwierigen Sache geraten.

- Diesen Übergang komplizierend beherrscht eine zweite Frage das Geschehen – die **Lockerung der Abhängigkeit vom Elternhaus**. Die Emanzipation von der Familie stellt eine entwicklungspsychologische Notwendigkeit dar, ohne die ein eigenständiges Leben in der Gesellschaft und das Eingehen und Aufrechterhalten von Beziehungen erschwert wird. Familie und Gesellschaft sind in dieser Phase oft Gegenspieler, die ehemals Sicherheit vermittelnden und deshalb mächtigen Vorbilder des Kindes werden durch den Jugendlichen in Frage gestellt – genau so wie die bislang gültigen Übereinkünfte, Regeln und Normen. Was wir mit dem Begriff des Generationenkonflikts bezeichnen, kann deshalb als notwendiges Ablösungsritual verstanden werden, in dem neben den vielfältigen Formen der Absetzung und des Protestes immer auch ein innovatives und kreatives Potential steckt. Wie dramatisch, unauffällig oder offen diese Schritte versucht werden, ob dieser Aufbruch früher geschieht oder später – Besorgtheiten der Eltern werden von vielen als entmündigend erlebt, das Aussen lockt mit dem Versprechen von Freiheit. Diese gibt es allerdings weder geschenkt, noch im erhofften Ausmass. Sie muss eingeübt werden, wie die neuen Möglichkeiten und Rollen. Der soziale Ort, wo dies geschieht, die erste Aussenstation jenseits der Familie ist der Kreis der Kolleginnen und Kollegen. Akzeptanz und Integration müssen allerdings erst verdient werden, meist mit einer Anpassungsleistung an spezifische Gruppennormen. Das aus Erwachsenensicht oft absurde Gewicht, das Kleindetails hinsichtlich Kleidung, Frisur und Schmückungen zukommt, die bemühte Sorgfalt im Gebrauch eines schwer verständlichen Slangs, die unkritische Übernahme von Ideen, Werthaltungen und Präferenzen hinsichtlich gewisser Genussmittel und Drogen – dies alles entspringt dem sozialen Bedürfnis, "dazu zu gehören" – die Werbung greift dies dankbar auf ...

- Die neuen Rollen tangieren die Frage nach der **eigenen Identität**, als zentrale Entwicklungsaufgabe der Adoleszenz überhaupt. Betrifft dies zunächst die schwierigen Antworten auf die Fragen "wer bin ich?", "woher komme ich?" und wohin will ich?", geht es darum, sich selber zu akzeptieren, sich selber zu mögen – auch mit den je eigenen Schwächen und Unzulänglichkeiten. Das Gefühl, eine unverwechselbare Person zu sein entsteht indessen nicht im luftleeren Raum, sondern primär in den sozialen Bezügen des Kollegenkreises: Nach der Übernahme von uniformen Gruppennormen gilt es, den Beweis anzutreten, "jemand zu sein", besonders gut, besonders cool, besonders gut aussehend und trendig, besonders mutig, stark, frech oder schlagfertig. Der Reichtum an Disziplinen ist dabei immens. Da gibt es zunächst die sozial erwünschten – etwa gute Leistungen im Sport. Da gibt es die harmlosen – aufgeschnappt: Ein Lehrling neben seinem (sehr kleinen) Auto mit (sehr grossem) Kleber der Marke seiner (sehr potenten) Musikanlage zu einer jungen Frau: »Wen'iich daa ganz uuf-trüllä, gheied grad d'Redli ab!«.[11] Dann gibt es die zwar nicht ungefährlichen, wenngleich sozial erstaunlich breit akzeptierten – wie etwa Exzesse alkoholischer Natur oder das Fahren von Verkehrsmitteln am Limit. Und schliesslich lesen wir unter Unglücksfällen und Verbrechen immer wieder von gescheiterten Versuchen, wirklich ganz gross herauszukommen – "Zug-Surfen" soll als absurdes Beispiel genügen. Was dabei seit den Zeiten von James Dean konstant bleibt: Das Bedürfnis, "jemand zu sein", scheint derart stark, dass viele Jugendliche sich eine Disziplin suchen, bis sie irgendwo Erfolg haben – klappts bei den sozial erwünschten nicht, dann landen sie halt bei den anstossenden und gefährdenden.

- Überlagert werden diese Versuche, auf die eigenen Füsse zu kommen durch das an die Pubertät anschliessende biologische Geschehen **der körperlichen Entwicklung**. Beim Schritt vom sächlichen Kind zu einem "Er" oder zu einer "Sie" gilt es

---

[11] »Wenn ich da [meine Musikanlage] ganz aufdrehe, fallen gleich die Räder ab.«

176

nicht nur, den sich verändernden Körper psychisch neu zu "bewohnen" – bei den meisten Menschen sind auch die nicht immer vorteilhaften Vergleiche mit den allgegenwärtigen Models und unbesiegbaren Helden auszuhalten. Weil dahinter die für uns Menschen existentielle Fragen hocken – "will mich jemand?", "genüge ich?", "gefalle ich?" –, ist der Blick in den Spiegel mitunter bang und Akne eine schiere Katastrophe. Und: Ob die Geschlechtsrolle, die unsere Gesellschaft für angehende Männer und Frauen bereit hält, auch eine annehmbare Perspektive darstellt, ist nicht auf Anhieb immer klar – man denke an die steigenden Zahlen anorektischer Erkrankungen. Sozusagen logische Folge der neuen Rollenmöglichkeiten sind Erkundungen im Reich der **Sexualität** mit der exklusive Nähe erster Liebesbeziehungen – autonome Bereiche, von denen die Eltern ausgeschlossen werden. Viele Jugendliche machen dabei die Erfahrung, dass sie sich Freiheiten zwar herausnehmen können, diese aber nicht automatisch auf Inseln der Glückseligkeit führen – neben Höhenflügen sind unangenehm oft auch enttäuschte Hoffnungen, Misserfolge und Trennungen zu bewältigen. Und seit dem Auftreten der Aids-Krankheit sollten sie dabei immer noch vernünftig sein. Diese Aufgabe ist nicht nur schwierig, sie muss meist auch alleine irgendwie gemeistert werden, da Eltern dabei nur bedingt Unterstützungen leisten können.

Wie dramatisch oder unauffällig sich all diese Suchbewegungen gestalten – sie sind Voraussetzung dafür, die neue Rolle einer erwachsenen Person mit allen Rechten und Pflichten wahrzunehmen: Dies beinhaltet zwar Freiheiten – für viele männliche Jugendliche scheint der Erwerb des Ausweises zum Führen von Motorwagen einen vorläufigen Höhepunkt im Leben darzustellen –, aber auch Eigenverantwortung und Beschränkung – die Boliden aus den im Zimmer aufgehängten Kalendern können sie sich aber schlicht nicht leisten ... Für das Leben als mündiges Mitglied der Gesellschaft möglicherweise relevanter wäre die Entwicklung einer genuin eigenen Sicht der Welt, eigener Meinungen, Werthaltungen und Zielsetzungen. Allerdings mündet die Sache oft genug in mehr oder minder kritiklosen Übernahmen von konfektionierter Mainstream-Ware – intellektuell wirklich auf die eigenen Füsse gelangen längst nicht alle. Und wenn wir den Faden der "Schulgeschädigten" wieder aufnehmen: Die Lösungen der Aufgabenstellungen der Adoleszenz werden durch vorgängige Misserfolgserfahrungen und daraus resultierenden "angeschlagenen" Selbstwertgefühlen nicht erleichtert – weder im sozialen, im familiären, noch im intimen Bereich. Wenn wir ein letztes Mal die Metapher einer Überfahrt bemühen: Viele der am meisten Benachteiligten paddeln mit bereits leckgeschlagenen Beibooten den davon segelnden Fregatten nach – mit deutlich verminderten Chancen. Kann es erstaunen, dass sich die Ohnmacht in einer erhöhten Gewaltbereitschaft Luft macht? – Nein, der Kampf um Eigenständigkeit gerät nicht allen zum Sieg ...

3.4.4   Lernen in der Arbeitswelt

Viele Jugendliche beginnen ihre berufliche Ausbildung mit hochfliegenden Erwartungen. Für die einen ist der Beruf ein Vehikel des Aufbruchs in die Erwachsenenwelt – mit allen Versprechungen, die damit verbunden sind. Andere erhoffen sich davon eine Wende zum Guten, die sie von der Schule befreit. Und alle möchten auf die eigenen Füsse kommen, dazugehören und gebraucht werden, Anerkennung erfahren und eigene

Ziele erreichen. Allerdings wirkt der Realitätsbezug mitunter ernüchternd: Den herbeigesehnten (kleineren) Freiheiten und dem dringend benötigten (ebenfalls kleineren) Lohn stehen (grössere) Einschränkungen und Pflichten gegenüber – der Wind der Arbeitswelt bläst einigen barsch ins Gesicht. Sie haben plötzlich wesentlich weniger Freizeit, sie werden mit verbindlichen quantitativen und qualitativen Forderungen und Normen konfrontiert. Und: Statt durch die ersehnte Freiheit und Ungebundenheit zeichnet sich die Situation unter anderem dadurch aus, dass der Jugendliche von Vorgesetzten umzingelt ist, die sich in der Regel primär als Berufsleute und allenfalls sekundär als pädagogisch Tätige verstehen – eine Folge der Ausgestaltung des Berufsbildungssystems.

Die Berufslehren in der Schweiz sind in ca. 300 Berufen möglich, deren Ausbildungen durch das BBT (Bundesamt für Berufsbildung und Technologie) reglementiert sind. Sie dauern 2-4 Jahre und werden in der Regel nach dem Prinzip der Meisterlehre organisiert: 1-2 Tage Berufsschule, 3-4 Tage praktische Ausbildung in einem Betrieb. Wenige Wochen pro Jahr besuchen Lehrlinge (vor allem aus handwerklichen Berufen) überbetriebliche Einführungskurse, die Berufsverbände anbieten. Bei guten Schulnoten besteht die Möglichkeit, zusätzlich Schulunterricht zu besuchen und eine Berufsmatura zu machen, die den Zugang in Fachhochschulen ermöglicht. Die meisten Lehrlinge schliessen ihre Ausbildung mit einer Lehrabschlussprüfung ab, die zu einem eidgenössischen Fähigkeitsausweis führt. Für schulisch "Schwächere" besteht in einem Teil der Berufe die Möglichkeit, eine Anlehre zu machen, das heisst, dass sie ein individuell gestaltetes und schwergewichtig berufspraktisches Ausbildungsprogramm absolvieren.

Die individuellen Lehrverhältnisse werden durch einen Lehrvertrag zwischen Betrieb und den gesetzlichen Vertretern der Jugendlichen geregelt, der durch das zuständige Berufsbildungsamt genehmigt werden muss. Lediglich ca. ein knappes Viertel der Betriebe in der Schweiz bildet Lehrlinge aus. Es gibt kein Recht auf eine Lehrstelle – wer keine findet, bleibt ohne berufliche Ausbildung. Gut 10% der Ausbildungsverhältnisse werden aufgelöst – meist aufgrund von ungenügenden Leistungen in Berufsschule oder / und Betrieb. Wer die Hürde der Lehrabschlussprüfung meistern konnte, hat auf dem Arbeitsmarkt in der Regel reelle Chancen auf eine Arbeitsstelle. Die Erfahrung zeigt zudem, dass auch viele derjenigen, die nur mit knappsten Resultaten abschliessen konnten, sich später zu tüchtigen Berufsleuten entwickeln.

Der Ausbildungsalltag im Betrieb sieht je nach Beruf anders aus. Große Betriebe investieren zum Teil sehr viel in Ausbildung, Ausbildende und Lehrlinge. Wer die Selektionshürden schafft, kommt in den Genuss einer oft professionell vermittelten Berufsausbildung mit guten Aussichten auf spätere Beschäftigung. In kleinen Betrieben – wo sich die meisten Lehrlinge finden – ist die Ausbildungsqualität an die Person des Meisters oder der Meisterin gebunden und streut deshalb erheblich: Teilweise wird sehr gut und sehr verständnisvoll ausgebildet – es gibt sie, die Lehrmeisterinnen und Lehrmeister, die eine Lebensrettermedaille verdienen würden. Es gibt aber auch andere, die praktisch gar nicht ausbilden – mitunter werden Lehrlinge schlicht als billige Arbeitskräfte ausgenutzt. Oft genug schlagen die wirtschaftlichen Verhältnisse auf die Ausbildung durch:

Schlechte Auftrags- und Ertragslage, zu wenig Personal und entsprechende Befindlichkeiten der Betriebsinhaber können dazu führen, dass letztlich niemand für den Lehrling Zeit hat – was die einen Jugendlichen autodidaktisch kompensieren können, andere hingegen scheitern lässt. Die vielgerühmte Produktionsnähe der Meisterlehre in der Schweiz kann sich deshalb unter bestimmten Bedingungen auch als Nachteil herausstellen – wer im absurden Konkurrenz- und Verdrängungskampf das Wasser am Hals hat, hat subjektiv auch andere Sorgen als eine Drei seines Lehrlings in einer Fachprüfung.

Wenn wir unseren roten Faden wieder aufnehmen, landen wir natürlich bei der Frage, welche Schulabgänger in welche Verhältnissen geraten. Der Mechanismus von Angebot und Nachfrage bei der Verteilung von Lehrstellen führt nicht nur dazu, dass die "Guten" eine eigentliche Berufswahl treffen können, während die "Schwächeren" Zuweisungsprozessen unterworfen werden, die sich wenig um ihre eigentlichen Präferenzen kümmern. Die Selektionsprozesse werden auch laufend angepasst: Wo die Nachfrage gross ist, wo Berufe attraktive Ausbildungen und Zukunftsperspektiven bieten, werden auch die schulischen Hürden heraufgesetzt – und etwa plötzlich ausschliesslich Sekundarschülerinnen und Sekundarschüler berücksichtigt. Berufe mit wenig attraktiven Arbeitsbedingungen sehen sich gezwungen, auch Realschülerinnen und Realschüler mit mässig erfolgreichen Bildungskarrieren zuzulassen. Wir ahnen natürlich, wie der Hase läuft – die Schere tut sich weiter auf und das während der Schulzeit Erfahrene findet bei vielen Jugendlichen eine mehr oder minder nahtlose Fortsetzung: Die Sieger in den schulischen Disziplinen werden dies wahrscheinlich auch in den beruflichen bleiben, viele der Verlierer werden sich nach anfänglichen Hoffnungen – endlich der Schule und deren Ritualen entronnen zu sein – ernüchtert dort wieder finden, wo sie weg wollten.

Grundsätzlich könnte die Berufsausbildung den Jugendlichen vieles bieten: der Betrieb eine Partizipation an der Erwachsenenwelt, die Ausbildenden, Arbeitskolleginnen und -kollegen soziale Bezüge und Anerkennung, die Arbeitsaufgabe ein Betätigungsfeld für Selbstbestätigung, Kreativität und Selbstverwirklichung, der Beruf eine Zukunftsperspektive – oder eben nicht. Zusätzlich bedeutsam ist dabei, dass die Berufslehre mitten in die Adoleszenz fällt: Die Gegebenheiten der Arbeits- und Ausbildungssituation wirken auch auf die Lösungen der entwicklungspsychologisch angesagten Aufgabenstellungen ein – direkt auf die Entwicklung einer sich festigenden Identität, auf das selbstbewusste Übernehmen der Rolle eines Erwachsenen in der Gesellschaft und die Klärung von Lebensperspektiven. Die ersten Arbeitserfahrungen prägen insbesondere das spätere Verhältnis zu Arbeit und Beruf mit: Wer eine abwechslungsreiche, ganzheitliche und herausfordernde Tätigkeit hat, wer Eigeninitiative entwickeln kann und im Beruf Kontakte zu andern Menschen hat, wer mit kompetenten, freundlichen und verständnisvollen Arbeitskollegen, Vorgesetzten und Lehrenden zu tun hat, entwickelt in der Regel auch eine positive Haltung zu Arbeit und Beruf. Ebenfalls nachzulesen in einschlägigen Untersuchungen ist aber, dass sich die unter Jugendlichen weit verbreitete positive Einstellung zur Arbeit im Verlauf der Lehre abschwächt. Die grössten Unterschiede zwischen Idealvorstellungen und Ausbildungsrealität klaffen in Bereichen, die den Jugendlichen besonders wichtig sind – dem Wunsch nach einer interessanten und kreativen

Tätigkeit und den Hoffnungen nach guten sozialen Beziehungen am Arbeitsplatz. Mögliche Folgen für die Persönlichkeitsentwicklung kennen wir aus der Arbeitspsychologie: Erfahrungen "restringierter" oder auf reine Ausführungen beschränkte Arbeit hemmen die Entwicklung nicht nur verschiedenster Kompetenzen, sie tragen auch zu einem verminderten Selbstwertgefühl bei – von den negativen Auswirkungen auf Leistungsbereitschaft und Motivation ganz zu schweigen.

Entsprechend sind Ausbildende verschiedener Berufe mit je typischen Problemen mit ihren Lehrlingen konfrontiert: Im begehrten Beruf des Informatikers äussern Lehrmeister verbreitet das "Problem", dass sie ihre Lehrlinge am Abend kaum aus dem Betrieb bringen. In einigen handwerklichen Berufen beklagen die Verantwortlichen – in Berufsschule und Betrieb – Beziehungslosigkeit, Distanzierungen, Minimalismus und eine Haltung gegenüber der eigenen Arbeit, die nurmehr auf materielle Belohnung baut. Dazu kommt: Oft genug sind Lehrmeisterinnen und Lehrmeister ihrerseits "Schulgeschädigte", die durch die Schwierigkeiten ihrer Lehrlinge nicht an Eigenes erinnert werden möchten und – so eine naheliegende psychologische Deutung – dieselbe Rezeptur und dieselben Machtmittel anwenden, unter der sie selber gelitten haben: Druck, Drohungen und die wenig hilfreiche Aufforderung: »Du musst halt wollen«.

3.4.5 Konsequenzen für lerntherapeutisches Arbeiten mit Jugendlichen

Die Konzeption der Lerntherapie versucht schulisches Lernen umfassend zu verstehen und präsentiert einen Ansatz, der primär auf Kinder und deren Lebenswelten bezogen wird. Lerntherapeutisches Arbeiten mit Lehrlingen sprengt diesen Rahmen – nicht nur wegen der entwicklungspsychologisch besonderen Situation der Adoleszenz mit den sich komplizierenden Beziehungen zu Eltern und Ausbildnern, sondern auch durch die sehr heterogenen Ausbildungsbedingungen in den Betrieben der Wirtschaft. Lerntherapie mit Jugendlichen betreiben heisst deshalb, Neuland zu erschliessen – mit all dem Mut und der Kreativität, die solche Unternehmen voraussetzen. Die in diesem Kapitel skizzierte Sichtweise vermag dabei zwar keine Handlungsanweisungen zu liefern, hofft aber einige Themenkreise zu umreissen, die zu beachten hilfreich sein könnte:

- Lernschwierigkeiten müssen in vielen Fällen **auch** als negative Wirkungen des Systems "Schule" verstanden werden. So vertraut uns ein Denken im Zusammenhang mit individuellen Begabungsunterschieden ist – diese sind oft massiv überlagert: Der Teufelskreis von Misserfolgen und dem Anwachsen von Ohnmachtsgefühlen lässt oft eine Haltung entstehen, die der ganzen 'Lernerei' den Sinn abspricht und sich den Anforderungen schlicht verweigert – vergessen wir nicht, dass dies für die Betroffenen die subjektiv beste Lösung darstellt, die der Aufrechterhaltung der Identität dienen soll. Dieser Zugang hilft auch, bei den Betroffenen latente oder offen geäusserte Selbstbezichtigungen abzubauen und überwindet eine "pädagogisch" gut gemeinte Haltung, die dem Jugendlichen nicht eben bekömmlich sein dürfte: »Du bist ein ganz Armer, ich will dir bei deinen Schwächen helfen, du brauchst mich ja und ich meine es doch so gut mit dir.« Ein partnerschaftlicher Zugang ist der entwicklungspsychologischen Situation angemessener: »Ich weiss, dass du keine guten Lernbedingungen gehabt hast. Ich will dich dabei unterstützen, deine Lükken aufzuarbeiten, damit du dich unter den halt gegebenen Rahmenbedingungen besser behaupten lernen kannst« – oft haben Schulabgänger nämlich zu Recht die Nase voll ... Die für die lerntherapeutische Arbeit mit Jugendlichen banalste Konsequenz daraus besteht schlicht darin, dass wir die eigentliche Idee der Lerntherapie sehr ernst nehmen müssen. Es darf nicht lediglich darum gehen, mit Hilfe von noch so ausgeklügelten Testverfahren Lernstörungen zu analysieren und diese mittels noch so gescheiter Strategien zu therapieren. Jede "technokratische" Anwendung des Instrumentariums der Lerntherapie wird scheitern, sofern es nicht gelingt, die biographisch entstandene Misserfolgs-Orientierungen verstehen und aufzuarbeiten. Die Arbeit an den daraus entstandenen Haltungen, die Überwindung der subjektiv erlebten Ohnmacht und eine grundsätzliche Ermutigung dürften so wichtig sein, wie jede Sanierung der Lernstrategien.

- Das methodische Werkzeug der Lerntherapie ist weitgehend auf die Welt von Kindern zugeschnitten. Was einen spielerischen Zugang bei diesen ermöglichen hilft, kann bei Adoleszenten zu einer – unbeabsichtigten – Aufforderung zu einer Regression geraten, die – aus der entwicklungspsychologischen Perspektive verständliche – Widerstände auslösen kann. Lerntherapeutisches Arbeiten müsste sich weniger am Modell "Kind" orientieren als an jungen Erwachsenen. Dies fordert zum einen den kreativen Umgang mit Lernmaterialien, die möglicherweise adaptiert oder gar selber entwickelt werden müssen. Zum andern sind auf der Beziehungsebene besondere Rücksichten auf die Autonomieproblematik der Adoleszenz zu nehmen: Jugendliche müssen das Gefühl haben, dass sie den Turnaround alleine schaffen – zwar unterstützt, aber ohne ein Sich-zurück-Begeben in kindliche Abhängigkeiten. Dies bedingt mitunter heikle Gratwanderungen zwischen verständnisvoller Begleitung und der klaren Forderung nach seriöser Arbeit und einer Einhaltung von Vereinbarungen. Das Ausbalancieren von Nähe und Distanz ist in jeder Therapie wichtig – bei Jugendlichen besonders, weil zuviel Nähe Abwehr-Bewegungen provozieren kann, die jede gemeinsame Arbeit erschweren.

- Die entwicklungspsychologische Situation der Adoleszenten kann auf der Beziehungsebene zu weiteren Komplikationen führen: Oft sind Lerntherapeutinnen oder Lerntherapeuten die vorläufig letzten einer längeren Reihe von Personen, die den Klienten abklären, ihm "helfen", ihn therapieren, betreuen und ermahnen wollten – und oft genug wurden die Betroffenen nicht gefragt, ob sie dazu überhaupt Lust hatten. Früheres kann Erwartungen an die Lerntherapeutin oder den Lerntherapeuten wecken, Übertragungen sind wahrscheinlich. Wie "gut" wir es immer meinen – wir sind auch Repräsentantinnen und Repräsentanten der Erwachsenenwelt, die fordert, ein- und ausgrenzt und die sie leistungsfähiger, disziplinierter, motivierter, interessierter haben will – eben anders als sie selber sind. Wir können nicht selbstverständlich davon ausgehen, dass sich Jugendliche auch auf uns einlassen, weil wir letztlich Erwachsene sind wie Eltern, Ausbildende in den Betrieben oder Lehrende der Berufsschulen. Zudem kann alles, was in diesem Netz geschieht, anderes tangieren – eine erfolgreiche Lerntherapie mit Adoleszenten kann beispielsweise sowohl Ablösungsbemühungen intensivieren und Konflikte mit den Eltern verschärfen als auch Beziehungen zu betrieblich Ausbildenden verändern.

- Schliesslich dürfen wir nie vergessen, dass Jugendliche nicht nur Lernende sind. Das Leben bietet ihnen parallel zu ihrer Ausbildung einiges an Aufregungen mit allen emotionalen Zuständen zwischen »himmelhoch jauchzend" bis "zu Tode betrübt" – als Beispiel soll ein 19jähriger junger Mann genügen, der heimlich wieder den Teddy-Bären mit ins Bett nimmt, nachdem ihm die Schwierigkeiten mit Freundin, deren Vater und dem Lehrmeister zuviel geworden sind. Wie hoch entsprechende Dunkelziffern sein mögen, wissen wir nicht. Wir wissen aber, dass ausserberufliche "Störgrössen" in diesem Alter subjektiv bedeutsam sind und von Stimmungswechseln der abruptesten Art begleitet sein können. Jugendliche bringen solches mit in die lerntherapeutischen Sitzungen und unsere Rolle erweist sich für sie dann als glaubwürdig, wenn wir diesen Dingen soviel Aufmerksamkeit widmen, wie der Drei in der letzten Prüfung – aus einer Haltung heraus, dass sie wichtig und drängend sind und dass die Klienten zwar erzählen können, aber nie müssen.

Wiederholen wir es zum Schluss: Die mit bewusst spitzem Stift skizzierte Geschichte des "schlechten" Schülers soll daran erinnern, dass dieser - ohne individuelle Leistungsunterschiede verleugnen zu wollen - nicht zuletzt **auch** ein Produkt unserer Leistungsgesellschaft ist. So absurd es beim ersten Hinhören tönt: unser Bildungssystem produziert laufend neue "schwache" Schülerinnen und Schüler, weil es solche - uneingestandenerweise - braucht. Die Berufsausbildung verschärft die Rahmenbedingungen von vielen Jugendlichen ausgerechnet in einer Altersphase, die durch einen hoffnungsvollen Aufbruch ins Erwachsenenleben und in die Unabhängigkeit geprägt werden sollte – von den Erwachsenen hören sie, dass es jetzt ernst gelte; wer seine Wettbewerbsfähigkeit im wirtschaftlichen Konkurrenzkampf nicht verlieren wolle, müsse hart arbeiten. Und schon wieder droht der Wettbewerb, der im Sinne des Gewinner/Verlierer-Prinzips einen rüden Sozialdarwinismus verinnerlicht hat, der das Recht des Stärkeren, den Schwächeren in der Überzeugung eigener Tüchtigkeit zu fressen, als naturgegeben plädiert – wie wenn wir Menschen nicht während Jahrtausenden eine Kultur aufgebaut hätten, die das notwendige Miteinander allen Rückschlägen zum Trotz immer wieder versucht. Die "schwächeren" oder "auffälligen" Schüler und Lehrlinge wären dringend darauf angewiesen.

4 Lernen, Selbst-Organisation und Lernstrategien

4.1 Mathematik - ein Beispiel für umfassendes Lernen
Die Rolle der Lerntherapie für das Mathematiklernen

Margret Schmassmann

„Nichts ist dem Menschen eigener und nichts macht ihn glücklicher, als seiner Neugier freien Lauf zu lassen, so lernt er."
(Martha Koukkou[12])

So - und nur so – lernen wir auch Mathematik. Was hindert so viele daran?
Es gehört in vielen Kreisen zum guten Ton, Mathematik nicht zu mögen, in Mathematik nicht besonders gut (gewesen) zu sein und sie nicht zu brauchen. Kinder und Jugendliche mit Lernschwierigkeiten oder Motivationsdefiziten in Mathematik geraten dadurch in einen Konflikt: Wem sollen sie glauben? Der Schule, in der die Mathematik zu den wichtigsten Fächern gehört? Oder den Erwachsenen „im Leben draussen", die nicht selten der Mathematik gegenüber negativ eingestellt sind?

Warum sollen sich die Schülerinnen und Schüler für ein Fach engagieren oder gar begeistern, das man nicht braucht, das keinen Spass macht und das ohnehin nur für die Schule, nicht aber fürs Leben wichtig zu sein scheint? Und das wie kaum ein anderes Fach Angst auslöst, zu Alpträumen und lebenslangen Blockierungen führen kann: *„Wenn ich im Laden das Geld heraus zählen muss, habe ich das Gefühl, über einen Zebrastreifen zu gehen und nicht hinüber zu kommen"*, sagte eine fast 30-jährige Frau über ihre Beziehung zu Zahlen.

Die Mathematik spielt – weil ihre Leistungen scheinbar so klar und deutlich messbar sind - eine Hauptrolle für die Selektion. Kinder und Jugendliche haben keine Wahl, sie müssen sich mit Mathematik befassen, um das „Eintrittsbillett" für die Wunschlaufbahn in Schule und Beruf zu ergattern. *„Ich will besser werden in Mathematik, damit ich in die Sekundarschule komme"* oder *„damit ich die Matura bestehe"* oder *„damit ich auf die Universität gehen kann"* sind häufige Argumente von Schülerinnen und Schülern. Echte Zuneigung zum Fach kann dabei in den seltensten Fällen entstehen.

Im Gerangel um Noten und Spitzenplätze in Studium und Beruf geht unter, dass Mathematiklernen auch Persönlichkeitsentwicklung ist, da es genau die Fähigkeiten fördert und fordert, die wir in einer immer komplexer werdenden Welt brauchen:
Kritisches Denken, langsames Denken, perspektivische Intelligenz und Selbstmanagement[13].

---

[12] Psychoanalytikerin, in: *Werffeli, Gabriele (2000)*

Im Kapitel 4.1.1 werden Auftrag und Verantwortung der Lerntherapie im Spannungsfeld zwischen den Betroffenen, dem Fach Mathematik und der Schule umrissen. Kapitel 4.1.2 handelt vom Mathematik lernen sowie von Ursachen und Schwerpunkten der mathematischen Lernschwierigkeiten. Kapitel 4.1.3 beschreibt exemplarisch Szenen aus der lerntherapeutischen Arbeit im Bereich Mathematik.

4.1.1 Auftrag und Verantwortung der Lerntherapie im Bereich Mathematik

4.1.1.1 Lerntherapie und die Lernenden – der pädagogische Auftrag

„Ich möchte im Einmaleins besser werden. "
(Simon[14], 10 Jahre, 4. Klasse)

Ein Auftrag der Lerntherapie ist es, die Erwartungen der Schülerinnen und Schüler ernst zu nehmen, in die Therapieplanung einzubauen und mit folgenden Zielen zu verbinden:
- Freude und Lust am Lernen, speziell am Mathematiklernen (wieder) wecken
- Verantwortung für das Lernen an die Lernenden übergeben
- positive Veränderungen in der Schule bewirken.

Die Wünsche und Erwartungen der Lernenden sind häufig nicht primär von der Neugier auf die Mathematik geprägt, sondern auf das tägliche „Überleben" in der Schule ausgerichtet:
- nicht mehr ausgelacht oder blossgestellt werden
- nicht mehr mit Angst in die Schule gehen müssen
- bessere Noten bekommen

Das letztgenannte ist das häufigste Motiv. Als ich Simon fragte, warum er denn „im Einmaleins besser werden" möchte, sagte er nicht etwa: „Weil ich Freude am Einmaleins habe" oder „Weil dieses Spiel spannender wäre, wenn ich das Einmaleins besser könnte" oder „Weil ich dann beim Planen und Vorbereiten meines Geburtstagsfestes besser zurechtkommen würde", sondern ganz pragmatisch: *„Damit ich eine bessere Note bekomme".*

4.1.1.2 Lerntherapie und die Mathematik - der fachliche Auftrag

„Das menschliche Gehirn ist nicht für die Arithmetik geschaffen"
(Franz Mechsner)

Simon und seine Mutter wollen, dass Simon „besser" wird. Sie stellen den Sinn des täglichen Einmaleins - Tests nicht in Frage.

---

[13] *Heiko Ernst* (1999)
[14] Alle Namen geändert. Alle Aussagen von Lernenden stammen aus meiner therapeutischen Arbeit mit Kindern, Jugendlichen und Erwachsenen.

Als Mathematikerin und Mathematikpädagogin gerate ich in ein Dilemma: Wie kann ich Simons Anliegen – und das seiner Mutter - ernst nehmen und darauf eingehen, ohne dabei die Mathematik zu „verraten" und sie zum rein mechanischen Erledigen von Aufgaben zu deklassieren?

Das schnelle Aufsagen von Einmaleinsreihen ist keine spezifisch mathematische Fähigkeit, sondern eine Fertigkeit, die von Maschinen viel besser und schneller erledigt werden kann. Nach neuesten Forschungen ist das menschliche Hirn dafür auch gar nicht geschaffen:
„Trotz des angeborenen Mengensinnes ist unser Gehirn zur Arithmetik nicht besonders geeignet. Das menschliche Denkorgan ist - anders als der viel schnellere Taschenrechner - ursprünglich nicht zum Rechnen entstanden". [15]
Und weiter:
„Wie schlecht das Gehirn zum Rechnen taugt, zeigt sich in der Plage, die Kinder mit dem Lernen des Einmaleins haben. Das Gehirn arbeitet vernetzt und assoziativ. Deshalb lernen wir sinnvolle Zusammenhänge gut, nicht aber isolierte, zusammenhanglose und wenig sinnstiftende Formeln" [16].

Die Lerntherapie muss in zweifacher Hinsicht Partei ergreifen - für die Lernenden und für das Fach.
- Sie darf nicht der Versuchung erliegen, den Kindern beim Bewältigen von mathematisch fragwürdigem Schulstoff zu helfen – sonst wird sie zur blossen Nachhilfe.
- Sie muss – wenn nötig – den Schulstoff mathematisch anreichern.
- Sie muss sich an den charakteristischen Merkmalen mathematischen Denkens orientieren.

Was das im Fall von Simon und dem Einmaleins bedeuten kann, wird im Kapitel 4.1.3.1 gezeigt.

4.1.1.3   Lerntherapie und die Schule – der didaktische Auftrag

„Jetzt macht mir das Einmaleins Spass – aber was nützt mir das in der Schule?"
(Simon)

Simon und seine Mutter erleben, dass er jetzt – nach einigen Stunden Lerntherapie - mit Freude ans Einmaleins herangeht, Zusammenhänge entdeckt, Handlungen dazu erfindet, Zeichnungen macht und Geschichten aufschreibt. Simon kann nun auch die Ergebnisse mit Hilfe von Assoziationen und Verknüpfungen viel lockerer abrufen.
Beim täglichen Einmaleins - Test in der Schule schneidet Simon noch nicht besser ab als vorher. Das ist schade, aber nicht verwunderlich. Der Test hat sich ja nicht verändert: er testet nach wie vor einen winzigen Teilaspekt der Mathematik, nämlich das Automatisieren. Aber nicht das schnelle Aufsagen des Einmaleins ist lerntherapeutisches Ziel, sondern Vernetzen, Assoziieren, passende Darstellungen suchen. Diese cha-

---

[15] *Mechsner, Franz* (1999)
[16] *ebenda*

rakteristischen Merkmale mathematischen Denkens waren bei Simon verschüttet - kein Wunder, denn sie sind ja in seinem Unterricht[17] nicht gefragt. In der Lerntherapie legen wir sie allmählich frei und nutzen sie - auch für das Automatisieren.

Der didaktische Auftrag innerhalb der Lerntherapie und in Bezug auf den Schulunterricht umfasst Fragen wie:

- Orientieren sich Therapie und Unterricht an neuen mathematikdidaktischen Konzepten und an den aktuellen, meist fortschrittlichen Lehrplänen?
- Wird selbstständiges Eintauchen und Verweilen in der mathematischen Gedankenwelt ermöglicht?
- Werden von den Lernenden lebendige Dokumentationen ihres Denkens erwartet, oder sind saubere Heftseiten mit vorgegebenen Regeln in „Reih und Glied" gefragt?
- Werden Fehler der Schülerinnen und Schüler als willkommener – und unverzichtbarer – Lernanlass wahrgenommen?

Lerntherapie muss sich – ob in der Privatpraxis ausserhalb der Schule oder im integrativen Unterricht – wenn immer möglich in die Schule einmischen und Unterricht, Lehrplan und Lehrmittel kritisch unter die Lupe nehmen, aber auch die lerntherapeutische Arbeit unter den genannten Gesichtspunkten reflektieren.

Der didaktische Auftrag in Bezug auf Wechselwirkung von Lerntherapie und Schule umfasst Fragen wie:

- Wird das in der Lerntherapie Erreichte im täglichen Unterricht wahrgenommen und respektiert oder wird es immer wieder ignoriert oder gar kaputt gemacht?
- Besteht die Bereitschaft der Lehrperson, Aspekte der lerntherapeutischen Arbeit im Unterricht aufzugreifen – für das betroffene Kind und für die ganze Klasse?
- Trägt der Unterricht zur Vermeidung oder „Entschärfung" von Schwierigkeiten bei? Oder verschärft er die bestehenden Schwierigkeiten und produziert gar selbst neue?

Nur Mut zur Auseinandersetzung, möglichst grosse Offenheit und permanenter Austausch zwischen Lerntherapie und Schule können zum Erfolg für das Kind führen und zur (Erhöhung der) Unterrichtsqualität beitragen.

4.1.2 Mathematik, Lernen und Schwierigkeiten

4.1.2.1 Mathematik

„ Wir haben nicht nur mathematische Hirne, sondern auch mathematische Körper (...)
Reine Gedanken gibt es nicht, alles basiert auf physischer Handlung. "
(George Lakoff und Rafael Nunez[18])

---

[17] Ein Blick in Simons Schulhefte zeigt, dass sie nichts als Rechnungen enthalten.
[18] In *Blum, Wolfgang* (1999)

186

Das dem Wort "Mathematik" zugrunde liegende griechische "manthánein" bedeutet "kennenlernen, erfahren". "Mathematik" wörtlich nehmen heisst, das Kennenlernen der physischen Welt als einen möglichen Zugang zur Mathematik zu verstehen und zu pflegen.

Das Ausüben von Handlungen und Kennenlernen von realen Situationen ist ein Stück Basismathematik. Wenn aus unterschiedlichsten real erlebten Situationen Bilder und Geschichten werden, wenn diese "erinnert" und in quantitative, räumliche oder zeitliche Beziehung zueinander gebracht werden können, werden sie zu Erfahrungen und Vorstellungen.
Und wenn die Erfahrungen und Vorstellungen in einer symbolischen Sprache und Schrift ausgedrückt werden (Prozess des Abstrahierens) und die abstrakten Symbole nach bestimmten Regeln zu neuen Symbolen verknüpft werden, beginnt die "eigentliche" formale Mathematik. Diese wird nachvollziehbar, wenn sie immer wieder mit der Realität in Verbindung gebracht wird (Prozess des Konkretisierens).[19]

Aus manthanein wurde „mathemata", das „Gelernte". Mathematiklernen ist so etwas wie der Prototyp des Lernens. Viele charakteristische Merkmale mathematischen Denkens sind Merkmale unseres Denkens ganz allgemein. Auch in Bereichen, die nichts mit Mathematik zu tun haben, benutzen wir viel häufiger mathematische Denkweisen als wir wahrhaben wollen: Strukturen und Muster erkennen, Gedankengänge umkehren, verschiedene Darstellungen einsetzen, verallgemeinern und Ausnahmen suchen sind nicht etwa Selbstzweck, sondern Strategien zur Lebensbewältigung.

4.1.2.2 *Mathematik lernen und die Intelligenzen für morgen*[20]
„Wenn ein Kind ohne mit der Wimper zu zucken, 317 − 8 = 376 hinschreibt, dann ist doch etwas faul an unserem Mathematikunterricht"
(Franz Mechsner)

Kritisches Denken
Vermutungen anstellen und Analogien bilden, Schlussfolgerungen entwickeln, überprüfen, begründen und beweisen sowie Fehler aufdecken sind Aktivitäten, die das kritische Denken fördern. Mathematikunterricht und Lerntherapie in Mathematik pflegen – wenn sie ihren Auftrag ernst nehmen - die Bereitschaft dazu und stellen die dafür nötigen Werkzeuge bereit.
Ein solches Werkzeug ist das Überprüfen von Ergebnissen:
Fragen wie „Was habe ich erwartet?", „Kann das stimmen?" oder die Feststellung „Das kann ja nicht sein!" sind jedem doppelt unterstrichenen Ergebnis vorzuziehen.

---

[19] Vgl. *Jost, Dominik; Erni, Jakob; Schmassmann, Margret* (1997)
[20] Ernst, Heiko (1999)

Langsames, osmotisches Denken

Absichtslos und intuitiv, planlos und unbewusst eintauchen in ein Problem, herumspielen[21], Phantasie einsetzen und Ideen für die Lösung entstehen lassen sind charakteristische Merkmale mathematischen Denkens.

Der Spieltrieb - die Wurzel unseres Denkens – wird aber bei Gefahr blockiert, damit unsere uralten instinktiven Überlebensstrategien - Flucht, Aggression und Totstellen - zum Zug kommen können[22].

„Die Gedanken spielen lassen" ist in einem lösungsorientierten und auf Geschwindigkeit ausgerichteten Unterricht biologisch gar nicht möglich. Eine Lerntherapie, die sich an den Zielen und Inhalten eines solchen Unterrichts orientiert, würde den Kern des mathematischen Denkens vernachlässigen.

Perspektivische Intelligenz

Die Fähigkeit, den Standpunkt wechseln zu können wird beim mathematischen Lernen gleichermassen gefördert wie gefordert. Ob „geben" in die formale Sprache der Mathematik als „plus" oder „minus" übersetzt wird, ist eine Frage des Standpunktes.

Zur perspektivischen Intelligenz zählt auch der Mut zum Experimentieren. Forschen und Probieren sind zentrale Elemente der neuen Mathematikdidaktik[23].

Selbstmanagement

Fähigkeiten wie: Beziehungen herstellen, die eigenen Ressourcen einschätzen und nutzen, das eigene Leben in Balance halten, Wichtiges von Unwichtigem unterscheiden, Wesentliches heraus kristallisieren, das eigene Denken und Tun reflektieren werden auch im Umgang mit Mathematik gelernt und gebraucht.

Sich selbst „schätzen", den eigenen „Stellenwert" kennen, mit sich und anderen „rechnen" können - das sind die emotionalen Fundamente für das Einschätzen von Sachverhalten, das Verstehen von Stellenwertsystemen, den sicheren Umgang mit Zahlen.

4.1.2.3   Schwierigkeiten, Störungen, Beeinträchtigungen (Dyskalkulie)

„Mich ärgert, dass ich immer alles vergesse"
(Simon)

Schwierigkeiten im mathematischen Verständnis oder mit der rechnerischen Ausführung werden unter dem Namen "Dyskalkulie" zusammengefasst. So vielfältig Mathematik ist, so verschieden können auch die Schwerpunkte und Ursachen von Dyskalkulie sein.

Die Diagnose "Dyskalkulie" ist keine Festschreibung einer Situation, sondern häufig eine Momentaufnahme, die dazu dienen soll, die bestmögliche Förderung zu entwickeln. Die Diagnose darf nicht als "Stempel" missbraucht werden, der Kindern und Jugendlichen bestimmte Schullaufbahnen und Berufsausbildungen von vornherein verwehrt.

---

[21] „Herumspielen" macht bis zu 60% der Tätigkeit von mathematisch kreativen und produktiven Menschen aus!

[22] nach *Hassenstein, Bernhard* (1992)

[23] Beispiele: *Wittmann, Erich Ch. et al* (1990 – 1999). *Gallin, Peter und Ruf, Urs*: (1990 –1999)

Schwerpunkte

Am Beispiel der mathematischen Operationen sollen die beiden Schwerpunkte der Dyskalkulie erläutert werden:

der Schwerpunkt der Schwierigkeiten kann im mangelnden mathematischen Verständnis oder in mangelnder (rechnerischer) Ausführung liegen. Für die Schule und die Lerntherapie, aber auch für die Lernenden selbst ist es wichtig, zu wissen, ob Fehler *gemach*t werden, weil der Sachverhalt nicht verstanden ist oder ob Fehler *passieren*, obwohl der Sachverhalt verstanden ist.

Liegt der **Schwerpunkt im mangelnden Verständnis**, kann der Umgang mit mathematischen Operationen so aussehen:

- Zu „9 – 2" kann – auch wenn das Ergebnis automatisiert ist - keine passende Handlung ausgeführt, keine passende Zeichnung angefertigt oder keine Geschichte erzählt werden
- Die Ergebnisse können nicht eingeschätzt werden
- Das Loslösen von konkretem Material (auch die Finger gehören dazu) ist erschwert
- Die Vernetzung innerhalb und zwischen den Operationen ist nicht möglich: Es besteht keine Verbindung zwischen „10 – 2" und „9 – 2" oder zwischen „9 – 2" und „7 + 2"
- Aufgaben mit Leerstellen wie z.B.„☐ – 2 = 7" können nicht gelöst werden, da ihre Bedeutung nicht verstanden ist (gegeben sind zwei „Teile", gesucht ist das „Ganze")

Gründe für diese Schwierigkeiten können fehlende basale Lernvoraussetzungen in den Bereichen Wahrnehmung, Handlungs-, Umstellungsfähigkeit, Voraus- und Zurückdenken, Sprachverständnis, Serialität oder Abstraktionsfähigkeit sein. Auch mangelnde mathematische Voraussetzungen wie z.B. Grössenbeziehungen und Zahlbegriff können für fehlendes Operationsverständnis verantwortlich sein.

Bei den folgenden Schwierigkeiten liegt der **Schwerpunkt in der mangelnden (rechnerischen) Ausführung**:

- Die Grundoperationen im Basisbereich des Einsundeins und Einmaleins und der Umkehroperationen sind nicht automatisiert oder nur teilweise automatisiert, obwohl die Bedeutung verstanden ist.
- Die Loslösung von konkretem Material gelingt, das Operationsverständnis ist vorhanden, aber die Finger werden trotzdem als Hilfsmittel (Ersatz für mangelnde Speicherung) eingesetzt - quasi als Abakus[24].
- Operationszeichen werden beim Lesen oder Schreiben verwechselt.

---

[24] Die Verwendung des Abakus als Alternative zum Auswendiglernen von Rechenaufgaben ist in den asiatischen Ländern in Schule und Alltag völlig selbstverständlich. „Ausgefuchste Rechner nutzen ihren geistigen *Abakus: Indem sie sich die Züge auf dem Abakus vorstellen, addieren sie zwei Zahlen rascher im Kopf, als wir sie einem Taschenrechner eingeben können"*, in: *Dehaene, Stanislas* (1999)

- Der Umgang mit Leerstellenaufgaben kann erschwert sein, weil die Darstellung (nicht der Inhalt) Fehler provoziert („7 + ❑ =10", Antwort „17" statt „3").
- Die Richtungen auf dem Zahlenstrahl werden verwechselt.

Gründe dafür können fehlende basale Lernvoraussetzungen sein wie Speicherfähigkeit (was sagte Simon zu diesem Thema...?), Schwierigkeiten mit Raumlage und –richtungen oder Serialität, aber auch bestimmte **Konstellationen der Lateralität (Seitigkeit).** In meiner Praxis hat sich gezeigt, dass Fehler von linkshändigen oder gemischtdominanten Menschen (Hand: rechts, Auge: links) im Zusammenhang mit Zahlen und Rechnungen oft so zustande gekommen sind:

- Beim Abschreiben der Aufgabe aus dem Buch ins Heft verrutscht die Zeile.
- Zahlen oder Buchstaben auf einem Arbeitsblatt werden falsch weiter verwendet, weil sie von der linken Hand verdeckt waren.
- Ausdrücke oder Zahlen, die weit rechts auf dem Blatt stehen, werden übersehen (der Blick verweilt noch im linken Blickfeld[25]).
- Ausdrücke links und rechts vom Gleichheitszeichen werden vertauscht („1cm = 100m", obwohl die Grössenvorstellung von m und cm vorhanden und die Beziehung der Einheiten zueinander verstanden ist).
- Richtungen werden umgedreht: z.B.
  mitten im Addieren wird ins Subtrahieren gewechselt,
  mitten im Rückwärtszählen ins Vorwärtszählen,
  mitten im Erweitern eines Bruches wird gekürzt (obwohl die Bedeutung von Kürzen und Erweitern verstanden ist).

Die Kulturrichtung (von links nach rechts) ist der Spontanrichtung von Linkshändigen (von rechts nach links) entgegengesetzt. Bei gemischter Dominanz sind die Richtungen nach links (Blickfeld) wie nach rechts (Schreibhand) etwa gleich stark ausgeprägt. Lesen, Schreiben, Rechnen sind aber meistens von links nach rechts orientiert und verlangen deshalb eine ständige Zusatzkonzentration. Diese kann aber nicht dauernd erbracht werden, schon gar nicht unter Druck. Die Folge sind „Flüchtigkeitsfehler", die später nur schwer nachvollziehbar sind:

- „7 · 8 = 58"
- „56" wird gedacht oder gesprochen - die rechte Hand will „56" schreiben - die „8" im linken Blickfeld kommt dazwischen - es entsteht „58".
- Für „zwei hoch zehn" wird 10^2 geschrieben.
  Beim Aufschreiben der richtig gedachten Lösung passiert eine Links - Rechts - und somit auch Oben - Unten – Vertauschung. (Begründung des Schülers bei der Fehleranalyse: *„Kopf hoch" bedeutet, dass der Kopf oben sein soll, dann muss doch bei „zwei hoch" die zwei oben stehen...*)

Sowohl Lehrpersonen wie Lerntherapeutinnen und Lerntherapeuten müssen den jeweiligen Schwerpunkt (mangelndes Verständnis / mangelnde Ausführung) herauskristalli-

---

[25] vgl. *Brunner, Henri* (1999)

sieren. Nur so können sie die Leistungen adäquat beurteilen und angemessene Förder-massnahmen – zusammen mit den Lernenden – entwickeln.

Es gibt keine Patentrezepte. Ein Unterricht nach modernen mathematikdidaktischen Konzepten kann aber viele Schwierigkeiten „entschärfen", weil nicht mechanisches Ausführen nach Rezept sondern eigenes mathematisches Tun gefragt ist.

Die Fragen „Wie machst du es?" und „Was kannst du tun, um Fehler zu erkennen und zu vermeiden?" sind zentral - im Unterricht und in der Lerntherapie. Sie fordern die Lernenden auf, zu zeigen, was sie können und Eigenverantwortung zu entwickeln. Neugier, Staunen, Fragen und Diskussionen sind die Folge. Nicht die Lehrperson oder die Therapeutin allein, sondern alle tragen die Verantwortung für das Lernen.

4.1.2.4   Ursachen von Dyskalkulie

„Meine früheste Erinnerung im Zusammenhang mit Mathematik geht in die dritte Klasse der Primarschule zurück: Ich hatte ein Rechenblatt falsch gelöst und schludrig geschrieben. Mein Lehrer schimpfte mich so fest aus, dass ich weinen musste. "
(Aus der Mathematikgeschichte von Susanne, 18 Jahre, Mittelschule)

Die Ursachen von Dyskalkulie sind vielfältig: Sie können organischer Art sein (mit Auswirkungen auf die basalen Lernvoraussetzungen), psychisch - sozial - emotionaler Art (Angst, Blockierungen, anregungsarme Umwelt, "überbehütet" werden, negatives Bild von der Mathematik) oder didaktogener[26] Art.

Da häufig mehrere Ursachen für eine Dyskalkulie verantwortlich sind und diese Ursachen von Mensch zu Mensch ganz verschieden sein können, wird Dyskalkulie heute auch "multikausale Lernstörung im Bereich Mathematik" genannt.

Susanne wurde als Zehnjährige wegen falsch gelöster Rechenaufgaben beschimpft. Von da an war ihr Zugang zur Welt der Zahlen über viele Jahre blockiert. Erst die fröhliche, offene Art eines neuen Lehrers vermochte die Blockierung wenigstens so weit zu lösen, dass sich Susanne wieder an die Mathematikaufgaben heranwagte. Die neue Situation machte es Susanne möglich, über ihre Blockierung nachzudenken, sich selbst zu beobachten und eine positive Veränderung herbeizuführen (vgl. auch Kapitel 4.1.3.2).

Neben mangelnden basalen Lernvoraussetzungen wie *„die Verminderung der Merkfähigkeit auditiv, visuell, insbesondere bei abstrakten und nicht ganzheitlich vernetzbaren Daten (Zahlen, Symbole) "*[27] sind die Ursachen von Susannes erschwerten Zugang zur Mathematik didaktogener und in der Folge psychisch – emotionaler Art.

Mit diesen Aspekten werden wir uns im nächsten Kapitel befassen (die Bearbeitung der organischen Ursachen fällt eher in den Aufgabenbereich der schulischen Heilpädagogik, der Logopädie oder der Ergotherapie).

---

[26] alles, was im Umfeld Schule passiert: Lehrplan. Lehrmittel, Beziehung zur Lehrperson
[27] aus dem ärztlichen Bericht

4.1.3   Szenen aus der Lerntherapie

4.1.3.1   Simon und das Einmaleins
„Fünf mal vier ist neun"
(Simon)

Ich gehe auf Simons Wunsch, im Einmaleins besser zu werden ein und teste das Einmaleins auf die übliche Art (Malrechnungen auf der Vorderseite von Kärtchen / zugehörige Ergebnisse auf der Rückseite). Simon bestimmt, ob er die Aufgaben lesen oder nur hören will. Er überprüft – durch Umdrehen der Kärtchen - ob seine Lösung richtig ist und legt sie auf einen von vier Stapeln:
„richtig und automatisch", „richtig, aber nicht automatisch", „falsch und automatisch", „falsch, nicht automatisch".

Der pädagogische Auftrag:
Nur Simon kann wissen, wie seine Resultate, ob richtig oder falsch, zustande gekommen sind. Er muss entscheiden und die Verantwortung übernehmen, wohin er ein Kärtchen legen will. Gelegentlich ermutige ich ihn, ein Kärtchen in den Stapel „richtig und automatisch" zu legen, auch wenn ihm selbst noch der Mut dazu fehlt. „Können" heisst Verantwortung übernehmen. Sich hinter „nicht können" zu verstecken, ist – nicht nur für Kinder und nicht nur bei Rechenschwierigkeiten - oft einfacher. Niemand ist enttäuscht, wenn die Aufgabe beim nächsten Mal wieder nicht gelingen sollte.

Der mathematische Auftrag:
Am Ende einer Testsequenz untersuchen wir gemeinsam die vier Stapel: haben die nicht automatisierten oder misslungenen Resultate etwas gemeinsam? Wir stellen fest, dass viele Rechnungen mit „7" oder „9" darunter sind. Simon sucht im Stapel „richtig automatisiert" verwandte Rechnungen. Von diesen kann er nun ausgehen, um die nicht oder falsch automatisierten Rechnungen sicher, effizient und erst noch mathematisch elegant zu lösen.
Simon beginnt, sich eine mathematische Landschaft aufzubauen und zugleich ein Stück Verantwortung für sein Lernen selbst in die Hand zu nehmen.

Die Multiplikation steht im Zentrum der nächsten Therapiestunden: Handlungen zum Einmaleins, Bilder, Texte und selbst verfasste Geschichten schmücken die individuelle „mathematische Landschaft" weiter aus. Je öfter, je freier und flexibler sich Simon darin bewegen kann, desto grösser wird auch die Chance, Ergebnisse automatisch – und richtig - abrufen zu können.
„5 · 4 = 9" ist nicht besorgniserregend – im Gegenteil. Es bestätigt die Vernetzungsfähigkeit des Hirns. Die Zahlen „5" und „4" lösen im Unbewussten sofort Assoziationen wie „ 9", „1", „–1", „45", „54" oder „20" aus.
In der Eile laufen wir Gefahr, auf eine der vielen unpassenden Assoziationen zurückzugreifen.

Wenn wir bewussst Assoziationen und Vorstellungen von der Bedeutung der Rechnung aktivieren, besteht eine echte Chance, auf die richtige Zahl im „Topf der unbewussten Assoziationen" zurückgreifen und das Ergebnis überprüfen zu können.

Speziell für Kinder mit Speicherschwächen ist dieses „hirngerechte" assoziative, vernetzte und bewusste Lernen kein therapeutischer Luxus, sondern eine Notwendigkeit.

Der didaktische Auftrag
Den Wunsch von Simons Mutter, ich möge keinen Kontakt mit dem Lehrer aufnehmen, muss ich respektieren. Der didaktische Auftrag ist trotzdem ein Stück weit erfüllt, weil die Eltern durch die Erfahrungen und Beobachtungen in der Lerntherapie die Anforderungen der Schule kritischer betrachten und die mathematischen Leistungen ihres Sohnes – jenseits des Einmaleins – kennen und schätzen lernen.

4.1.3.2   *Susanne und ihre Mathematikgeschichte*

„Ich hatte (...) zum ersten Mal das Gefühl, dass sich in meinem Hirn irgendetwas verschliesst, sobald ich Zahlen sah. Erst zwei Jahre später wurde mir bewusst, dass das Mathematikproblem nicht so selbstverständlich zu mir gehört. Ich versuchte, Mathematik nicht mehr zu hassen, das Ganze an mich heran zu lassen."
(Aus der Mathematikgeschichte von Susanne)

Der pädagogische Auftrag:
Das Verfassen der eigenen Mathematikgeschichte fordert die Lernenden unter anderem auf, in ihrer Erinnerung nach Erfolgs- oder Misserfolgserlebnissen zu suchen, die Beziehung zu den jeweiligen Lehrpersonen zu reflektieren, die eigene Einstellung zur Mathematik und diejenige der Familie zu überdenken, die aktuelle Situation zu schildern und Erwartungen an die Lerntherapie zu formulieren[28]. Dieser Schritt, das eigene Lernen an die Hand zu nehmen, kann sehr schmerzlich und aufwühlend, aber auch befreiend sein.

Susanne hat ihre Mathematikgeschichte aufgeschrieben und dabei eine hohe Selbstkompetenz an den Tag gelegt.

Der mathematische Auftrag:
An Hand von Prüfungen aus der Schule und einigen aktuellen Mathematikaufgaben, die wir gemeinsam erarbeitet haben, konnte Susanne ihren Lernstil beobachten:

„Der Umgang mit Bekanntem geht, aber sobald ich ein bisschen überlegen muss – um eine Ecke herum - dann stellt mein Hirn ab und ich weiss nicht, wo anfangen. Dann habe ich den Durchblick nicht.
Neues sagt mir nichts, ist mir fremd, ich weiss nicht, was ich damit soll.
Gut kann ich: Gleichungen lösen, Dreisatz, einfache Aufgaben der analytischen Geometrie.
Bei Prüfungen hilft mir mein gutes Bildgedächtnis – ich kann im Kopf nachsehen."

---

[28] Die Lerngechichte kann frei verfasst werden oder einem Interviewbogen entlang, vgl. *Liechti, Rita et al* (1993)

In ihrem Rückblick hat sie folgende Schlüsse gezogen:

Die einzelnen Formeln gehören alle zusammen, sie stehen in Verbindung zueinander.
Mit einer einfachen Formel lässt sich sehr viel herleiten.
Mathe ist überhaupt nicht so stur wie ich dachte.
Ich kann es lernen.

Susanne kennt viele Formeln und Lösungswege, hat aber Mühe, im richtigen Moment das Passende zu verwenden. Wenn es ihr gelingt, ihr gutes Bildgedächtnis auch für Zusammenhänge zu nutzen, dann kann ein tragfähiges mathematisches Netz entstehen.

Die Konsequenzen für Susanne aus meiner Sicht sind:
* die räumlich visuellen Fähigkeiten zum Speichern und Abrufen von Formeln nutzen und ausbauen:
  zu jeder Formel ein zugehöriges Bild zeichnen und speichern
  mehrere Formeln mit einem Bild verknüpfen
* passende Handlungen zu abstrakten Begriffen suchen[29]
* zu einem Stichwort (z.B. rechtwinkliges Dreieck) alles aufschreiben, was in den Sinn kommt (Nutzung und Erweiterung des Repertoires)
* die für die aktuelle Problemstellung wichtigen Elemente heraus filtern (kognitive Figur-Hintergrundwahrnehmung)

Der didaktische Auftrag:
Susannes Mathematiklehrer wusste von der Impulssitzung und wurde über deren Ergebnisse informiert. Er kann Susannes Denk- und Arbeitsweisen jetzt besser verstehen und versucht, diese noch aufmerksamer als bisher zu fördern und zu begleiten.

Schlussgedanken

Simons Schulsituation ist festgefahren – die Veränderungsmöglichkeiten im schulischen Bereich sind gering. Trotzdem freut sich Simon jedesmal auf die Lerntherapie-Stunde, weil er hier experimentieren und kreativ tätig sein kann. Die Erfolgserlebnisse stärken sein Selbstvertrauen – die Einmaleins - Tests verlieren etwas von ihrem Schrecken und gelingen allmählich besser als vorher.

---

[29] Dass dies auch beim Mathematikstoff der Oberstufe möglich ist, sollen die folgenden Vorschläge aufzeigen:
Steigung einer Geraden mit dem Unterarm, Ellbogen auf dem Tisch, darstellen. Trinkröhrchen oder Bleistifte als Gerade ins Koordinatensystem legen und entsprechend bewegen: Parallel verschieben (Steigung bleibt) oder drehen (Steigung verändert sich).
Parabel mit an zwei Enden gehaltenem Schal symbolisieren, wobei die Tischkante die x-Achse spielt: der Schal trifft die Tischkante gar nicht (keine Nullstelle / keine reelle Lösung der zugehörigen quadratischen Gleichung), er berührt sie (eine Nullstelle, eine reelle Lösung), er trifft sie an zwei Stellen (2 Nullstellen, 2 reelle Lösungen).

„Dank" der leichten Speicherschwäche lernt Simon mathematisch denken. Das wird ihm im Leben - und in seiner weiteren Schullaufbahn - zugute kommen.
Schon jetzt lautet seine schriftliche Zwischenbilanz:
„ Ich finde, ich kann das Einmaleins jetzt gut genug – ich kann es ableiten. Und ich habe vieles für gescheit denken gelernt. "

Das Beispiel von Susanne hat gezeigt, wie sich "(…) auf Grund einer veränderten Lehrer-Schüler-Beziehung auch die Beziehung der Lernenden zur Mathematik verändert"[30]. Die lerntherapeutische Sitzung konnte von diesem positiven Prozess profitieren und ihn verstärken.
Susanne stellt einige Wochen nach der gemeinsamen Arbeit fest:

„Es hat sich schon viel verändert. Ich darf jetzt auch einmal etwas nicht können. Ich traue mich, nachzufragen und den anderen die Mathematikaufgaben zu erklären. Ich kann sagen, dass ich die Mathe jetzt liebe. "

4.1.4   Literaturverzeichnis

Blum, Wolfgang: Die Grammatik der Logik. Einführung in die Mathematik. Dtv München, 1999

Brunner, Henri: Rechts oder links in der Natur und anderswo. Wiley-VCH, Weinheim 1999

Dehaene, Stanislas: Der Zahlensinn oder Warum wir rechnen können. Birkhäuser, Basel 1999

Ernst, Heiko: Was wir morgen können müssen, in: Psychologie heute, April 1999

Mechsner, Franz : Pi mal Daumen, in: Denken Lernen Schule. Geo Wissen 1/1999

Gallin, Peter / Ruf, Urs: Sprache und Mathematik. Auf eigenen Wegen zur Fachkompetenz. Verlag Lehrerinnen und Lehrer Schweiz, Zürich 1990

Gawlick, Thomas: Focusing als ein Instrument zur Diagnose und Verbesserung des Erfolgs mathematischer Lernprozesse, in: Vechtaer Fachdidaktische Forschungen und Berichte, Heft 2, 2000

Hassenstein, Bernhard: Klugheit. Zur Natur unserer geistigen Fähigkeiten. Piper, München 1992

Jost, Dominik / Erni, Jakob / Schmassmann, Margret: Mit Fehlern muss gerechnet werden. Sabe, Zürich 1997

Liechti, Rita et al: Mathematik im Gespräch. Auf der Suche nach echtem Verständnis im Mathematikunterricht, Sabe, Zürich 1993

---

[30] *Gawlick, Thomas* (2000)

Werffeli, Gabriele: Kein Grund zur Panik, in: Das Magazin Nr. 10, 2000 Tagesanzeiger, Zürich

Wittmann, Erich Ch. et al: mathe 2000 (Handbücher Produktiver Rechenübungen, Zahlenbücher, Spiegelbücher, Denkschule und weitere Materialien). Klett Stuttgart und Klett & Balmer Zug, 1990-1999

4.2   Potenziale finden und entwickeln in der Lerntherapie

Monika Brunsting-Gmür

Das Lernen hat in vielem Ähnlichkeiten mit einer Expedition: Auch für Lern-Expeditionen treffen wir Vorbereitungen. Wir planen und brechen auf — mit einer grossen Landkarte im Kopf, die uns davor schützt, uns im Dickicht zu verirren.

In diesem Artikel soll gezeigt werden, wie wir zu unseren Landkarten im Kopf kommen und wie wir daraus lerntherapeutische Expeditionen planen können. Dabei soll es um eine Gruppe von Lernern[31] gehen, die heute noch recht selten fokussiert wird: um Hochbegabte, d.h. um Lerner mit hohen Fähigkeiten. Ich möchte aufzeigen, dass auch sie zum Teil Unterstützung brauchen (*Hoyningen-Süess & Lienhard, 1998, Mönks & Ypenburg, 1998, Stamm, 1999, Winner, 1998*). Dieses Feld ist für Lerntherapeuten sehr interessant, da es von der öffentlichen Hand noch keineswegs hinreichend abgedeckt wird - und es vermutlich auch nicht wird in den nächsten Jahren.

4.2.1   Modell der Entwicklung und des Lernens

Heinz von Foerster, der Vater des Konstruktivismus, bezeichnete sich unlängst in einem Gespräch mit einem Journalisten als "Neugierologen" (*1999*, S. 107) und meinte damit, er sei selbst mit seinen 90 Jahren immer noch neugierig. Wir tun gut daran, es ihm gleichzutun und nicht etwa davon auszugehen, wir wüssten wie Lernen vor sich gehe. Wir mögen wohl das Gelände kennen (das Lernen an sich). Wir wissen aber nicht, wie der einzelne sein Lernen konstruiert, denn "Lernen ist das Persönlichste auf der Welt. Es ist so eigen wie ein Gesicht oder wie ein Fingerabdruck."(*v. Foerster, 1999*, S. 109). Auch das Lernen wird konstruiert, so wie unsere ganze Wahrnehmung und unser Denken konstruiert wird. Und weil Lerner ihr Denken und Lernen selber konstruieren, können wir ihnen auch nicht aktiv etwas bei-bringen. Wir können nur das Lernfeld so arrangieren, dass sie sich das nehmen, was sie brauchen können. *Sie* konstruieren sich ihre Lernwelt und nehmen, was sie brauchen. Bringen wir ihnen nichts, von dem sie denken, dass sie es brauchen könnten, werden sie nichts mitnehmen und nichts von Bedeutung (für sich) lernen (*Rotthaus,* 1989).

Diese als systemisch-konstruktivistisch bekannte Sichtweise (*Hagmann & Simmen,* 1990, *Rotthaus,* 1989) zeigt uns Wege zur Erfassung von Potenzialen und zur Förderung von Lernern. Wir erfassen dazu neurobiologische emotionale, kognitive und soziale Faktoren der Entwicklung. (In Anlehnung an unsere Metapher vom Reisen sprechen wir hier gelegentlich von "Regionen"). Wir suchen hier die Stärken und Schwächen des Lerners und entwickeln so seine Lern-Landkarte und seinen Entwicklungsplan.

---

[31] Wenn im folgenden meist die männliche Form verwendet wird, so versteht es sich von selbst, dass die weibliche eingeschlossen ist.

4.2.1.1 Neurobiologische Faktoren und Bedingungen des Lernens und der Entwicklung

Neurobiologische Faktoren sind grundlegend für Entwicklung und Lernen (*Ewert*, 1998, *Springer & Deutsch*, 1998, *Steinhausen*, 1992, *Warnke*, 1990). Sie manifestieren sich immer am stärksten, wenn Prozesse gestört sind, z.b. bei Stress, Aufmerksamkeitsproblemen oder Konzentrationsschwierigkeiten.

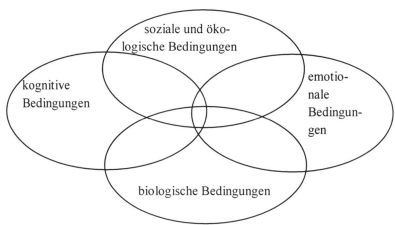

Abb. 1: Modell des Lernens und der Entwicklung

Das Lernen spielt sich nicht in einzelnen Hirnarealen ab, sondern in der Kooperation aller für eine spezifische Aufgabe notwendigen Areale. Neuronale Netzwerke werden im Verlauf des Lebens aufgebaut und ermöglichen das Lernen bis ins hohe Alter. Lernen und Gedächtnis gehören eng zusammen. Stammesgeschichtlich alte Hirnregionen spielen eine wesentliche Rolle für Gedächtnisprozesse. Diese liegen in der Nähe des Thalamus, eines Zentrums für die Entstehung von Emotionen, was auf einen engen Zusammenhang von Emotionen und Lernen verweist (*Ciompi*, 1993, *Ewert*, 1998): Es gibt kein Lernen und kein Gedächtnis ohne Emotionen.

4.2.1.2 Emotionale Faktoren und Bedingungen des Lernens

Für das Langzeitgedächtnis wichtige Prozesse finden in Hirnregionen statt, die auch für Emotionen zuständig sind (*Springer & Deutsch*, 1998, *Ewert*, 1998). Emotionen und Kognitionen sind nach *Ciompi* (1993) untrennbar miteinander verbunden. Emotionen steuern jedes Verhalten, vom Fussballspielen bis hin zu Lernen und Denken im abstraktesten Kontext. *Goleman* (1996) spricht von emotionaler Intelligenz und betrachtet diese ebenfalls als ausserordentlich wichtig für Lernen und Lebensbewältigung im weiteren Sinn.

Für das Lernen ungünstige Emotionen können sich, wenn sie stark, häufig oder längerdauernd auftreten, zu schwer überwindbaren Hindernissen aufbauen. Als Lernhindernisse spielen vor allem Ängste eine grosse Rolle, sei es als eigentliche Schul- und Leistungsangst oder als diffuse, namenlose Angst.

Das Selbstkonzept des Lernenden, d.h. das Bild, das er von sich im allgemeinen und von sich selbst als Lernender im besondern hat, ist wesentlich für seinen Lernerfolg (*Bächtold et al.,* 1990). Es ist deshalb sehr wichtig, die Selbstkonzepte der Lernenden zu erfassen und wenn nötig gezielt zu stärken ("Du hast sicherlich Mühe in Mathematik, aber du bist gut in Sprache").

Auch die Lern- und Leistungsmotivation des Lerners ist sehr wichtig. Der Lerner mit einer schlechten Lern- und Leistungsmotivation wird früher oder später Lernprobleme entwickeln, sofern es nicht gelingt, seine Motivation zu wecken.

Solches, für das Lernen unerlässliches Wissen, zählt *Gardner* (1985) zur intrapersonalen Intelligenz.

4.2.1.3   *Kognitive Faktoren und Bedingungen des Lernens*

Kognitive Faktoren, wie z. B. die intellektuellen Möglichkeiten ganz allgemein (die "Intelligenz") spielen hier eine wichtige Rolle. Zweifelsohne haben nicht alle Menschen die gleichen Entwicklungs- und Lernvoraussetzungen. In den letzten Jahren sind hier qualitative Elemente in den Brennpunkt des Interesses gerückt. (*Gardner* , 1985).

Neben kognitiven Fakoren im engeren Sinn sind in den letzten Jahren auch metakognitive Faktoren untersucht worden. Lern- und Problemlösestrategien, das metakognitive Bewusstsein oder Selbststeuerungsfähigkeiten (*Brunsting,* 1989, 1991 a und b, 1997) stellten sich als für Lernerfolg ganz entscheidend heraus. Vielen Lernern mit Lernproblemen mangelt es heute an Selbstkontrollfähigkeit. Ein kürzlich in "Psychologie heute" veröffentlichter Leitartikel betrachtet die Selbstkontrolle gar als ganz grosses Problem unserer Zeit. Die Erfahrungen der Autorin bestätigen dies (*Brunsting,* 1997).

4.2.1.4   *Soziale und ökologische Faktoren und Bedingungen des Lernens*

Lernen findet immer auch in einer sozialen und ökologischen Welt statt, die das Lernen ganz entscheidend prägt (*Lanfranchi, 1993*). Soziale Beziehungen innerhalb der Schulklasse (Schüler-Schüler-Beziehungen, Lehrer-Schüler-Beziehungen) spielen eine grosse Rolle bei der Entwicklung und beim Lernen. Sie haben sich im Zusammenhang mit der integrativen Schulung als eminent wichtig herauskristallisiert (*Bächtold et al.,* 1990).

Die Familie als für das Kind erste soziale Welt übt auch auf das schulische Lernen einen sehr grossen Einfluss aus. Sie vermittelt ihm viel Wissen über Sinn und Bedeutung des Lernens, über Hindernisse und wie mit ihnen umgegangen werden kann *(Brunsting,* 1993, *Lanfranchi* 1993) .

4.2.2   Gardners Modell der multiplen Intelligenzen und was uns dies nützen kann

Gardner postuliert mehrere verschiedene Intelligenzen, von denen nicht alle für das schulische Lernen gleich relevant sind. Er möchte "die von Piaget entworfenen Methoden und grundlegenden Schemata beibehalten, aber sie nicht nur auf die linguistischen, logischen und mathematischen Symbole der klassischen Theorie Piagets anwenden, sondern ihren Umfang auf musikalische, physikalische, räumliche und sogar individuelle Symbolsysteme erweitern." (*Gardner,*1985, S. 36).

1. **Linguistische Intelligenz:** Darunter sind die gesamten linguistischen Möglichkeiten eines Menschen zu verstehen, (z.b. aktiver und passiver, mündlicher und schriftlicher Wortschatz; mündliche und schriftliche Ausdrucksfähigkeit), beobachtbar im Alltag von Experten (Lehrern, Psychologen, Lerntherapeuten) oder Laien (Eltern). Sie kann mit gängigen Sprachtests *(Nauck & Otte,* 1980, *Steinert,* 1978, *Tewes & Thurner,* 1976) oder mit Intelligenztests (z.b. HAWIK) untersucht werden. Unter linguistischer Intelligenz verstehen wir die Aufnahme, Wiedergabe und die kreative Gestaltung von Sprache *(Csikszentmihalji,* 1985, 1997). Die linguistische Intelligenz ist für einen grossen Teil des Schulerfolges verantwortlich.

2. **Musikalische Intelligenz:** Diese umfasst das musikalische Potenzial eines Lerners mit all seinen Möglichkeiten zur Aufnahme (erkennen von Musikinstrumenten, Interpreten, Musikstücken, Tönen, Tonarten usw.), Wiedergabe (ein Musikinstrument spielen) oder zur kreativen Gestaltung von Musik (z.b. komponieren, improvisieren). Die musikalische Intelligenz kann praktisch nur mit informellen Verfahren eingeschätzt werden, da Tests in diesem Bereich nicht existieren. So sind die Beobachtungen der Bezugspersonen (Musiklehrer, Lehrer, Eltern) hier unverzichtbar *(Brunsting,* 2000).

3. **Logisch-mathematische Intelligenz:** Hier sieht *Gardner* alle logisch-mathematischen Möglichkeiten von Lernern mit Aufnahme (verstehen), Wiedergabe (lösen) und kreativer Produktion von logisch-mathematischen Situationen (logisch argumentieren, logische Zusammenhänge im Alltag sehen). Diese Intelligenz kann gut durch die gängigen Intelligenztests erfasst werden. Daneben sind aber auch gezielte Beobachtungen der Bezugspersonen unumgänglich *(Lobeck,* 1998). Die logisch-mathematische Intelligenz ist für Schulerfolg sehr wichtig.

4. **Räumliche Intelligenz:** Darunter wird die Aufnahme (sehen und verstehen räumlicher Zusammenhänge), die Wiedergabe (sich aktiv mit räumlichen Gegebenheiten auseinandersetzen können, sich orientieren im Raum) und die kreative Produktion räumlicher Gegebenheiten (z.b. tanzen, zeichnen, malen) verstanden. Teilweise können diese durch Intelligenztests erfasst werden, teilweise müssen sie durch Alltags- oder Schulbeobachtungen erschlossen werden *(Brunsting,* 2000, *Ledl,* 1994).

5. **Körperlich-kinästhetische Intelligenz:** Unter diesem Begriff wird die Aufnahme körperlich-kinästhetischer Informationen (Bewegungen anderer verstehen können, aufnehmen können), die Wiedergabe (Imitieren von Bewegungen) und die kreative Produktion von Bewegungen (z.b. im Sport, Tanzen) verstanden. Erfasst werden kann diese Intelligenz durch Fachleute (wie Sportlehrer, Psychomotoriktherapeuten, Lehrer oder Lerntherapeuten), die teilweise auch Testverfahren zur Verfügung haben. Im allgemeinen muss diese jedoch weitgehend durch Beobachtung erschlossen werden.

6. **Intrapersonale Intelligenz:** Hier meint *Gardner* das Wissen über sich selbst und den Umgang mit diesem. Dieses reicht von der Aufnahme intrapersonaler Informationen (Selbstwahrnehmung "Im Moment fühle ich mich...") über Verarbeitung bis hin zum Verhalten, was alles mehr oder weniger kreativ sein kann. Die intrapersonale Intelligenz kann über Selbstbeobachtung des Lerners und Gespräche darüber (Reflexion) oder durch Testverfahren erfasst werden. Beobachten durch Bezugspersonen ist hier schwieriger, weil innere Prozesse oft nicht direkt am Verhalten abgelesen werden können.

7. **Interpersonale Intelligenz:** Oft wird diese auch als soziale Intelligenz bezeichnet. Gemeint ist das Verstehen (Aufnahme von Informationen), die Reaktion und die (kreative) Produktion eigenständigen sozialen Verhaltens. Diese kann recht gut wieder durch Bezugspersonen beobachtet werden (*Brunsting,* 1998, 2000).

8. **Naturalistische Intelligenz:** Dazu zählt *Gardner* Interessen, Fähigkeiten und Handlungen im Bereich von Natur und Technik. Auch diese erfassen wir mittels Verhaltensbeobachtung und Gespräch mit Bezugspersonen und dem Lerner selbst.

81/2. **Existenzielle Intelligenz, Inuition:** Diese vorläufig letzte von *Gardner* postulierte Intelligenz umfasst Interesse, Begabung und Beschäftigung mit philosophischen und existenziellen Fragen. Er bezeichnet sie bis heute noch als "halbe Intelligenz".

Gardners berühmtes Konzept der multiplen Intelligenzen hilft uns, das Denken und Handeln in einer sehr differenzierten Weise zu erfassen. Es erleichtert uns, Potenziale zu finden und Überlegungen anzustellen, wie diese gefördert werden könnten. In *Brunsting* (2000) finden sich verschiedene Beobachtungsbögen zur Erfassung der Intelligenzen nach *Gardner.*

4.2.3 Lern-Landkarten finden und entwickeln

Um die Lern-Landkarten unserer Lerner zu entwickeln, brauchen wir nun die Kombination unserer Grundbedingungen der Entwicklung mit den multiplen Intelligenzen von *Gardner.* Dies erleichtert uns eine ressourcenorientierte Sichtweise und ermöglicht so eine differenzierte Erfassung und Planung von Aktivitäten zur Potenzialentwicklung.
Jeder Mensch hat seine eigene, höchst individuelle Lern-Landkarte. Aber auch jeder Lernort hat eine eigene Lern-Landkarte, d.h. jeder Lernort hat seine spezifischen Anforderungen, die er an den Lerner stellt. Wo die individuelle Lern-Landkarte mit der Lernkarte des Lernorts zusammenpasst, entstehen kaum Lernprobleme. Wo die Karten schlecht zusammenpassen, sind Lernprobleme fast nicht zu vermeiden — und zwar unabhängig vom Potenzial des Lerners.
Als Lerntherapeuten sind wir profunde Kenner des Lerngeländes (d.h. des Lernens an sich) und suchen gemeinsam mit unseren Klienten die individuellen Lern-Landkarten. Durch unsere Kenntnis des Geländes (Lernen) und der individuellen Lern-Landkarten

unserer Klienten werden wir zu Expeditionsleitern, die in der Lage sind, sehr individuelle Lern-Expeditionen zu planen.

Eine Expeditionsplanung ist allerdings noch keine Expedition, so wie eine (Lern-) Landkarte nicht das Gelände ist. Die Lern-Reise müssen unsere Lerner selber auf sich nehmen. Unsere Aufgabe ist es, die Reise zu planen, zu begleiten oder zu leiten und die Planung laufend zu evaluieren und zu adaptieren. Wie bei jeder Expedition müssen interne Faktoren (Gesundheit, psychische Verfassung) und externe Faktoren (Lern-Gefahren, äussere Lernbedingungen) berücksichtigt und in Übereinstimmung gebracht werden.

Eine Anwendung unseres Modells im Bereich der Potenzialentwicklung bei Lernern mit hohen Fähigkeiten soll deutlich machen, wie das aussehen könnte. Ausgewählt haben wir einen besonders schwierigen Fall, denn unser Lerner hat markante Teilleistungsschwächen.

4.2.4   Pascal, 11 Jahre - ein Beispiel

4.2.4.1   *Anmeldungsgrund*

Pascal wurde uns vorgestellt wegen seiner massiven Schulschwierigkeiten. Er war vor einem Jahr in Legasthe’nietherapie gewesen, war jedoch nach einigen Monaten wegen mangelnder Motivation entlassen worden. Seine Schulleistungen liessen seit der zweiten Klasse die Frage nach einer Repetition immer wieder aufkommen. Auch jetzt (gegen Ende der 4. Klasse) stand sie wieder im Raum.

4.2.4.2   *Pascals Lern-Landkarte*

Um Pascals Lern-Landkarte zu erstellen, versuchen wir, seinen Entwicklungsstand in unseren vier "Regionen" zu erfassen, d.h. seine Ressourcen und seine Schwächen zu finden.

4.2.4.2.1   *Neurobiologische Entwicklung*

Pascal ist spontan, oft impulsiv und schlecht gesteuert. Es fällt ihm schwer, stillzusitzen. Wenn er über dem Tisch ruhig sitzt, dann schlenkert er mindestens ein Bein unter dem Tisch. Er steigt schnell auf eine Aufgabe ein, hat aber Mühe, daran zu bleiben. Geht es um Schulisches, ist er sehr leicht ermüdbar, für Ausserschulisches gilt dies weniger, insbesondere, wenn es von ihm selbst gewählt wurde.

Seine Eltern berichten, er sei bereits als Baby sehr unruhig gewesen, habe wenig Schlaf gebraucht und sei immer sehr aktiv gewesen. Er sei ein anstregendes Baby und Kleinkind gewesen und habe zudem an einer Milchzuckerunverträglichkeit gelitten, was eine besondere Diät erforderte.

Pascal ist von durchschnittlicher Grösse, hat aber einige Kilogramm Übergewicht, die er sich in den letzten zwei Jahren (die Eltern vermuten wegen seiner vielen schulischen Misserfolge) angegessen hat. Seine Grobmotorik ist knapp durchschnittlich, seine Graphomotorik nicht altersgemäss entwickelt. Viele Bewegungsbläufe beim Schreiben hat er nicht korrekt aufgebaut und kommt so zu manchmal seltsamen und schwer lesbaren Buchstabenformen. Im Werken und in der Handarbeit hat er grosse Probleme, die er mit auffälligem Verhalten zu überspielen sucht. Seine taktil-kinästhetische Intelligenz im Sinne *Gardner*s ist unterdurchschnittlich. Sie gehört nicht zu seinen Ressourcen und ist eher ein "Entwicklungsland".

4.2.4.2.2 Emotionale Entwicklung

Die intrapersonale Intelligenz (nach *Gardner*) dürfte recht gut sein. Pascal zeigt sich aufgeschlossen und zutraulich. Offen berichtet er über seine schulischen Schwierigkeiten. Die meisten schulischen Inhalte interessieren ihn wenig, und sich auf Uninteressantes einzulassen, fällt ihm schwer. Er ist emotional sehr zugänglich, braucht andererseits aber auch die emotionale Zuwendung durch andere in hohem Ausmass, um z.B. an der Arbeit zu bleiben. Mit seinem Lehrer scheint er trotz seiner vielen Misserfolge zufrieden zu sein.

Er sieht seine Schulprobleme und leidet daran. Er ist teilweise auch bereit, sich einzusetzen für die Überwindung dieser Schwierigkeiten und arbeitet zuhause mit seiner Mutter viel an seinen Hausaufgaben. Seine intrinsische Leistungs- und Lernmotivation ist allerdings nicht konstant, er braucht die extrinsische (durch Schule, Eltern, Therapeutin) noch sehr stark.

Er berichtet über viele ausserschulische Interessen. Medizin, Technik, Philosophie, Astronomie und Physik sind wichtige Bereiche für ihn. Er möchte Forscher werden. Diese Informationen sind Hinweise auf seine naturalistische Intelligenz (nach *Gardner*), d.h. sicher sind zumindest Interessen in diesem Bereich zu beobachten.

4.2.4.2.3 Kognitive Entwicklung

Pascals kognitive Möglichkeiten (linguistische und logisch-mathematische Intelligenz nach *Gardner*) liegen weit über dem Durchschnittsbereich. Nur knapp 2% der Gleichaltrigen erreichen im HAWIK-R ein gleich hohes oder höheres Gesamtergebnis.

Seine verbale Intelligenz (linguistische Intelligenz) ist extrem hoch (nur 0,13% der Gleichaltrigen erzielen hier höhere Leistungen!). Sein Wortschatz und sein Allgemeines Verständnis sind ganz aussergewöhnlich. Verbale Abstraktionen gelingen ihm leicht und hervorragend. Sein Allgemeinwissen ist ebenfalls sehr gut, was bemerkenswert ist für ein Kind mit schulischen Lernschwierigkeiten. Einzig im Rechnerischen Denken (logisch-mathematische Intelligenz) bleibt Pascal im Durchschnittsbereich stehen. Hier spielen seine mässigen Rechenfertigkeiten ihm einen Streich, da logisch-mathematisches Denken allein nicht ausreicht, um diese Aufgaben zu lösen: man muss auch noch fehlerfrei rechnen.

Die schwache Leistung im Zahlennachsprechen verweist auf seine Konzentrationsprobleme und auf seine schlechte auditive Merkfähigkeit.

Zu seiner sprachlichen Entwicklung bleibt anzumerken, dass seine Eltern beobachtet haben, dass er sehr früh zu sprechen angefangen hat.

Im nonverbalen Bereich erreicht Pascal insgesamt ein Ergebnis im oberen Durchschnittsbereich (*Gardner*s räumliche Intelligenz). Zwar gelingt es ihm gut, Figuren korrekt zusammenzusetzen, fehlende Teile in konkreten Bildern zu entdecken und Handlungsabläufe in sozialen Situationen zu erfassen. Aber er hat Mühe, abstrakte visuelle Gestalten rasch zu erfassen und wiederzugeben. Dies ist ein Hinweis auf eine Teilleistungsschwäche im visuellen Bereich und ist bei Legasthenikern und bei Kindern mit psychoorganischem Syndrom (POS) immer wieder anzutreffen (*Warnke,* 1990). Zeichnen, Malen und Gestalten gelingen ihm knapp altersgemäss. Die räumliche Intelligenz im Sinne *Gardner*s scheint ungefähr durchschnittlich zu sein.

Im **Rechtschreiben** erreicht er ein schwaches Resultat. Rund 80% der Gleichaltrigen erreichen ein besseres Ergebnis als er, was in Anbetracht seiner ausgezeichneten kognitiven Möglichkeiten eine markante Diskrepanz darstellt und im Hinblick auf seine weitere Schulung eine ernsthafte Gefahr bedeutet. Pascal ist nach wie vor Legastheniker und benötigt Legastenietherapie. Er liest und schreibt sehr ungern, nach Möglichkeit umgeht er beides. Bei Schreibversuchen verweigert er sich oft hartnäckig.

Schulleistungsproben zeigen grosse Probleme mit der Aufmerksamkeit, was sich vor allem im Kopfrechnen drastisch auswirkt.

Sein Lern- und Arbeitsverhalten ist keineswegs altersgemäss entwickelt (Lern- und Arbeitsverhaltensinventar von *Keller & Thiel,* 1998) und muss bei der Interventionsplanung berücksichtigt werden.

4.2.4.2.4   *Soziale Entwicklung*

Pascal ist das einzige Kind sehr engagierter und interessierter Eltern, die keine Mühe scheuen, ihm bei seiner Entwicklung behilflich zu sein und ihm mit viel Verständnis für seine Schwierigkeiten begegnen.

Er findet nicht so leicht Anschluss in der Klasse, ist in der Pause eher allein oder mit jüngern Kindern, am liebsten mit Kindergartenkindern, auf die er aufpasst und deren Streitigkeiten er bei Bedarf schlichtet. Er wäre gern mehr mit anderen zusammen, findet aber wenig Kinder mit ähnlichen Interessen. So spielt er auch nach Aussagen seiner Eltern recht viel für sich allein oder mit seinen Hunden. Auch Skifahren und Computer interessieren ihn.

4.2.4.3   *Eine Lernexpedition für Pascal*

Entscheidungen über Reiseziele sind manchmal leichter zu treffen als Entscheidungen über Reisewege. So ist es auch hier. Zwar ist klar, dass es zu den Zielen gehören wird, Pascal zu helfen

- schulische Leistungsziele besser zu erreichen
- zu verhindern, dass eine unnötige Repetition eingeleitet wird
- die ihm intellektuell entsprechende Schulstufe zu erreichen
- emotional möglichst gesund zu werden und zu bleiben, auch wenn er schulisch noch viele Misserfolge wird einstecken müssen wegen seiner Teilleistungsschwäche
- sein Selbstvertrauen zu stärken, so dass er seine Stärken und Schwächen realistisch sehen kann
- seine sozialen Bedürfnisse zu befriedigen (er möchte Kontakte - auch zu Gleichaltrigen)
- mit seinen erschwerten biologischen Lern- und Entwicklungsbedingungen (Hyperaktivität) zurechtzukommen

Bei der Planung hilft uns Pascals Lern-Landkarte. Sie zeigt uns seine Stärken und Schwächen übersichtlich auf.

Wir gehen von verschiedenen Zeithorizonten aus und beginnen mit der langfristigen Planung (z.B. 1 Jahr), auf die wir eine mittelfristige (ein Semester oder Quartal) und kurzfristige Planung (eine Interventionseinheit) folgen lassen.

4.2.4.3.1 Langfristige Planung

Neurobiologische Entwicklung

Ziele

Pascal sollte lernen, mit seiner Hyperaktivität so umzugehen, dass sie sein Lernen möglichst wenig beeinträchtigt (Aufmerksamkeit, Konzentration, Ausdauer, Gedächtnis). In seiner Motorik sollten Fortschritte erzielt werden (Grapho- und Feinmotorik, ev. auch Grobmotorik).

Wege

Konzentrations- und Merkfähigkeitstraining mit visuellem (verbalem und nonverbalem, konkretem und abstraktem) und auditivem Material (Zahlenreihen nachsprechen, sinnvolle Wörter und Pseudowörter), Entspannungstraining (z.B. *Lauth & Schlottke*, 1996, *Müller*, 1994, *Murdock*, 1992, *Teml*, 1996) mit anschliessender Reflexion zur metakognitiven Förderung. Für die Grobmotorik sind Freizeitüberlegungen sinnvoll (Judo, Karate, Turnverein). Da Pascal Sport nicht besonders mag, muss er hier ganz besonders motiviert werden. Für die Entwicklung seiner Fein- und Graphomotorik sollten Aktivitäten eingeplant werden (z.B. Pläne entwerfen, skzzieren, zeichnen oder malen, graphomotorische Übungen, Spiele mit feinmotorischer Komponente, z.B. Mikado). Pascal wird die Notwendigkeit dazu wohl nicht ohne weiteres einsehen. Es ist mit einigen Debatten zu rechnen, in denen er uns von der Unnötigkeit solcher Unternehmungen überzeugen will.

Emotionale Entwicklung

Ziele

Pascal sollte lernen, dass es nicht reicht, an Schulproblemen zu leiden, sondern dass man aktiv etwas tun muss - auch aus eigenem Antrieb. Seine Schul- und Leistungsmotivation ist im Moment noch völlig extrinsisch. Ziel ist es, eine einigermassen tragfähige intrinsische Motivation aufzubauen. Dies wird am besten von seinen Interesse aus geschehen können. Sein Selbstkonzept als Lerner ("Ich bin halt mies in der Schule. Da kann man nichts machen!") muss hinterfragt und aufzuweichen versucht werden. An einem realistischen ("Ich habe Schwierigkeiten im Rechtschreiben") und positiven ("Ich kann einiges bewirken") Selbstbild muss gezielt gearbeitet werden. Seine Schreibverweigerung sollte überwunden werden, da gerade hier seine grosse Stärke liegt (linguistische Intelligenz). Pascal macht gerne Spiele, am liebsten solche, die vom Glück leben und keiner Anstrengung bedürfen. Er sollte lernen, sich für das Gewinnen anzustrengen, sei es beim Spiel oder in der Schule.

Wege
Kleine Erfolge könnten ein Umdenken ermöglichen. Situationen, in denen er Erfolg hat
dank Anstrengung (z.B. im Gedächtnistraining) sollen reflektiert werden. Er sollte als
Urheber des Erfolges sichtbar werden. Man könnte ihn zu Spielen ermuntern, in denen
man mit Denken, Geschick oder Anstrengung den Ausgang beeinflussen kann. Bei
Interesse seinerseits könnte man auch an schulischen Aufgaben arbeiten und die Situationen reflektieren (Anstrengung führt zu Erfolg). Seine Sachinteressen sollten weiter
geklärt werden. Zwar signalisiert er durchaus gewisse Interessen. Wenn man sich jedoch darauf einstellt, sind sie aber plötzlich nicht mehr greifbar — und etwas anderes ist
an ihre Stelle getreten. Es sollten Sachinteressen gesucht werden, die tragfähig genug
sind, auch Anstrengungen zu überstehen. Aus solchen Interessen könnte man beispielsweise ein Projekt entwickeln. Vielleicht könnte man mit ihm (evtl. auch zusammen mit
andern Lernern) Geschichten schreiben, in denen es nicht um Rechtschreiben, sondern
die Entwicklung und Gestaltung von Sprache geht (s.a. *Brunsting,* 1998, *Ehrlich &*
Vopel, 1985).

Kognitive Entwicklung

Ziele
Pascal ist hoch begabt im verbalen Bereich, schriftsprachlich aber behindert durch seine
Legasthenie. Es gilt deshalb, hier möglichst viele Schwierigkeiten abzubauen. Seine
ausgezeichneten Möglichkeiten im logischen Denken sollten genährt und unterstützt
werden. Seine Aufmerksamkeitsprobleme müssen zu überwinden versucht werden,
seine metakognitiven Fähigkeiten verbessert werden (Strategien, metakognitives Bewusstsein, Selbststeuerung). Sein Lern- und Arbeitsverhalten könnte unterstützt und
entwickelt werden (z.B. *Endres,* 1996). Metakognitives Bewusstsein und metakognitive
Fähigkeiten könnten trainiert werden (*Brunsting,* 1997, *Gallin & Ruf,* 1991, *Liechti et*
al., 1993, *Stebler, Reusser & Pauli,* 1994, *Weinert,* 1994).
Wege
Das Rechtschreiben muss geübt werden (psycholinguistisches Rechtschreibetraining).
Rätsel (Logicals) und Krimigeschichten könnten helfen, das Lesen und Denken zu trainieren. Metakognitive Interventionen müssen dringend eingeplant werden (*Brunsting,*
1997, 2000).

Soziale Entwicklung

Ziele
Pascal sollte genügend Kontakte mit Gleichaltrigen haben, um sich in dieser Gruppe die
nötigen sozialen Kompetenzen zu erwerben. Seine Eltern werden weiterhin viel Verantwortung für ihn zu übernehmen haben, mehr als auf dieser Altersstufe sonst üblich
ist, da Pascal aufgrund seiner Hyperaktivität dazu nicht selbst in der Lage ist. Der Ent-
wicklungsrückstand, den das POS bei ihm verursacht, erlaubt ihm erst in sehr beschei-
denem Ausmass, Planungs- und Steuerungsaktivitäten selbst zu übernehmen.

Wege

Pascal benötigt noch viel Einzelbetreuung. Trotzdem sollte versucht werden, wann immer möglich, ihn zusammen mit mindestens einem Lernpartner zu betreuen, damit er Gelegenheit hat, sich mit Gleichaltrigen auseinanderzusetzen. Eltern und Lehrer müssten intensiv beraten werden, da die schulische und erzieherische Herausforderung hier wirklich gross ist.

Schlussbemerkung

Ein solch langfristiger Plan wird im Alltag nur stichwortartig festgehalten, damit möglichst alle wichtigen Punkte auf wenig Platz (und darum übersichtlich) festgehalten sind. Hier wurden sie der besseren Verständlichkeit halber ausformuliert.

4.2.4.3.2   Mittelfristige Planung

Der nächste Schritt besteht dann in einer Planung kürzerer Zeiteinheiten. Aus der grossen Liste der Fernziele werden Teile ausgewählt, die Expedition wird in Etappen aufgeteilt. Akzente werden gesetzt, teilweise auch in Absprache mit dem Lerner, der Schule und der Familie.

4.2.4.3.3   Kurzfristige Planung

Als letztes werden kürzere Einheiten geplant. Die wesentliche inhaltliche Planung liegt natürlich bei der Lerntherapeutin. Der Lerner wird je nach Möglichkeit in die Planung einbezogen, zumindest in dem Sinn, dass er entscheiden kann, ob er diese oder jene Aktivität zuerst anpacken will.

4.2.5   Was wäre, wenn...

Was wäre, wenn Pascal keine Teilleistungsschwäche hätte? Bräuchte er dann keine Unterstützung?

Pascal würde auch in diesem Fall eine lerntherapeutische Unterstützung (Coaching) brauchen, da er auch dann in der Schule nicht genügend Anregung bekommen würde für seine linguistische Entwicklung. Zudem würde er auch Förderung brauchen können für seine (relative) Schwäche im logisch-mathematischen Bereich.

Natürlich würde die Arbeit mit ihm dann etwas anders aussehen. Insbesondere die Förderung seiner Ressourcen (linguistische Intelligenz) wäre dann viel leichter und ungestörter möglich.

Die Entwicklungsschwierigkeiten, die für Hochbegabte entstehen aus ihrer asynchronen Entwicklung, sind nicht zu unterschätzen. Solche Spannungen auszuhalten, müssen Lerner, wie Eltern und Lehrer oft erst mühsam lernen. Hier kann ein professionelles Coaching durch eine Lerntherapeutin viel Entwicklungsanreiz und Erleichterung bringen. Daneben sind aber auch andere Unterstützungmöglichkeiten denkbar. Urban (1998, S. 42) nennt die folgenden:

1.   Private individuelle Erziehung
2.   Spezial(internats)schule
3.   Spezialklasse an Regelschulen

4. Teilzeitspezialklassen an Regelschulen
5. "Express"-Klasse mit akzeleriertem Curriculum
6. "Pullout"-Programme, einmal oder mehrmals wöchentlich
7. Teilzeit-Spezialklasse (eine oder mehrere Stunden/Tage pro Woche)
8. Reguläre Klasse mit zusätzlichem "Resource-Room"-Programm
9. Äussere Differenzierung nach Niveaugruppen in einem oder mehreren Fächern
10. Reguläre Klasse mit zusätzlichen Kursen oder Arbeitsgemeinschaften
11. Reguläre Klasse mit zusätzlicher Lehrkrqaft zur zeitweisen Individualisierung
12. Fach- oder zeitweise Teilnahme am Unterricht in höheren Klassen
13. Reguläre Klasse mit (teilweise) binnendifferenzierendem (Gruppen-) Unterricht
14. Reguläre Klasse, nur bei (Begabungs-) Problemen spezielle Massnahmen
15. Reguläre Klasse ohne spezifische Binnendifferenzierung mit zusätzlicher ausser-schulischer individueller Mentorenbetreuung
16. Reguläre Klasse, zusätzliche ausserschulische Aktivitäten, wie Nachmittags- und Wochenendkurse, Sommerschulen, Sommercamps, Exkursionen, Korrespon-denzzirkel, Wettbewerbe.

Nicht bei allen diesen Möglichkeiten ist der Beitrag der Lerntherapeutin gleich gross. Bei allen jedoch ist ihre kompetente und differenzierte Erfassung ein wertvoller Beitrag zur Förderung hochbegabter (und anderer!) Lerner.

4.2.6 Zusammenfassung und Ausblick

Mit diesem Artikel sollte gezeigt werden, dass auch Hochbegabte Schulschwerigkeiten haben können und Förderung nötig sein kann. Zwar ist Pascal ein besonders tragisches Beispiel für eine Kombination von Hochbegabung mit Teilleistungsschwächen. Die meisten anderen sind in einer glücklicheren Position. Aber es gibt eine ganze Reihe von hoch begabten Lernern, die Unterstützung benötigen. Man braucht keine Teilleistungs-schwächen zu haben, um Förderung zu benötigen. Schon die Tatsache allein, dass man sich in wesentlichen Bereichen von den Altersgenossen unterscheidet, ist eine soziale, emotionale und kognitive Herausforderung für die Entwicklung von Lernern und ihren Familien. Potenzialentwicklung ist nötig und Lerntherapeuten sind qualifizierte Ent-wickler.

4.2.7 Literaturverzeichnis

Bächtold, A., Coradi, U., Hildbrand, J., & Strasser, U.: Integration ist lernbar. Luzern: SZH, 1990

Brunsting, M. : Problemlöse- und Lernstrategien lerngestörter Kinder. Diss Uni Zürich, 1989

Brunsting, M.: Kognitive und metakognitive Aspekte in der Arbeit mit Kindern mit Lernschwierigkeiten. VHN, 1991a,3, 296-310

Brunsting, M.: Problemlösestrategien lerngestörter Kinder. Bulletin Berner Logopäden 2/91b

Brunsting-Müller, M.: Therapiemisserfolge bei Lernstörungen - Hintergründe aus der Sicht der Therapeuten. VHN, 1993,1,41-52

Brunsting, M., Keller, H.-J. & Steppacher, J.(Hrsg.): Teilleistungsschwächen. Luzern: SZH, 1990/1998

Brunsting, M.: Wie Kinder denken - oder denken sie denken. Luzern: SZH, 1997

Brunsting-Müller, M.: Kreative Wege in der Arbeit mit Kindern und Jugendlichen mit Lernschwierigkeiten. SZH: Luzern, 1995/1998

Brunsting, M.: Lernexpeditionen oder Potentiale finden und fördern. Luzern: SZH, 2000

Ciompi, L.:Die Hypothese der Affektlogik. Spektrum der Wissenschaft, 1993,2, 76-87

Csikszentmihalyi, M.: Kreativität. Stuttgart: Klett- Cotta, 1997

Csikszentmihalyi, M.: Das Flow-Erlebnis. Klett-Cotta, 1985

Ehrlich, M. / Vopel, K.: Wege des Staunens. Übungen für die rechte Hemisphäre. Teil 1: Kreatives Schreiben. Hamburg: ISKO Press, 1985

Enders, W. / Bernard E.: So ist Lernen klasse. München: Kösel 1989

Enders, W. et al.: So macht Lernen Spass. Weinheim: Beltz, 1996

Ewert, J.-P.: Neurobiologie des Verhaltens. Bern: Huber, 1998

v. Foerster, H.: Der Neugierologe. Geo Wissen, 1999, 1, 106-109

Gallin / Ruf: Mathematik und Sprache. Zürich: Verlag LCH, 1991

Gardner, H.: Die multiplen Intelligenzen. Klett Cotta, 1985

Goleman, D.: Emotionale Intelligenz. München: Hanser, 1996

Grossenbacher, S.: Begabungsförderung in der Volksschule. Trendbericht SKBF Nr. 2: Aarau, SKBF, 1999

Hoyningen-Süess, U. / Lienhard, P.: Hochbegabung. Luzern: SZH, 1998

Keller, G. / Thiel, R.D.: Lern- und Arbeitsverhaltensinventar (LAVI). Göttingen: Hogrefe, 1998

Lanfranchi, A.: Immigranten und Schule. Opladen: Leske & Budrich, 1993

Lauth, G. / Schlottke, P.F.: Training mit aufmerksamkeitsgestörten Kindern. München: PVU, 1996

Liechti, R. / Gallin, P. / Schmassmann, M. / Schmitt, J. / Stäuble, G. / Wehrli, M.: Mathematik im Gespräch. Zürich : sabe, 1993

Lobeck, A.: Erfassung und Therapie von Rechenschwächen. In: Brunsting, M., Keller, H.-J- & Steppacher, J. (Hrsg.): Teilleistungsschwächen, Luzern: SZH, 1990/1998, 241-258

Mönks / Ypenberg: Hochbegabte Kinder. Basel: Reinhardt, 1998

Müller, E.: Inseln der Ruhe. München: Kösel, 1994 (Einführung ins AT)(auch MC)

Müller, E.: Träumen auf der Mondschaukel. München: Kösel, 1993 (auch MC)

Murdock, M.: Dann trägt mich meine Wolke. Freiburg: Bauer, 1992

Nauck, J. & Otte, R.: Diagnostischer Test Deutsch. Westermann, 1980

Reusser, K. / Reusser-Weyeneth, M. (Hrsg.): Verstehen. Bern Huber, 1994

Rotthaus, W. (Hrsg.): Erziehung und Therapie in systemischer Sicht. Dortmund: modernes Lernen, 1989

Springer / Deutsch: Linkes Hirn - rechtes Hirn. Spektrum der Wissenschaft, 1998

Stamm, M. (Hrsg.): Einführung in die Thematik. In: Grossenbacher, S.: Begabungsförderung in der Volksschule. Trendbericht SKBF Nr. 2: Aarau, SKBF, 1999, 10-28

Stebler, R. Reusser, K., Pauli, C.:Interaktive Lehr-Lernumgebungen. In: Reusser, K. & Reusser-Weyeneth, M. (Hrsg.): Verstehen. Bern Huber, 1994, 227-260

Steinert, J.: Allgemeiner Deutscher Sprachtest. Göttingen: Hogrefe 1978

Steinhausen, H.-Ch. (Hrsg.): Hirnfunktionsstörungen und Teilleistungsschwächen. Berlin: Springer, 1992

Teml, H.: Zielbewusst üben - erfolgreich lernen. Wien: Veritas, 1996 (Buch und Kassette)

Tewes, U. / Thurner, F.: Testbatterie Grammatische Kompetenz. Hogrefe, 1976

Urban, K.K.: Die Förderung Hochbegabter. In: Hoyningen-Süess, U. & Lienhard, P.: Hochbegabung. Luzern: SZH, 1998, 1998, 21-48

Warnke, A.: Legasthenie und Hirnfunktion. Bern: Huber, 1990

Weinert, F.E.: Lernen lernen und das eigene Lernen verstehen. In: Reusser, K. & Reusser-Weyeneth, M. (Hrsg.): Verstehen. Bern Huber, 1994, 183-206

Winner, E.: Hochbegabt. Stuttgart: Klett-Cotta, 1998

4.3   Ressourcevolles Lernen

Hedy Lötscher

Meine Ausführungen zum Thema „Ressourcevolles Lernen" basieren auf dem Neuro-linguistischen Programmieren (NLP) und meinen langjährigen therapeutischen Erfahrungen mit Kindern mit Lernstörungen. Im Februar 2000 ist mein Buch *Lernen mit Zauberkraft / NLP für Kinder* im Walter Verlag, Düsseldorf erschienen. Das Buch enthält eine Fülle von kreativen Übungen, die leicht anzuwenden sind und Kinder (und auch Erwachsene) unterstützen, ihre Ressourcen so zu organisieren, dass sie Ziele leicht erreichen können. Es bietet Werkzeuge, um einschränkende Muster zu verändern und neue Wahlmöglichkeiten zu eröffnen. Dadurch kann Lernen wieder mit positiven Gefühlen wie Neugier, Zuversicht, Entdeckungsfreude und Selbstvertrauen verbunden werden.
Das Neurolinguistische Programmieren (NLP) wurde in den 70 er Jahren in den USA von den Forschern John Grinder und Richard Bandler entwickelt. Ihr Ziel war herauszufinden, was so erfolgreiche Therapeuten wie Virginia Satir, Milton Erickson und Fritz Perls genau machten, um so wirkungsvoll ihre Klienten unterstützen zu können. Sie fanden durch systematische Beobachtungen Kommunikationsmuster und Strategien heraus. Durch Modellieren auch von anderen Spitzenkönnern wurden die Ergebnisse bestätigt und neue Erkenntnisse kamen hinzu. NLP befasst sich mit subjektiven Erfahrungen und untersucht, wie diese im Gehirn verarbeitet und gespeichert werden. Es geht darum, mentale Prozesse zu verstehen, zu verfeinern und weiter zu entwickeln. NLP bietet viele Werkzeuge an, um Ressourcen zu aktivieren, einschränkende Muster zu lösen und Ziele optimal zu erreichen. Letztendlich geht es darum, unsere Sinne zu aktivieren, so dass wir unsere Erfahrungen, Gedanken und Überzeugungen so erweitern können, dass wir für unser Leben sinnvolle neue Wahlmöglichkeiten entdecken.
Im folgenden werde ich einige Punkte etwas genauer ausführen, die für den Bereich Lerntherapie interessant sind. Vereinzelt werde ich auch ein paar Übungen einstreuen.

4.3.1   Ankern

4.3.1.1   Ressourcen ankern

Im NLP versteht man unter Ressourcen alle positiven Erfahrungen, Fähigkeiten, Stärken eines Menschen, die ihn unterstützen, Ziele zu erreichen. Der Begriff Ressource wird aber auch ausgeweitet auf unterstützende Elemente von aussen: sei es die Natur, Musik, Menschen, Tiere... Eine „Ressource ankern" bezeichnet einen Vorgang, wo zum Beispiel ein innerer positiver Zustand auf einer bestimmten Körperstelle festgemacht wird und dadurch wieder abgerufen werden kann. Ein Anker wird als äusserer Reiz verstanden, der einen inneren Zustand auslöst. Natürlichen Ankern sind wir ständig ausgesetzt. Als Beispiel erwähne ich hier ein Musikstück (=Anker), das im Radio erklingt und eine Erinnerung auslöst (Bilder / Gefühle), wo diese Musik Teil davon war.

Viele Kleinkinder tragen ein Stofftier oder ein Tüchlein mit sich herum. Dieser Gegenstand aktiviert als Anker ein Gefühl von Geborgenheit und Sicherheit. Im NLP setzt man Anker gezielt ein, um einen erwünschten inneren Zustand z.B. ein Gefühl von Ruhe und Gelassenheit in einer Situation zur Verfügung zu haben, wo man sonst keinen Zugang dazu hat, z.B. bei einer Prüfung. Gerade Kinder mit Lernstörungen sind häufig völlig getrennt von ihren Ressourcen. Es gelingt ihnen nicht, sich selber in einen ressourcevollen Zustand zu bringen während des Lernprozesses. Positive Erfahrungen ausserhalb des Schulbereichs können sie nicht nutzen für eine Optimierung des Lernens. Hier geht es darum, über den Ankerprozess das Kind zu unterstützen, positive Zustände in der Freizeit zu verknüpfen mit Lernsituationen. Nachfolgend eine kleine Anleitung, wie der Dreifingeranker installiert werden kann.

4.3.1.2 Der Dreifingeranker

Beim Dreifingeranker werden die Kuppen des Zeigefingers, des Mittelfingers und des Daumens der linken Hand (für Rechtshänder) leicht zusammengedrückt.

1. Sorgen Sie für eine ruhige, entspannte Atmosphäre.
2. Sagen Sie dem Kind, es könne sich an ein Erlebnis oder an eine Situation erinnern, in der es sich ganz wohl gefühlt hat. Vielleicht war es in dieser Situation sehr entspannt und ruhig - oder aktiv und konzentriert - oder besonders mutig, selbstsicher, glücklich - oder einfach mit sich zufrieden.
3. Bitten Sie das Kind, sich genau an diese Situation zu erinnern. Es soll die Situation jetzt noch einmal erleben und zwar so, als würde sie jetzt in diesem Moment passieren. Dabei wird die Erinnerung über alle Sinne noch einmal aktiviert. Was gibt es zu sehen in dieser Situation (visueller Kanal)? Gibt es Geräusche, Töne, Stimmen? Sagst du etwas zu dir selber (auditiver Kanal)? Wie fühlst du dich? Wie spürst du deinen Körper (kinästhetischer Kanal)? Vielleicht gibt es auch etwas zu riechen (olfaktorisch) oder zu schmecken (gustatorisch).
4. Wenn sich das Kind ganz wohlfühlt, kann es die drei Finger mit leichtem Druck zusammenbringen, um so das gute Gefühl zu verankern.
5. Lassen Sie das Kind an eine Situation denken, wo es diese Ressource zur Verfügung haben möchte. Das Kind bringt die drei Finger zusammen und mit dem geankerten Gefühl durchträumt es die Situation. Es achtet auf Bilder, Stimmen und Gefühle und erlebt die Situation so intensiv wie möglich. Oft reicht eine einmalige Verankerung des positiven Gefühls, um diesen inneren Zustand in neuen Situationen zur Verfügung zu haben. So kann das Kind den Dreifingeranker in einem bestimmten Fach in der Schule nutzen, wo dieses Gefühl unterstützend wirkt. Es kann hilfreich sein, den Dreifingeranker in den folgenden Therapiesitzungen zu stabilisieren. Dazu kann noch einmal die gleiche ressourcevolle Situation geankert werden oder es werden ähnliche Situationen erinnert und damit verbundene positive Zustände geankert.

Fantasiereisen können ebenfalls genutzt werden, um einen Anker zu stabilisieren und mit immer mehr positiven Gefühlen zu verknüpfen. Bei kleineren Kindern kann es sinnvoll sein statt einem Körperanker einen Gegenstand einzusetzen, um positive Gefühle darauf zu ankern. Das Kind nimmt z.B. einen kleinen Stein in die Hand und drückt ihn leicht, während es in eine Situation mit positiven Gefühlen eintaucht. Der Vorgang kann während einigen Tagen resp. Therapiesitzungen wiederholt werden, um den Anker zu stabilisieren. Oft reicht aber durchaus eine einmalige Verankerung.

4.3.2 Logische Ebenen

In den ersten Sitzungen mit einem Kind mit Lernstörungen ist für mich die Frage zentral, auf welcher Ebene das Problem angesiedelt ist. Dabei beziehe ich mich auf die logischen Ebenen nach Robert Dilts und Gregory Bateson [32]. Innerhalb unserer Gehirnstruktur, sowohl im Sprachzentrum als auch in unseren Wahrnehmungssystemen, gibt es natürliche Klassifikationsebenen. Das Gehirn verarbeitet Erfahrungen auf verschiedenen Ebenen, die hierarchisch angelegt sind.

Identität
Wer bin ich?

Glaubenssätze / Überzeugungen
Werte / Bedeutung / Motivation
Warum?

Fähigkeiten
Strategien / Zustände
Wie?

Spezifische Verhaltensweisen
Was?

Umgebung
äussere Möglichkeiten / Einschränkungen
Wo? Wann?

Die Ebene kann herausgefunden werden durch das Gespräch, gezielte Fragen, systematische Beobachtung und spezifische Testmethoden wie der Muskeltest aus der kinesiologischen Praxis.
Folgende Aussagen zeigen, wie Lernen durch jede der Ebenen eingeschränkt werden kann.

Identität:	Ich bin dumm / ein Mensch mit Lernproblemen.
Glaubenssätze:	Lernen ist schwer und langweilig.
Fähigkeiten:	Es fällt mir schwer, mich auf etwas längere Zeit zu konzentrieren.
Verhalten:	Ich weiss nicht, was ich anders machen soll, um mir diesen Lernstoff zu merken.
Umgebung:	Es war nicht genug Zeit vorhanden, um die Testaufgaben zu lösen.

---

[32] Dilts, Robert u.a.: Know how für Träumer. Junfermann, Paderborn 1994

Die Ebenen organisieren und beeinflussen die Informationen auf den untergeordneten Ebenen. Wenn man etwas auf einer oberen Ebene verändert, ergibt sich auch eine Veränderung auf einer unteren Ebene. Eine Veränderung auf einer unteren Ebene hat aber nicht unbedingt Einfluss auf die höheren Ebenen.

Wenn ein Kind z.B. den Glaubenssatz oder die Überzeugung hat. „Rechnen ist schwierig und ich lerne das nie!" und der Therapeut beginnt auf der Ebene von spezifischen Verhaltensweisen einzuwirken, wird er kaum Erfolg haben. Wenn er beginnt, Lernstoff mit dem Kind aufzuarbeiten, macht er nocheinmal dasselbe, nur in stärkerer Dosierung, was in der Schule nicht funktionniert hat. Nach Aussagen von *Einstein* kann ein Problem nicht auf der Ebene gelöst werden, wo es entstanden ist. „In welchen Bezugsrahmen muss ich mich begeben, um die Antwort zu finden? Wie erreiche ich eine Denkebene, die sich von der Denkebene unterscheidet, durch die das Problem entstanden ist? Gibt es eine andere Ebene, eine andere Perspektive oder einen anderen Zeitrahmen, aus denen heraus diese verschiedenen Arten, die Wirklichkeit zu sehen, etwas miteinander gemeinsam haben?" [33]

Das Üben von spezifischen Verhaltensweisen gestaltet sich sehr schwierig und bringt nur kleine Fortschritte, wenn ein einschränkender Glaubenssatz überlagert ist. Das Trainieren von spezifischen Verhaltensweisen bietet auch nicht Gewähr, dass das Neue auch weiterhin zur Verfügung steht, in einem anderen Umfeld genutzt werden kann; verändert und verknüpft werden kann mit anderen Verhaltensweisen und so als neue Fähigkeit genutzt werden kann.

Wenn ein einschränkender Glaubenssatz den Lernerfolg behindert, muss unbedingt hier angesetzt werden. Das Neurolinguistische Programmieren bietet viele Werkzeuge, wie einschränkende Glaubensmuster verändert werden können. Glaubenssätze sind oft nicht bewusst, drücken sich aber durch das Verhalten aus. Man könnte sagen, dass jedes Verhalten von einem Glaubenssatz gesteuert wird. Viele Glaubenssätze entstehen in der frühen Kindheit. Erfahrungen, ob positiv oder negativ können so prägend sein, dass in einer bestimmten Situation ein Glaubenssatz entsteht, der über Jahre oder sogar das ganze Leben wirksam ist.

Kernglaubenssätze sind z.B. :

Einschränkende Glaubenssätze	Stärkende Glaubenssätze
Ich verdiene keine Liebe.	Ich bin liebenswert.
Ich bin wertlos.	Ich bin wertvoll.
Ich bin schutzlos.	Ich bin sicher.
Ich bin unfähig (dumm).	Ich kann (bin fähig zu) lernen.
Ich muss perfekt sein.	Ich bin okay, so wie ich bin.
Ich bin getrennt.	Ich bin verbunden

Nachfolgend nun eine Übung, wie ein einschränkender Glaubenssatz verändert werden kann.

---

[33] Dilts, Robert: Einstein. Geniale Denkstrukuren und NLP. Junfermann, Paderborn 1992, S. 83

4.3.3   Muster

4.3.3.1   Ein Glaubensmuster verändern

Gehen wir einmal davon aus, ein Kind habe den einschränkenden Glaubenssatz: „Ich kann nicht rechnen."

Legen Sie mit 2 Schnüren (Länge ca. 1-2 m) ein balkengleiches Kreuz + auf den Boden.

Lassen Sie das Kind in die Mitte stehen, auf den Kreuzungspunkt und sich den einschränkenden Glaubensatz vergegenwärtigen. Es lässt dazugehörige Bilder, Stimmen und Gefühle auftauchen.

Lassen Sie das Kind nun ausserhalb der geometrischen Figur auf einen neutralen Platz stehen und 4 Bereiche suchen, wo es den starken Glaubenssatz hat: „Ich kann es!" Oft sind das Hobbys oder Aktivitäten in der Freizeit: z.B. Ich kann gut Rad fahren, snowboarden, schwimmen, malen, Memory spielen....

Das Kind steht nun an das äussere Ende eines Seiles und vergegenwärtigt sich eine bestimmte Situation, wo es diesen stärkenden Glaubenssatz erlebt. Auch hier ist es wieder wichtig, die Erfahrung über alle Sinne zu aktivieren, so dass diese Ressource optimal genutzt werden kann. Nun sagt das Kind laut den positiven Glaubenssatz: z.B. „Ich kann gut Rad fahren!" Es macht einen Schritt hin zum Mittelpunkt und sagt. „**und** ich kann gut rechnen." Manchmal ist es sinnvoller den Satz dahingehend zu verändern: „Ich kann rechnen lernen." oder „Ich bin fähig, rechnen zu lernen." Hier ist die Betonung eher auf dem Prozess des Lernens.

Diese Formulierung ist eher dann sinnvoll, wenn für das Kind der Schritt von „Ich kann nicht!" zu „Ich kann gut!" zu gross ist. Für das Gehirn ist das an sich kein Problem. Das Gehirn ist fähig in kürzester Zeit umzulernen. Was blockierend wirkt sind eher unsere Glaubenssätze und der innere Zweifler.

Das Kind steht nun nacheinander bei den drei anderen Seilenden und vergegenwärtigt sich jeweils eine Erfahrung von: „Ich kann." Sobald es in Kontakt ist mit der Erfahrung macht es den Schritt zum Mittelpunkt und verknüpft beide Erfahrungen über das Wort „und". Auf diese Art werden zwei Bereiche miteinander verknüpft. Das Wort „und" bildet die Brücke um die positive Einstellung, den ressourcevollen inneren Zustand, von einem Bereich in den anderen hinübernehmen zu können. Das Gehirn verarbeitet Erfahrungen assoziativ und macht ständig neue Verknüpfungen. Durch diesen „Brückenschlag" helfen wir dem Gehirn zwei Bereiche zu verknüpfen, wo bisher noch keine Assoziation vorhanden war. Dadurch eröffnen sich neue Möglichkeiten. Spezifische Verhaltensweisen und Fähigkeiten und innere Zustände können überführt werden in eine andere Situation. Hier können sie optimal angepasst, erweitert und integriert werden.

Ist ein einschränkender Glaubenssatz gelöst, ergibt es automatisch Auswirkungen auf die darunterliegenden Ebenen „Fähigkeiten" und „Verhaltensweisen". Nun kann es sinnvoll sein Strategien aufzubauen, zu optimieren und zu automatisieren. Der Lernerfolg wird sich nun auch viel schneller einstellen mit einem positiven Glaubenssatz und dem gestärkten Selbstvertrauen.

4.3.3.2   *Augenmuster*

Auf der Ebene der Fähigkeiten haben wir es besonders mit Strategien und Zuständen zu tun. Das NLP hat entdeckt, dass bestimmte Denkprozesse von automatischen, unbewussten Augenbewegungen begleitet werden. Folgendes Schema der Augenmuster wurde entwickelt. Es gilt für die allermeisten Rechtshänder.

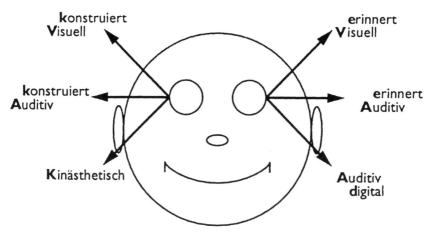

Abbildung aus Dilts R. u.a.: Know how für Träumer, Junfermann, Paderborn 1994, S. 94

Augenbewegungen begleiten die innere Informationssuche. Falls eine Information sehr präsent ist, gibt es kaum Augenbewegungen. Muss aber eine Information erst aktiviert werden, machen die Augen automatisch Bewegungen in die Position, wo das Gehirn am besten wieder Zugang zu der gespeicherten Information findet. Die allermeisten Rechtshänder

- blicken nach links oben, um sich an Bilder zu erinnern (visuelle Erinnerung).
- nach rechts oben, um die Vorstellungskraft zu nutzen und Bilder zu kreieren (visuelle Konstruktion).
- nach links waagrecht, um sich an auditive Informationen (Geräusche, Stimmen, Töne) zu erinnern.
- nach rechts waagrecht, um Töne zu konstruieren (auditive Konstruktion).
- nach links unten, um auf den inneren Dialog zu hören und Selbstgespräche zu führen (auditiv digital).
- nach rechts unten, um mit Gefühlen in Kontakt zu kommen (kinästhetisch).

Bei Linkshändern kann es gerade andersherum organisiert sein, muss aber nicht unbedingt.

Das Wissen um die Augenmuster kann hilfreich sein, um innere Prozesse besser zu verstehen, die Kommunikation mit anderen zu verbessern und Strategien zu optimieren.

216

In der Therapie kann man ein Kind optimaler unterstützen. Man findet über die Beobachtung der Augenbewegungen schneller heraus, wo Blockaden und einschränkende Muster sind und welche Strategien hinderlich oder hilfreich sind.

In den verschiedenen Augenpositionen kann Stress (negativer Stress, sogenannter Di-Stress) gespeichert sein. Wenn ein Kind in der Position „Visuell erinnert" (links oben) viele belastende Bilder gespeichert hat, kann es sein, dass mit der Zeit das Gehirn in Stress gerät, wenn die Augen nach links oben gehen. Unter Stress wird es aber zunehmend schwieriger, Informationen zu finden, was zu neuem Stress führen kann. Es kann sogar sein, dass mit der Zeit die Augen die Blickrichtung nach links oben vermeiden, um dem Stress auszuweichen. Dadurch hat aber das Kind keinen oder nur sehr erschwerten Zugang zu visuell gespeicherten Informationen. Ich habe bei Kindern mit Lernstörungen oft entdeckt, dass dieser visuelle Bereich blockiert ist.

Mein Buch *Lernen mit Zauberkraft* , das eingans erwähnt wurde, enthält viele Übungen, um Stressmuster zu lösen. Ich verwende dafür eine spezielle Karte, die Magic line card, die im Buch enthalten ist, um Stressmuster effizient zu lösen und die Gehirnhälften zu integrieren.

Ich stelle hier eine Übung vor, um Stress in den Augenpositionen abzulösen und Ressourcen zu integrieren.

4.3.3.3   *Der Achterstern*

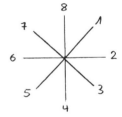

Als Form wird ein achtstrahliger Stern benutzt, den Sie mit zwei Fingern (Zeige- und Mittelfinger) im Gesichtsfeld des Kindes in die Luft malen. Ausgangspunkt ist der Mittelpunkt des Sterns. Das Kind folgt den Fingerbewegungen nur mit den Augen, der Kopf bleibt ruhig.

Hier nun die Schritte im einzelnen:

1. Lassen Sie das Kind an ein Wort denken, das in ihm Stress auslöst oder das sonstwie unangenehm ist. Das kann eine Tätigkeit sein, ein Schulfach, Prüfungen, Hausaufgaben usw.

2. Das Kind folgt nun der Fingerbewegung, während es an das Wort denkt. Sie sitzen oder stehen am besten vor dem Kind, so dass Sie bequem alle Augenpositionen erreichen können. Führen Sie ihre Finger zuerst von Ihnen aus gesehen nach rechts oben. Vom Kind aus gesehen wäre das die Position links oben, also erinnerte Bilder. Sie bewegen also Ihre Hand vom Mittelpunkt des Sterns (in Augenhöhe) nach 1 (visuell erinnert), während das Kind an das Wort denkt oder es sogar laut sagt. Sie bewegen die Hand ein zweites Mal nach 1 und wieder zurück. Nun gehen Sie fortlaufend zweimal in jede Position: 2 (auditiv erinnert), 3 (innerer Dialog), 4 (Mitte unten, Gefühlsbereich), 5 (kinästhetisch), 6 (auditiv konstruiert), 7 (visuell konstruiert), 8 (Mitte oben, Bilder).

3. Sie können das Kind fragen, was sich verändert hat. Oft tritt ein Gefühl von Distanz auf. Das Kind erreicht einen neutralen Zustand, von dem aus wieder Wahlmöglichkeiten offen stehen.

4. Nun können Sie das Kind nacheinander drei Ressourcen beifügen lassen. Stellen Sie dem Kind die Frage, welche Farbe für dieses Thema unterstützend sein könnte. Das Kind visualisiert nun im Mittelpunkt des Sterns einen Farbtopf mit der ausgewählten Farbe. Es stellt sich nun vor, dass es mit einem Pinsel die Strahlen des Sterns mit der Farbe bemalt, während es an das Thema denkt und Ihren Fingern folgt, wieder von 1 - 8, diesmal aber nur einmal in jede Position.

5. Als zweite Ressource kann das Kind ein Tier auftauchen lassen, das hilfreich ist für dieses Thema. Vielleicht ist es ein Lieblingstier des Kindes, vielleicht ist es auch ein Tier, das eine Fähigkeit hat, die das Kind in dieser Situation gut gebrauchen könnte: z.B. schlau zu sein wie ein Fuchs und neue Wege zu finden; mutig zu sein wie ein Löwe; sich schützen zu können wie eine Schildkröte; die Übersicht zu haben wie ein Adler. Das Kind denkt an das Thema und an das Tier und folgt wieder den Fingern in die Positionen 1 - 8.

6. Als letzte Ressource kann das Kind ein Symbol (oder Gegenstand) auftauchen lassen, das unterstützend wirkt. Vielleicht hat es einen Lieblingsgegenstand oder nutzt die Sonne als Ressource. Es kann auch sein, dass es das Fahrrad oder das Snowboard wählt, obwohl das nichts mit dem Thema zu tun hat. Da dieser Gegenstand aber verknüpft ist mit positiven Gefühlen und Einstellungen wird das Gehirn das automatisch mit dem Thema verknüpfen. Dadurch eröffnen sich neue Wahlmöglichkeiten.

Die Übung kann auch ausgeführt werden ohne an ein bestimmtes Thema zu denken. Das kann z.B. geschehen zu Beginn der Therapiestunde, um die Kanäle zu öffnen und das Kind in einen ressourcevollen Zustand zu bringen.

4.3.4   Strategien

Wie bereits gesagt hängen Denkprozesse mit den Augenbewegungen zusammen. Im Schlaf hat man REM-Phasen (Rapid Eye Movements) festgestellt mit schnellen Augenbewegungen, in denen offenbar auch mehr geträumt wird. Strategien laufen ebenfalls über Augenbewegungen ab. Meist ist der Ablauf aber unbewusst und geschieht sehr schnell, so dass es oft bestimmte Techniken braucht, um die Strategie eines Menschen zu elizitieren.

Im NLP hat man über Modellieren von erfolgreichen Menschen (Interview und Elizieren von Strategiemustern über die Augenbewegungen) nützliche Strategien herausgefunden. Eine erfolgreiche Kreativitätsstrategie ist z.B. Vk - K - A iD. Ein Rechtshänder schaut demnach nach rechts oben (Vk) und kreiert Bilder, indem er seine Vorstellungskraft nutzt. Es kann wie ein Brainstorming sein, wo viele Varianten aufblitzen. Nun schaut die Person nach rechts unten (K) und spürt, wie es ist, die Idee oder mehrere Ideen in die Tat umzusetzen. Was taucht auf der Körperebene auf? Welche Gefühle sind im Vordergrund, wenn sie an die Verwirklichung der Ideen denkt.

Nun geht die Person mit den Augen nach links unten (A iD) und kommt in Kontakt mit der inneren Stimme. Oft hat die Stimme die Rolle des Kritikers oder des Zweiflers. Hier ist es nun sinnvoll Fragen zu stellen: „Was ist gut an dem Projekt? Was fehlt noch? Was könnte noch verbessert werden?" Mit den Informationen die auftauchen geht die

Person wieder nach rechts oben und hier werden Lösungen kreiert. Die Strategie Vk - K - A iD wird weitergeführt bis in den einzelnen Positionen nichts mehr auftaucht und die Person weiss, wie das Ziel aussieht und bereit ist, den ersten Schritt zu tun.

4.3.4.1 Rechtschreibstrategie

In meiner langjährigen Tätigkeit als Logopädin mit Legasthenikern habe ich festgestellt, dass wirklich alle Kinder mit Schreibproblemen eine auditive Strategie haben. Sie hören auf den Klang des Wortes oder sagen sich das Wort noch einmal vor und versuchen es dann zu schreiben. Sie verfügen über keine oder nur rudimentäre innere Wortbilder. In den ersten Schuljahren kommen Kinder mit der auditiven Strategie oft noch durch, da im Grundwortschatz viele Wörter lautgetreu geschrieben werden. Mit zunehmendem Schwierigkeitsgrad der Wörter versagt die auditive Strategie und auch ein Kind, das sehr genau hinhört z.B. beim Wort „heute" und dann folgerichtig „höite" schreibt, wird immer mehr Misserfolgserlebnisse haben, was früher oder später auch zu einem einschränkenden Glaubenssatz führt. Sobald die Fremdsprachen aktuell werden, wird das Problem oft noch verschärft, wenn das Kind über keine visuelle Strategie verfügt.

In der Therapie erarbeite ich mit den Kindern eine visuelle Strategie, die vor allem die Position „Erinnerte Bilder" nutzt und eine kinästhetische Überprüfung. Ich überprüfe sorgfältig, wo beim Kind der neurologisch optimale Ort ist, um Wortbilder zu speichern. Hier werden dann auch die Wortbilder aufgebaut. Bei Rechtshändern ist das, wie gesagt, meist links oben. Bei Linkshändern muss das genau überprüft werden. Die visuelle Strategie wird in kleinen Schritten aufgebaut. Oft sind je nach Kind verschiedene Vorübungen angezeigt. Es würde hier zu weit führen, die Strategie im einzelnen darzulegen.

Man hat auch für weitere Strategien, wie Lesestrategie, Motivationsstrategie, Entscheidungsstrategie usw. optimale Formen herausgefunden die einen erfolgreichen Ausgang unterstützen.

4.3.4.2 Ziele

Ziele können mit verschiedenen logischen Ebenen (wie sie bereits beschrieben wurden) verknüpft sein. Ein Mensch, der von sich sagt: „Ich bin ein Lerner!" wird sich im Leben immer wieder neue Ziele setzen, um neue Inhalte zu lernen, Herausforderungen anzunehmen und sich weiterzuentwickeln. Mit jedem Erfolgserlebnis wächst sein Selbstvertrauen. Neue Informationen werden vernetzt mit bereits gespeicherten Informationen. Die Assoziationen und Verknüpfungen werden immer vielschichtiger und vollziehen sich schneller.

Anders gestaltet es sich bei einem Menschen, der denkt „Ich bin dumm." Oft setzt er sich überhaupt keine Ziele mit dem Resultat, dass andere Menschen für ihn Ziele setzen. Oft genug ist er aber überhaupt nicht motiviert dieses Ziel anzugehen, da gespeicherte Misserfolgserlebnisse Angst vor Versagen auslösen. Was ein Mensch über sich selber glaubt hat also einen entscheidenden Einfluss auf seine Zielsetzungen. Im NLP spricht man von Metaprogrammen, die ebenfalls eine wichtige Bedeutung haben. Viele Menschen haben das Metaprogramm „Weg von" im Gegensatz zu „Hin zu". Menschen mit dem Metaprogramm „Weg von" formulieren z.B. Ziele wie: „Ich will mich nicht mehr so aufregen." „Ich will kein Kopfweh mehr haben." Der Blick ist auf das Problem gerichtet. Dem Menschen ist nur klar, was er nicht mehr will, aber oft weiss er nicht, wohin die Reise nun gehen soll. Als Bild taucht bei mir oft auf, dass so ein Mensch rückwärts von einem Problem weggeht, das Problem aber immerzu fokussiert und ihm damit weiterhin Energie zuführt. Energie fliesst dorthin, wo die Aufmerksamkeit ist.

Ein Mensch mit dem Metaprogramm „Hin zu" ist fähig, eine genaue Zielvorstellung zu entwickeln. Er kann den Wunsch-Zustand visualisieren und einen Zielsatz formulieren. Ein Zielsatz wird immer positiv formuliert. Unser Unbewusstes reagiert vor allem auf Bilder. Wenn ich sage: „Stellen Sie sich nicht die Farbe Rot vor!" -- passiert genau das, was Sie nicht tun sollten. Sie stellen sich die Farbe rot vor und stellen sich nachträglich die Frage, was sie nun mit dieser Farbe tun sollen. Nun bleibt Ihnen nur die Wahl, die Farbe durchzustreichen oder wieder auszulöschen. Aber sie wurde sofort aktiviert, obwohl im Satz eine Verneinung war. Das „Nicht" hat das Unbewusste nicht beachtet. Es reagiert auf Bilder.

Wenn man mit Kindern Ziele erarbeitet, ist darauf zu achten, die Ziele positiv zu formulieren, damit die Bilder und Zustände aktiviert werden, die das Kind erreichen will. Die primäre Arbeit ist zugrundeliegende Glaubenssätze aufzulösen, damit die Zielerreichung gewährleistet ist. Oft ist es sinnvoll Glaubenssätze zu überprüfen wie: „Ich kann erfolgreich sein. Ich darf erfolgreich sein. Ich will erfolgreich sein. Ich bin erfolgreich." oder „Ich kann / will / darf mein Ziel erreichen. Ich erreiche mein Ziel."

Hier ein paar Beispiele für positive Zielsätze bezogen auf Lernen:
„Ich bin an der Prüfung ruhig und gelassen."
„Ich lerne den Stoff leicht."
„Ich kann den Lernstoff gut speichern und abrufen."
„Ich nehme alle Informationen auf, die ich brauche."
„Ich bin fähig zu...." „Ich kann es!"

Hier ist eine Übung, die hilfreich ist, um einen Zielsatz zu verankern über Bilder.

4.3.4.2.1 Ein Zielbild malen

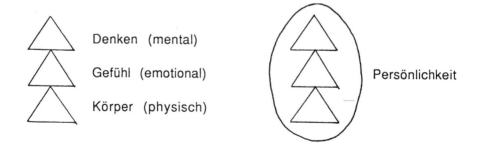

Ich biete dem Kind eine Karte im A5-Format oder ein Zeichenblatt an, worauf drei Dreiecke mit Bleistift gezeichnet sind.

1. Das Kind sucht sich ein Ziel, das wir miteinander so formulieren, dass es einen kurzen, positiven Zielsatz ergibt. „Ich kann gut lesen." oder als Prozess formuliert „Ich kann lesen lernen." Manchmal kann es auch sinnvoll sein, ein Teilziel zu formulieren wie: „Kurze Wörter lese ich sofort laut." Das war bei einem Kind der Fall, das alle Wörter zuerst aus Unsicherheit leise für sich las oder sogar buchstabierte, bevor es das Wort laut sagte. Daraus wird auch ersichtlich, dass Ziele auf eine spezifische Verhaltensweise, eine Fähigkeit, eine Strategie oder eine Überzeugung ausgerichtet sein können.

2. Ich erkläre dem Kind die Bedeutung der drei Dreiecke. Das unterste Dreieck steht für den Körper, das mittlere für die Gefühle und das oberste für das Denken, also den mentalen Bereich. Ich erkläre ihm anhand von Beispielen, dass Ziele viel besser erreicht werden können, wenn Körper, Gefühle und Denken auf das gleiche Ziel ausgerichtet sind und einander unterstützen und wie ein gutes Team zusammenarbeiten.

3. Das Kind malt die Dreiecke an und denkt dabei an sein Ziel und den jeweiligen Bereich z.B, Gefühlsbereich. Es kann sich überraschen lassen, welche Farben es wählt und ob es Lust hat, Figuren, Formen einfliessen zu lassen.

4. Nun nimmt das Kind eine Farbe und malt um die drei Dreiecke einen Kreis, wobei es den Zielsatz womöglich laut dabei sagt. Das laute Sprechen aktiviert mehr als nur das Denken des Satzes. Es kann beim Umkreisen die Farben wechseln und auch zwischendurch mit der linken Hand malen, damit die Verankerung noch tiefgreifender wird.

5. Es kann den Zielsatz auf die Karte schreiben. Das Kind überlegt sich einen Platz, wo es die Karte hinlegen oder aufhängen kann, damit es sie so oft als möglich sieht. Die Karte ist ein visueller Anker, der das Gehirn bewusst und unbewusst an das Ziel erinnert.

Um Ziele optimal zu erreichen, kann es auch immer sinnvoll sein, einen Körperanker, wie den Dreifingeranker, zu setzen, der weiter oben beschrieben wird. Mit einem solchen Anker können innere Zustände verknüpft werden, die beim Erreichen des Zieles unterstützend sind.

4.3.5   Geschichten und Fantasien

4.3.5.1   *Die persönliche Geschichte umschreiben*

Jeder Mensch hat seine persönliche Geschichte, die geprägt ist von Erfahrungen und damit verknüpften Energiemustern auf der mentalen Ebene, der emotionalen Ebene, der Verhaltensebene und der Körperebene.

Um die persönliche Geschichte zu verändern, muss oft ein einschränkendes Muster unterbrochen und aufgelöst werden. Das kann z.B. dadurch geschehen, dass zwei unterschiedliche Zustände (respektive Muster) miteinander verankert werden, so dass durch die Vernetzung das einschränkende Muster unterbrochen wird und durch den Einfluss des ressourcevollen Zustandes etwas Neues möglich wird.

Diese Intervention mache ich bei Kindern sehr oft über Zeichnungen. Im folgenden möchte ich an einem Fallbeispiel die Vorgehensweise erläutern.

Fallbeispiel 1

Vor ein paar Jahren habe ich mit dem Viertklässler Bastian gearbeitet. Er war angemeldet wegen Lese- und Rechtschreibproblemen. Zu Beginn der Therapie haben wir vor allem Ressourcen aufgebaut und geankert, um sein Selbstvertrauen zu stärken. Oft braucht es diese Vorarbeit bei den Kindern, damit sie genug Vertrauen haben und ein positives Gefühl zu sich selber, um bereit zu sein, einschränkende Muster zu lösen und Ziele anzupeilen. In einer Sitzung habe ich Bastian gefragt, ob er bereit sei, am Thema Lesen zu arbeiten. Er willigte ein, obwohl schon nur das Wort Lesen bei ihm spontan negative Gefühle auslöste.

Ich legte verschiedene Zeichenmaterialien, Farbstifte, Filzstifte, Wasserfarben bereit, damit er aus der Palette auswählen konnte. Nun bat ich ihn, die Augen zu schliessen und an eine Lesesituation zu denken und darauf zu achten, welche Bilder, Töne und Gefühle auftauchten. Darauf regte ich an, er könne einfach ein Bild auftauchen lassen zum Thema Lesen, das er malen könne. Ich gab ihm ein paar zusätzliche Hinweise wie: Vielleicht ist eine Farbe vorherrschend, vielleicht gibt es auch einen Ton dazu. Bastian malte daraufhin auf ein weisses Zeichenblatt im A4-Format ein kleines schwarzes Viereck. Dazu sagte er: „Das ist für mich Lesen und es ist hart und macht pädäng." Wir legten die Zeichnung für den Moment beiseite und ich forderte Bastian auf, einen Moment Trampolin zu springen, um wieder in einen positiven Zustand zu kommen.

Nun fragte ich ihn, bei welcher Tätigkeit er ein Gefühl habe von „Ich kann das!" Spontan nannte er Rad fahren und Rechnen. Ich liess ihn nacheinander eine positive Fahrrad-Erfahrung noch einmal erleben, indem er sie noch einmal durchträumte. Als zweites erlebte er eine ressourcevolle Situation im Bereich Rechnen. Ich sagte ihm, er könne nun ein Bild auftauchen lassen, dass mit diesem guten Gefühl beim Radfahren und Rechnen zu tun habe. Er zeichnete einen grünen Mähdrescher und schrieb auch den Markennamen dazu. Er erzählte mir, dass er sich sehr für Mähdrescher interessiere und daheim einen Ordner voller Prospekte angelegt habe. Er versprach mir den Ordner das nächste Mal mitzubringen und mich über Mähdrescher zu informieren. Damit war sogar eine zusätzliche Ressource bei Bastian aktiviert. Ich legte nun beide Zeichnungen, Problemzeichnung und Ressourcezeichnung vor Bastian hin und forderte ihn auf, sie in die Hände zu nehmen und zu überprüfen, welche Zeichnung in die linke und welche in die rechte Hand gehört. Das kann sich sehr unterschiedlich anfühlen.

Der nächste Schritt wird als Integration bezeichnet, die sich auf verschiedenen Ebenen abspielen kann. Ich leitete Bastian an, mit den Augen hin und her zu gehen und die unterschiedlichen Farben und Formen der Zeichnungen wahrzunehmen. Während er dies tat, leitete ich eine Integration auf der Ebene der Fähigkeiten ein, indem ich Sätze formulierte wie: „Beim Radfahren fühlst du dich sicher, du kannst auf deinen Körper vertrauen, der das Bewegungsmuster gut gelernt hat und es nun automatisch ablaufen lässt. Beim Rechnen hast du die Fähigkeit klar zu denken und zu kombinieren. Du weisst, dass du es kannst und hast Vertrauen in dich, dass du immer Neues mit Leichtigkeit dazu lernen kannst. Stell dir vor, was geschieht, wenn du diese Fähigkeiten, die du beim Radfahren und beim Rechnen hast, auch im Lesen zur Verfügung hast. Beim Anblick von Buchstaben kann dein Gehirn neue Zusammenhänge entdecken, neue Muster weben und verknüpfen, so dass du anfangen kannst, ein Gefühl von Leichtigkeit zu spüren."

Die Verankerung geschieht über das Ineinanderfliessen der visuellen Eindrücke, da die Augen über die Zeichnungen hin und her wandern. Eine hypnotische Induktion kann unterstützend sein, um auf der Ebene der Fähigkeiten und Glaubenssätze Verknüpfungen herstellen.

Durch die Integration entstand bei Bastian ein neues Gefühl. Ich bat ihn nachzusehen, ob es auch ein Bild dazu gebe. Er bejahte und malte nun ein drittes Bild, das ich als Integrationszeichnung bezeichne.

Bildbeschrieb: Ein grünes Unterseeboot taucht nach einem versunkenen Schatz. Der Schatz ist viereckig und schwarz und befindet sich ganz in der rechten unteren Ecke des Blattes. Um den Schatz herum hat es gelbe Farbe. Bastian erklärt, es sei ein kostbarer Schatz. Bastian ist im Unterseeboot und will den Schatz heben. Der Schatz wird aber von einem Meeresungeheuer bewacht und ist, laut Ausssage von Bastian, sehr gefährlich. Ich fordere Bastian auf, dem Meeresungeheuer seine Stimme zu leihen, damit ich mit ihm verhandeln könne. Ich fragte das Meeresungeheuer, unter welcher Bedingung es bereit sei, den Schatz vom Unterseeboot heben zu lassen. Das Meeresungeheuer sagte, es gebe zur Zeit keine Möglichkeit den Schatz zu befreien. Ich setzte die Verhandlung fort, aber das Meeresungeheuer blieb hartnäckig bei seinem Entschluss. Plötzlich sagte Bastian als Meeresungeheuer: „Sieben Monate wird der Schatz noch von mir bewacht, dann kann das Unterseeboot ihn abholen. Vorher ist nichts möglich."

Wir beendeten auf diese Art die Sitzung und ich schrieb mir die Informationen auf. Bastian kam vierzehntägig in die Therapie. Ich arbeitete mit verschiedenen NLP-Interventionen am Thema Schreiben und Lesen. Wir machten verschiedene Übungen und Spiele, um neue Strategien und Muster zu vertiefen.

Ende Juni konnte ich die Therapie mit Bastian abschliessen. Er hatte enorme Fortschritte gemacht, sowohl im Lesen als auch im Schreiben. Beim Abschlussgespräch mit den Eltern und der Lehrerin kam mir wieder die Integrationszeichnung mit dem Schatz in den Sinn. Ich holte sie hervor und stellte mit Erstaunen fest, dass die Zeichnung im November entstanden war. Das Meeresungeheuer hatte bekanntgegeben, dass der Schatz nach sieben Monaten gehoben werden könne -- und das war im Juni.

Solche oder ähnliche Erfahrungen habe ich seither öfter gemacht. Das Unbewusste des Kindes hat ein grösseres Wissen und kennt Zusammenhänge, die wir als Therapeuten oft nicht wahrnehmen. Auch darin ist noch ein grosser Schatz verborgen, den wir aber nur entdecken, wenn wir offen sind und mehr wahrnehmen als über unsere Sinne möglich ist.

Fallbeispiel 2
Für die gleiche Intervention verwende ich manchmal auch Knete. Es gibt Kinder, die nicht so gerne malen, dann ist Knete eine gute Alternative. Ich stelle selber Knete in ganz verschiedenen Farben her, die sehr geschmeidig ist. Ich lasse das Kind zu seinem

Problem eine farbige Knete auswählen. Es vergegenwärtigt sich eine spezielle Situation über alle Sinne, gleichzeitig hat es die Knete in den Händen. Seine Finger geben der Knete eine Form, der innere Zustand wird sozusagen in der äusseren Form verankert. Der Ablauf ist sonst der gleiche wie mit den Zeichnungen.

Ich beschreibe hier nun die Arbeit mit Renate, einer Viertklässlerin, deren Problem das Diktat war.

1. Problem: Diktat. Renate wählt eine rosarote Knete und formt daraus ein Gesicht, das die Zunge herausstreckt. Dazu macht sie „bääh!" und sagt: „Diktat ist blöd." Sie schreibt auf einen Zettel „Diktat" und legt es oberhalb des Gesichtes.

2. Ressource: Kleine Kinder hüten. Renate wählt eine grüne Knete und formt einen Kinderwagen und sich selber, den Kinderwagen schiebend. In der Hand hält sie eine Puppe. Ihr Kommentar lautet: „Kleine Kinder hüten macht Spass!"

3. Integrationsfigur: Sie wählt wieder den grünen Teig und formt ein Herz. Vom Herzen gehen acht dicke Strahlen aus. Renate meint: „Mit dem grünen Teig ist das Diktat ganz anders." Die Strahlen, die vom Herzen ausgehen, bezeichnet sie als Kraftstrahlen. Nach der Arbeit ist sie sehr zuversichtlich und setzt sich das Ziel, mehr zu lesen, dann gehe das Diktat sicher auch besser. Sie ist überzeugt, dass sie fähig ist, im Diktat die Note fünf zu machen.

Mit der neuen positiven Einstellung gelang es auch viel leichter, Strategien aufzubauen und zu sichern. Renate machte danach tatsächlich beachtliche Fortschritte im Rechtschreiben.

4.3.5.2   Fantasiereisen / Geschichten

Geschichten und Fantasiereisen sind eine wunderbare Möglichkeit, um das Selbstvertrauen der Kinder zu stärken, sie in Kontakt zu bringen mit ihren Ressourcen, so dass sie neugierig, zuversichtlich und mutig neue Herausforderungen anpacken können.

Fantasiereisen nutzen die Kraft der Vorstellung. Dem Kind werden Bilder angeboten, die es aber individuell gestalten kann. Fantasiereisen sollen so erzählt werden, dass das Kind die Möglichkeit hat, kreativ zu visualisieren. Es soll genug Raum geben für eigene Bilder und Vorstellungen.

Nachfolgend nun eine Anleitung für eine Fantasiereise, die aber beliebig verändert und ausgebaut werden kann.

4.3.5.2.1   Ein Krafttier finden

Du kannst es dir so gemütlich wie möglich machen auf deinem Stuhl. Vielleicht hast du auch die Möglichkeit, dich hinzulegen. Du kannst deine Augen schliessen. Innere Bilder können so viel leichter auftauchen. Du kannst, wenn du einatmest, deine Aufmerksamkeit auf die höchste Stelle deines Kopfes lenken, d.h. auf deinen Scheitel. Wenn du ausatmest kannst du mit deiner Aufmerksamkeit bei deinen Füssen sein. Während du einige Male so hin und her gehst, zwischen Kopf und Füssen - einatmen - ausatmen - einatmen - ausatmen, kannst du spüren, wie du innerlich ruhig wirst. Dein Körper kann Spannungen loslassen. Innere Bilder können leichter auftauchen.

Stell dir vor, du spazierst einen Weg entlang durch eine schöne Landschaft. Die Sonne wärmt dich angenehm. Du fühlst dich wohl und sicher. Dein Blick fällt auf einen Baum,

226

der allein auf der Wiese steht. Schon von Ferne siehst du, dass es ein ganz besonderer Baum ist. Auf dem Baum sitzen einige farbige Vögel. Zuerst denkst du, dass es eine Art Papageien sind. Als du näher kommst, bleiben die Vögel ruhig sitzen. Du bleibst neugierig unter dem Baum stehen. Plötzlich hörst du eine Stimme, die sagt: „ Ich bin der Helferbaum und das sind die Sorgenvögel. Sie ernähren sich von den Sorgen der Menschen." Du schaust dich um. Zunächst kannst du aber nicht erkennen, wer da spricht. Plötzlich siehst du, dass die Rinde des Baumes eine Art Gesicht hat mit funkelnden Augen und einem Mund, der sich eben bewegt und weiterspricht: „ Wenn du etwas hast, was dir Sorgen bereitet, kannst du dich einfach entschliessen es loszulassen. Und - schwupp - landet es auf dem Baum und verwandelt sich in eine Sorgenfrucht, das Lieblingsessen der Sorgenvögel. Sie haben die Fähigkeit, Sorgen in Kraftfutter umzuwandeln." Du bist überrascht. Nach kurzer Zeit fängst du an zu überlegen, was du den Sorgenvögeln schenken könntest. Du erinnerst dich an eine unangenehme Situation oder es fällt dir etwas ein, was dir Kummer oder Sorgen macht. Sobald du entschlossen bist, es loszulassen - schwupp - verwandelt es sich in eine Sorgenfrucht. Du bist neugierig, wie die Sorgenfrucht aussieht, denn auf dem Helferbaum gibt es Früchte in allen Farben und Formen. Du kannst soviele Sorgen oder unangenehme Gefühle loslassen, wie du willst. Die Vögel freuen sich darüber. Du fühlst dich erleichtert. Du verabschiedest dich vom Helferbaum und den Sorgenvögeln und gehst deinen Weg weiter. Du fühlst dich leicht und frei und hast vielleicht Lust zu springen oder zu tanzen. Du hast das Gefühl, dass die Sonne viel intensiver scheint und die Landschaft in ein schönes Licht eintaucht. Du näherst dich einem Wald. Plötzlich siehst du am Waldrand ein Tier auftauchen. Du bist neugierig und hast irgendwie das Gefühl, dass dieses Tier etwas mit dir zu tun hat. Es kommt näher und du kannst das Tier erkennen. Vielleicht ist es ein Tier, das dir schon lange vertraut ist, ein Lieblingstier oder es kann auch ein Tier sein, das du hier nie erwarten würdest. Während es näher kommt und du seine Augen sehen kannst, weisst du, dass es dir freundlich gesinnt ist. Du hast sogar irgendwie das Gefühl, einem Freund zu begegnen. Es bleibt vor dir stehen. Ihr schaut einander an. Vielleicht ist es ein Tier, das eine bestimmte Fähigkeit hat, die du gut gebrauchen könntest wie: Mut, Ausdauer, Wachsamkeit, Schlauheit, Schnelligkeit. Plötzlich stellst du fest, dass du mit dem Tier sprichst. Du fragst es, wie und wo es lebt. Du hast das Gefühl, dass du seine Antwort verstehst. Du kannst das Tier fragen, ob es dein Krafttier ist und dich unterstützen kann Lösungen zu finden und Ziele leichter zu erreichen. Vielleicht hast du noch andere Fragen. Es kann auch sein, dass das Tier dir etwas zeigen will z.B. seinen Lieblingsplatz. Vielleicht nimmt es dich auch mit auf eine Reise. Oder ihr verbringt die Zeit mit gemeinsamem Spielen. Geniess die Zeit mit deinem Krafttier. ---
Nun ist es Zeit, dich von deinem Krafttier zu verabschieden. Du weisst aber, dass du dein Krafttier jederzeit wieder rufen kannst. Du kannst es um Hilfe bitten um Lösungen zu finden und Ziele zu erreichen. Es ist jederzeit für dich da, wenn du eine Unterstützung brauchst. Nun verblassen die Bilder langsam und du kehrst in diesen Raum zurück. Du kannst anfangen dich zu bewegen und zu strecken. Nimm dir die Zeit, die du brauchst. Du öffnest deine Augen und fühlst dich wach und frisch.

4.3.6   Literaturverzeichnis

Kündig, D. / Lötscher, H. / Steiner, K.: Zauberworte. Veritas, Linz 1995
Kündig, D. / Lötscher, H. / Steiner, K.: Weiss, O.: Traumfreunde. Palazzo, Zürich 1998
Lötscher, Hedy: Lernen mit Zauberkraft. Walter. Düsseldorf 2000

5   Ausbildung in Lerntherapie

Die Ausbildung in Lerntherapie erfolgt am

Institut für Lerntherapie
Stadthausgasse 23
CH-8200 Schaffhausen

Telefon / Fax: ++41 (0)52 625 75 00
Homepage: www.lerntherapie.edu

Die Ausbildung in Lerntherapie ist berufsbegleitend konzipiert. Sie baut auf einer Grundausbildung und Berufserfahrung im psychologischen, pädagogischen, heilpäda-gogischen, schulischen oder medizinischen Bereich auf. Die Diplomierung zur/zum LerntherapeutIn ILT setzt eine Lehranalyse voraus.

Das Curriculum setzt sich im Wesentlichen aus drei Teilen zusammen:
- Theorie
- Technik
- Kasuistik und Praxis.

Zusammen mit den Hospitien, dem Praktikum und der Lehranalyse dauert die Ausbildung 3 – 4 Jahre.

6 Autorenverzeichnis

(Reihenfolge der Autoren nach Beiträgen)

Metzger Armin
Dr. phil., geb. 1945. Begründer der Lerntherapie. Ausbildung zum Primarlehrer, Erziehungs- und Schulberater; Studium der Psychologie, Heilpädagogik und Kinder- und Jugendpsychiatrie an den Universitäten Paris, Basel und Zürich mit Promotion an der Universität Zürich.
Psychotherapeutische Ausbildungen: Gesprächspsychotherapie, Gestalt-Therapie und Psychoanalyse. Mehrjährige Praxis an der Primarschule und an der Sonderschule für 'Verhaltens- und Lerngestörte', an verschiedenen Schulpsychologischen Diensten und in eigener Praxis für Beratungen, Psychotherapien und Psychoanalysen.
Lehrbeauftragter am Lehrerseminar und an der Universität; Ausbilder für Psychotherapie und Lerntherapie. Co-Leiter des Ergänzungsstudiums Psychotherapie-Wissenschaften. Diplom-Experte für Psychologie und Pädagogik; Studienrat für das Ergänzungsstudium der Charta für Psychotherapie.

Buchmann Rudolf
Dr. phil. geb. 1946. Studium der Psychologie, Germanistik, Pädagogik und Philosophie; Psychotherapeut SPV/ASP in eigener psychoanalytischer und körperpsychotherapeutscher Praxis in St. Gallen. Während mehrerer Jahre Ausbildner und Entwickler der Kindergärtnerinnenausbildung am Lehrerseminar Liestal. Langjähriger Koordinator der Schweizer Charta für Psychotherapie. Autor; u.a. der Kolumne „Vom Umgang mit Kindern" in der „Schweizerischen Hausapotheke".

Katz-Bernstein Nitza
Prof. Dr., Professorin an der Universität Dortmund, Fachbereich Sondererziehung und Rehabilitationswissenschaft. Dipl. Psychologin, Sonderpädagogin, Kinderpsychotherapeutin und Supervisorin. Leiterin eines Zentrums in Dortmund für sonderpädagogische Beratung und Therapie, im Spezialgebiet der Sprachtherapie.

Gruen Arno
Prof. Dr., geb. 1923, Psychoanalytiker und Autor. Lebt in Zürich. Chef der klinischen Psychologie, Northside Center for Child Development, New York; Forschungsprofessur in Neurologie, medizinische Fakultät der Cornell Universität, Professor an der Rutgers Universität, New Jersey; promovierte als Psychoanalytiker bei Theodor Reik; seit 1958 psychotherapeutische Praxis. Zahlreiche Publikationen in Fachzeitschriften und Zeitungen.
Bücher: Der Verrat am Selbst; Der Wahnsinn der Normalität; Der frühe Abschied; Falsche Götter; Der Verlust des Mitgefühls; Ein früher Abschied: Objektbeziehungen und psychosomatische Hintergründe beim plötzlichen Kindstod; Der Fremde in uns.

Wille-Brütsch Andreas
PD Dr.med., geb. 1943. Spezialarzt FMH für Kinder- und Jugendpsychiatrie und Psychotherapie. Privatdozent an der Medizinischen Fakultät der Universität Zürich. Ausbildung in Paar- und Familientherapie, Gestalttherapie, Körpertherapie, Voice Dialogue u.a. Interessenschwerpunkte: Psychotherapie und Psychosomatik.

Buchholz Michael B.
Dipl.-Psych., Dr. phil., apl. Professor am Fachbereich Sozialwissenschaften der Universität Göttingen, Psychoanalytiker (DGPT, SPR) und Familientherapeut (BvPPF). Zuletzt erschienene Buchbeiträge: "Die unbewußte Familie - Lehrbuch der psychoanalytischen Familientherapie" (1995), "Metaphern der Kur" (1996) und "Psychotherapie als Profession" (1999).

Heiz Werner
Dr. phil., Fachpsychologe / Psychotherapeut FSP, Primarlehrer, Sekundarlehrer phil. I
Schulpsychologe seit 1983, Leiter des psychologischen Dienstes der Stadt Winterthur seit 1991
Dissertation: Die „Unerreichbaren" Probleme der Jugendberatung in einer Subkultur der Verweigerung

Kobi Emil E.
Dr. phil. habil. emerit., geb. 1935, dipl. Heilpädagoge. Dozent für Heilpädagogik und Institutsleiter am Institut für spezielle Pädagogik und Psychologie (ISP) der Universität Basel (1972 - 1999). 1992 - 1999 Lehrbeauftragter und Beirat (bis dato) des Instituts für Lerntherapie, Schaffhausen.
Wichtigste Publikationen: Grundfragen der Heilpädagogik (Bern, 5/1993) - Diagnostik in der heilpädagogischen Arbeit (Luzern, 4/1999) - Heilpädagogik als, mit, im System (Luzern, 1999)

Nezel Ivo
Prof. Dr., geb. 1932. Erziehungswissenschaftler, mit folgenden Spezialgebieten; Didaktik (mit den Schwerpunkten Erwachsenenbildung, Lerntheorie, Lerntechniken), Sozialpädagogik und Vergleichende Pädagogik. Neuere Publikationen zum Thema Rassismusprävention, Manipulation, Individualisierung und Selbständigkeit im Unterricht.

Schräder-Naef Regula
Dr. phil., geb. 1943. Dipl. Psychologin, Mutter zweier erwachsener Kinder und Verfasserin zahlreicher Bücher und Artikel zum Lernen lernen sowie zu Forschungen im Bildungsbereich. Langjährige wissenschaftliche Mitarbeiterin und Leiterin der Erwachsenenbildung der Erziehungsdirektion des Kantons Zürich, heute selbständige Bildungsforscherin, Autorin und Kursleiterin.

Kraft Ueli
Dr. phil., geb. 1951. Psychologe, Tätigkeit als Berufsberater und Schulpsychologe, langjährige Forschungstätigkeit zu Fragen der Berufsbildung (Uni Zürich) und der Arbeitspsychologie (ETH Zürich), Studienleiter am Schweizerischen Institut für Berufspädagogik. Gegenwärtig: freiberufliche Tätigkeit in der Schulung von Lehrenden in Betrieben, Lehrwerkstätten und Berufsschulen.

Schmassmann Margret
dipl. math. ETH, geb. 1945. Mathematikpädagogin mit eigener Praxis (Mathematiklabor, Zürich).
Arbeitsbereiche:
Erfassung, Therapie, Begabungsförderung, Beratung, Erwachsenenbildung, Lehrmittelbegutachtung

Brunsting-Gmür Monika
Dr. phil., geb. 1948, Psychologin/Psychotherapeutin FSP und Sonderpädagogin, langjährige Schulpsychologin, Heilpädagogin und Psychotherapeutin. Leiterin des Nordostschweizer Instituts für Lernfragen (NIL) in Uzwil/ SG. Lehrbeauftragte am Institut für Lerntherapie in Schaffhausen, am Heilpädagogischen Seminar Zürich sowie in der Lehrerfortbildung. Leiterin, zusammen mit Ulrike Stedtnitz, der Intensivausbildung zur Potenzialentwicklung in Zürich, Autorin verschiedener Artikel und Bücher.

Lötscher-Gugler Hedy
dipl. Logopädin, geb. 1953. NLP-Trainerin und Lebens-Energie-Therapeutin (LET). Arbeit in freier Praxis und als Seminarleiterin in der Lehrerfortbildung und in verschiedenen anderen Institutionen. Autorin verschiedener Bücher z.B. Lernen mit Zauberkraft (Düsseldorf, 2000).

7 Schlagwortverzeichnis

A

B

D

E

F

G

H

I

K